本书受福建省社科研究基地文化产业研究中心资助以及厦门理工学院学术专著出版专项基金资助。

福建省社会科学研究基地
FuJian Social Science Research Base

W0013509

中美媒体人工智能应用发展的国际竞争力研究

贺莹 等著

九州出版社
JIUZHOUPRESS | 全国百佳图书出版单位

图书在版编目（CIP）数据

中美媒体人工智能应用发展的国际竞争力研究 / 贺莹等著. — 北京：九州出版社，2021.11
ISBN 978-7-5225-0637-1

Ⅰ. ①中… Ⅱ. ①贺… Ⅲ. ①人工智能－应用－传播媒介－对比研究－中国、美国 Ⅳ. ①G219.2-39 ②G219.712-39

中国版本图书馆CIP数据核字(2021)第229686号

中美媒体人工智能应用发展的国际竞争力研究

作　　者	贺莹　等著
责任编辑	王海燕
出版发行	九州出版社
地　　址	北京市西城区阜外大街甲 35 号 (100037)
发行电话	(010)68992190/3/5/6
网　　址	www.jiuzhoupress.com
印　　刷	北京九州迅驰传媒文化有限公司
开　　本	720 毫米 ×1020 毫米　16 开
印　　张	20.75
字　　数	258 千字
版　　次	2021 年 11 月第 1 版
印　　次	2021 年 11 月第 1 次印刷
书　　号	ISBN 978-7-5225-0637-1
定　　价	56.00 元

★版权所有　侵权必究★

前　言

5G、互联网、人工智能是我们这个时代发展最有活力的领域，其快速发展给人类的生产生活带来深刻变化，也给人类社会带来了一系列新机遇新挑战。在媒体领域，人工智能正催发着一场前所未有的变革，媒体格局、舆论生态、受众对象、传播技术都在发生深刻变化。在新技术新应用的强力推动下，媒体与人工智能融合交汇正在成为当前媒介传播的一个重要演进趋势，智媒无处不在、无时不在。

一方面，为了推动媒体融合向纵深发展，中央进一步明确和深化了指导思想和战略部署，提出了发展方向，其中特别指出要以先进技术引领驱动融合发展。另一方面，习近平总书记曾多次提出要加快5G网络、数据中心等新型基础设施建设进度，从顶层设计助力新基建建设，势必会为媒体智能化升级转型提供更加完备的基础。

当前，互联网发展迭代频繁，与之相关的新技术新应用不断取得新突破，分众化、移动化、视频化加快普及，人工智能底层芯片、传感器、计算机视觉、语音识别、机器学习、虚拟现实（VR）、增强现实（AR）等通用技术能力持续提升，全景视频、沉浸式观看正在兴起；5G时代方兴未艾，6G网络指日可待；量子通信技术开始试验，超级计算机峰值单核性能超过3万亿次，等等。这些，都会在未来媒体领域转化为新生产力，媒体必将借助技术进步不断创新、升级。因此，媒体发展更迫切需要在万物互联思维下尽快掌握媒体智能化发展的规律和趋势，尽快掌握未来舆论主战场的主导权和话语权。媒体应用人工智能技术的相关研究正越来越成为计算机科学、新闻传播学和管理学等学科研究的热点和重点。

面对未来媒体将不再是"媒体"且全球传媒业格局重构之际，如何正确认识我国媒体人工智能应用的竞争优劣势所在？如何更好实现我国在这一领域向世界输出等已成为亟须研究解决的问题。当前针对这一融合应用发展的研究，较少从国际竞争力角度出发和运用计量模型进行定量分析，因此课题将在探究媒体与人工智能融合发展机制、对比中美媒体实践探索的基础上，其一，根据人工智能需要安全体系为其各个主体进行保障，增加"安全体系"作为模型一级指标构成要素，尝试提出一般化双重钻石模型（五力）；其二，尝试提出以媒体人工智能应用平台为核心，向上连接要素层，向下连接产业层，并与政策层建立紧密联系的媒体人工智能应用协同创新生态系统，以期为制定政策、产业发展及企业竞争提供数据支撑及价值思考。

本书一共分为九章，第一章为导论，围绕问题的提出、研究目的和意义、研究方法、研究特色等内容展开；第二章为产业国际竞争力分析的理论基础，详细梳理了产业国际竞争力的相关概念、理论基础、基本方法，并对国内外媒体产业国际竞争力进行了文献综述；第三章针对媒体人工智能应用的内涵进行研究；第四章重点分析了国内外媒体人工智能应用的研究现状；第五章从媒体与人工智能融合的背景、内涵、方式等方面展开研究两者相融合发展的内在机理；第六章分析了中美媒体人工智能应用发展的概况，并对两国的应用发展特点进行了对比分析；第七、八章为中美媒体人工智能应用发展国际竞争力的评价指标构建及实证分析；第八、九章基于实证分析结果提出建设媒体人工智能应用协同创新生态体系的建议，具体从要素层、产业层、平台层、政策层等方面提出相应的发展对策建议；附录以 NextVR 平台、Project xCloud 平台以及 Steemit 和币乎区块链内容平台为例进行案例分析，试图从不同的侧面、不同视角来分析其发展经验，以期对我国智媒今后发展提供一定的借鉴与启示。

目 录

第一章 导论

提到第四次产业革命，最先想到的应该是人工智能。众所周知，人工智能研究经历过 20 世纪 60 年代、80 年代的两次流行期。而进入 21 世纪后，随着互联网的发展和机器学习的全面展开，人工智能研究再次活跃起来，2016 年 Alpha Go 和李世石的对弈开启了第三次人工智能黄金期。在全球都在大力发展和研究人工智能的背景下，融合应用人工智能技术的媒体正在迅速发展并形成新型媒介组织。那么在世界传媒业格局重构之际，如何正确认识我国媒体人工智能应用的竞争优劣势所在？如何更好实现我国在这一领域向世界输出等已成为亟待研究解决的问题，也值得每个传媒人进行思考。

——题记

一、问题的提出

（一）研究背景

在现代社会，传媒产业是反映国家文化和情绪的产业，其内容包含了该国家的价值观和民族的情绪，正在日益创新地发展着。传媒产业满足了人类相互交流的需求，为向其他国家传播本国文化，提高本国形象做出了极大贡献。因此，从这个层面来说，传媒竞争力某种意义上来说已经成为国家软实力的象征。在第四次工业革命时代到来之际，如何正确认识我国媒体人工智能应用的竞争优劣势所在？如何构建强大的传媒竞争力成为世界各国都在探索的国家战略内容之一。

1956 年，"人工智能"（Artificial Intelligence，简称 AI）一词首次被提出，经过六十多年的发展，人工智能的理论和技术日益成熟，应用领域也不断扩大。尤其是近年来与大数据、云计算、物联网、VR/AR/MR 技术、无人机 / 无人车 / 无人船等技术的融合，人工智能已经在全球范围内掀起一场深刻的技术、社会革命，正在推动新一轮传媒业生态的重构。在科技推动和引领传媒业发展的同时，传媒业的发展又会促进相关信息技术的不断革新与进步，两者越来越紧密交融在一起，催生了一系列新型媒体内容的不断涌现，也带来了传媒业空前的繁荣发展。

美国白宫 2016 年 5 月成立人工智能委员会组织讨论有关人工智能的议题。日本 2016 年投入 26 万亿日元到物联网和人工智能系统中，提出要实现"超智能社会（即 Society5.0）"。中国 2016 年 5 月发布《"互联网+"人工智能三年行动实施方案》，8 月发布的《"十三五"国家科技创新规划》多次提到人工智能，11 月 30 日由新华社国家高端智库传播战略研究中心主办的"人工智能与未来媒体"研讨会在北京召开，针对媒体如何借助人工智能技术加强创新、加快转型展开了深入的交流。2017 年 3 月"人工智能"首次被写入政府工作报告，7 月国务院印发《新一代人工智能发展规划》，10 月人工智能再次被写入十九大报告当中，将人工智能发展上升到国家战略高度，表达了我国紧追世界顶尖技术、抢抓人工智能发展机遇的国家意志。因此，正是在这一背景下，根据建设创新型国家的总体战略要求，研究分析媒体与人工智能融合发展的国际竞争力并提出有建设性、针对性的发展战略成为当前一项重要的研究课题。

1. 技术背景下媒体内容的变化

第五代移动通信技术（5G）作为新一代移动通信技术，是可以更快地传送更多数据的一项技术。以 28GHz 频带为基准，相比第四代移动通信 LTE，拥有其 20 倍的网络传输速度和低延时性。LTE 网络的延迟状况是接近 20ms（毫秒）的双向时延，但是，第五代移动通信延迟时间将减少到 1ms(毫秒)。也就是说，到目前为止我们在网上观看足球直播时，通常在进球后几秒，我们才在电视上看到进球。但这种情况，在第五代移动通信时代就意味着这种延迟会消失。未来不管何时何地都能得到同样的快速网络通信的保障。

基于第五代移动通信技术，内容领域可以实时传送更多的数据，用户可以体验真正的虚拟现实（VR）。今后观看高画质的电影可以 4D 方式观看，就好像一切都发生在您面前。电视台所播放的也不只是单纯的一种视频，而是可以实时提供多个角度拍摄的各种视频。游戏可以不在电脑或控制台上储存程序，利用云端就可以进行下载。图书也超越了现有应用程序，可以实现实物电子书。如果您用手点击全息图的话，信息就会浮在空中。

受到以上新技术快速发展的影响，世界上许多的价值观都在被改变着。超越第四代移动通信服务 LTE，在进化为第五代移动通信（5G）的过程中，反映文化及社会环境的"内容"连其形态也在发生着变化。电视、广播、剧场不再支配所有的媒体内容。媒体内容正在以每个消费者为对象，以其需求为导向，以新型计算机信息技术为驱动发生着以下深刻的变化：

首先，媒体内容的发行结构发生了变化。在第五代移动通信时代，内容很大程度上是与发行结构和生产制作环境的变化以及交互式内容的发展相关。内容消费中心已经从客厅电视转移到智能手机、平板电脑等个人显示器。另外，消费平台也不再是无线电视台或有线电视台，而是通过优酷、爱奇艺、Youtube（优兔网）、Netflix（奈飞网）、OTT（是"Over The Top"的缩写，是指通过互联网向用户提供广播节目、电影、教育等各种媒体内容的服务）等多元渠道进行内容扩张。随着移动设备的时间和场所的壁垒消失，任何人都可以制作和发行内容。这样的变化甚至改变了内容发行的主导权。现在向网络特定的内容平台公开就是内容发行的开始。我们当前很难找到为了看电视节目，按时就坐在电视机前的人，因为大家可以利用智能手机流媒体服务或重播功能即可完成观看。让电视台收视率这一重要衡量指标遭受了前所未有的冲击，逐渐失去了力量。

事实上，第五代移动通信网络是为了将数据传输的速度、可承载的数据容量以及即时边缘计算等进化到目前市场需求的几乎所有方向而设计的网络。5G 技术消除了时间和空间上的障碍，再以高传输速度和最新设备迅速分发超高清（Ultra High Definition，简称 UHD）或高动态范围图像（High-Dynamic Range，简称 HDR）的内容，为我们从未想到的媒体内容发生的变化提供了可能性。

其次，媒体内容及收视环境越来越个性化。2019 年 6 月，在苹果全球开发者大会（Worldwide Developers Conference，简称为 WWDC）上，苹果公司（Apple Inc.）发布了 Apple TV 机顶盒的新运营体制，提及今后媒体内容将会更加满足用户的个性化需求。

电视机无论怎么与互联网进行网络连接，在电视上搜索所需内容的这个过程都是很不容易的。我们按下遥控器上的频道按钮即可进行"切换"操作，仍然是电视最有吸引力的武器。但是以网络为中心的电视服务，频道概念只能变得淡薄。用户通过网络平台无须按下许多遥控器按钮，也能轻松找到所需内容，这就突显了平台的作用。为此，苹果公司引入了机器学习技术，分析和学习用户的内容观视习惯，并通过这些数据参数选择你所感兴趣和你认为值得关注的内容。

此外，用户的电视收视环境也越来越个性化。苹果机顶盒可以识别观看电视的用户，即控制遥控器的用户。这台放置在客厅中的苹果电视，通过添加简单的用户切换功能，即可供家庭中所有人使用，并成为每个人的个人终端设备。这样，苹果电视自然地创造了一个能够为用户提供更强大的内容推荐服务的内容良性循环结构。内容和用户必然会更紧密地互动。

如上所述，随着内容发行结构的变化与增加，内容提供者的数量也在增加，通过无国界的网络环境，世界各地的内容再次获得了相同的机会。最终，选择和显示内容的不是发行渠道（例如广播），而是"用户自己"。这样的平台今后更应专注于用户与内容之间的交互。因为只有这样，才能消费更多的媒体内容。我们可以用一个形象的语句来描述这样的关系：谁会找到合适的伴侣，也许是"一个有很多值得关注的平台"。

第三，媒体内容将会传达生动的实感型内容。因为内容和用户反映都很重要，所以个性化还会连接双向的成果。即，不仅带来了发行结构的变化，而且在内容生产制作过程中也带来了变化。2018年平昌冬季奥运会不仅代表着是举行体育运动的场所，还意味着基于第五代移动通信的几乎所有新技术的试验场。

如何将传输速度飞快的网络与体育内容相结合是一项具有挑战的大课题。在所有可能性中，也许360度转播的可能性最大。英特尔随附了一个摄像头，并已连接到第五代移动通信网络，可以让您自由地360度畅游体育场，并将当前视角传达给其他用户。英特尔应用360度转播摄像机的目的在于改变转播的视角，离开单方面的第三人转播，直接给用户传达在现场的感觉。通常，摄像机安装在大多数游客所喜欢坐着的位置，戴上可让您查看虚拟现实内容的 VR 头显，坐在自己所需的位置上观看自己想要的各种比赛。

从选手角度看的转播也是如此。在速度和视点会发生许多变化的冬季奥运会中，传达速度感就显得尤为重要。如果您从选手的角度可以直接看到比赛的话，那么紧张感和眩晕感就会更直接传达给用户。使用这两个网络摄像机进行转播并不是单纯地展现比赛进展情况，而是为了给用户一种几乎与坐在现场相同的真实感。

作为用户，您可能会错过重要的场景，或者可能无法从最佳角度观看比赛。但是，您可以选择观看体育比赛中最享受的乐趣之一，即比赛的现场感。也就是说，今后体育传媒业还可以通过这种转播技术来增加用户的现场紧张感。

第四，媒体内容越来越具有交互性。虚拟现实和用户进行交互最活跃的内容类型是游戏。虽然现在看来商安蒂克（Niantic，2015 年 8 月份从谷歌脱离成为一家独立游戏公司）开发的手游"口袋妖怪"（Pokémon Go）有点枯燥，但它却给世界带来的增强现实也可以成为媒体内容的可能性。虽然不可见，但根据其实际位置放置了口袋妖怪，用户在现场可以与该内容进行交互。近来，人们不再是一个人在享受内容，而是随着与其他用户合作，其内容得到了扩展，为了享受特定的内容，人们会聚集在一个地点一起进行游戏。用户坐在电脑前，在各自视角下享受这款游戏因增强现实而带来的观念上的变化。

在影视剧内容中也有多种与用户的互动尝试。最近 Netflix 发布了名为《你与自然的较量》互动内容。内容主题是有关荒野求生的，由维格里尔斯主演，剧中将主角所有进行过程中要发生的决定权交给用户。虽然不是实时的，但主人公会根据用户的选择做出相应行动，这样就会产生好的结果，也会导致坏的结果发生。也就是说，相当于把很久以前以"游戏书"这一形态的内容制作成了影像或视频。不管其内容是否有趣，适当的紧张感和对主人公产生共鸣是该交互内容的核心。一向紧抓内容质量的 Netflix，如此对内容交互性进行不断尝试，具有一定非凡的意义。

用户和制作人交互的另一个具有代表性的内容形式就是个人电台。YouTube 或非洲电视台如今已成为代言个人电台的不可忽视的内容平台。基于互联网的个人电台，在不影响制作、发行和消费过程的情况下，以"制作人和观众在一起"的价值为中心正在快速成长中。制作方和观众之间进行交流是最常见的内容形式，即使不是直播，其内容策划和制作过程本身也具有通过评论进行交互的价值。这类内容平台的优势还在于其生动性。观众可能会觉得与制作人有共鸣，因此，直接赞助内容制作者也就成为一种自然的文化。制作者也会根据用户的要求或消费模式不贴广告。YouTube 和非洲电视台这类平台的优势在于，不会被排除在制作过程之外，可以将紧张的现场原封不动地传达给观众。尤其是当平台与第五代移动通信这样带宽广、传输速度快的网络相连接时，内容制作者可以在任何地方向全世界进行发行和广播。

第五，媒体内容处在不断演变的过程中。这是一个向所有人开放的、可以随时制作和发行内容的时代。媒体内容正在成为一种新的力量，其舞台不再是各个国家或地区，而是通过互联网拓展到了全世界。快速发展的媒体内容正在对所服务的内容市场结构，甚至对竞争结构产生着影响。因为媒体内容可以通过与其他产业的融合，创造出新的需求市场和商业模式，通过产品的窗口效果（window effect）提高附加价值，提高媒体内容产业整体的竞争力和生产力。另外，由于生产媒体内容的企业因素、市场竞争因素等众多产业因素的相互作用，也将形成新的传媒市场环境。因此，需要对媒体内容产业进行明确的目标和战略定位。

此外，在媒体内容不断演变过程中，并不一定只会带来积极的影响。为了能够被更多的用户选择，越来越多更刺激的内容没有被过滤掉就传递给大众。为了刺激观众，惊险的内容成了家常便饭，不少内容甚至以"恶作剧"的名义在不断地骚扰着人们。不过，从历史上看，所有的内容和媒体总是伴随着负面因素，但世界总是通过各种方法可以解决这个问题。不可否认的是，某些负面因素的确又带动引领了部分新型内容市场。因此，强调积极的部分，并解决消除消极的部分就成了媒体内容行业永恒的课题。

综上所述，从资金角度来看，市场上已经有很多的风险投资资金，从技术上看，现在几乎没有不能制作的内容。最终，谁拥有更多新颖有趣的媒体内容将成为这场战争中的赢家。这也是当前人工智能技术、5G 网络向媒体内容市场所抛出的另一个沉重的课题。

2. 政策背景下媒体产业的变化

近年来，党中央、国务院连续出台一系列与传媒业发展相关的具有重要意义的政策文件，扶持推动媒体产业的发展。

首先，产业跨界加速，媒体产业与战略性新兴产业融合发展。2016 年 12 月，国务院正式印发《"十三五"国家战略性新兴产业发展规划》，将新一代信息技术产业、高端装备与新材料产业、新能源汽车业和数字创意产业等列为五大支柱产业。战略性新兴产业代表新一轮科技革命和产业变革的方向，而媒体产业在大数据、移动互联网、人工智能、量子信息、虚拟现实等技术的推动下，横跨新一代信息技术产业（如新型显示产业、互联网＋、大数据和云服务、新一代无线宽带网、下一代广播电视网等等）、高端智能制造业（如机器人写作、传感器新闻等）和数字创意产业（如虚拟现实、增强现实、手机动漫、影视传媒、互动视频等）等，甚至延伸至新能源汽车、新材料产业等领域。媒体产业与战略性新兴产业越来越呈现强烈融合的发展特征，未来这种融合发展将不断加速，产业结构不断优化、产业投资不断升温、产业创新不断涌现，媒体产业将会成为战略性新兴产业的重要力量和组成部分。

其次，媒体产业转型升级的趋势更加明显。 2017年5月，中办、国办正式印发《国家"十三五"时期文化发展改革规划纲要》，明确提出"推动融合发展尽快从相'加'迈向相'融'，形成新型传播模式"，同时强调"进一步强化文化科技支撑，拟通过优化整合后的科技计划（专项、基金等），支持符合条件的文化科技项目。运用云计算、人工智能、物联网等科技成果，催生新型文化业态。加强虚拟现实技术的研发与运用"，进一步强化与媒体融合发展，催生媒体新业态。2016年7月和2017年9月，国家新闻出版广电总局先后发布了《关于进一步加快广播电视媒体与新兴媒体融合发展的意见》和《新闻出版广播电视"十三五"发展规划》，提出了"把深度融合、一体发展作为关系行业生存发展的战略工程"，要"以自我革命的精神推进融合发展"。同时，提出了与媒体发展紧密相关的"开展云计算、大数据、智能技术等关键技术研发和应用，完善以云平台、大数据等先进技术为核心的广播电视融合技术支撑体系"等内容任务，开始迈出向智慧媒体升级的实质步伐。

再次，政策与技术双轮驱动，人工智能战略日益强化。 2017年3月，"人工智能"第一次被写入了政府工作报告。2017年7月，国务院正式印发《新一代人工智能发展规划》，提出了"三步走"的战略目标。文件明确提出了建立包括跨媒体感知计算、大数据智能、人机混合智能等基础理论研究在内的新一代人工智能基础理论体系和建立包括跨媒体分析推理技术、混合增强智能新架构与新技术、虚拟现实智能建模技术等在内的新一代人工智能关键共性技术体系等重点任务。新一代人工智能发展规划是关系全局和长远的前瞻谋划，随着人工智能在媒体行业的应用不断深入，应用的业务范围和场景逐渐扩大，未来媒体的发展必将带来重大历史机遇，面对新形势新需求，媒体产业必须主动求变应变，紧扣发展、研判大势、主动谋划、把握方向、抢占先机，引领媒体发展新潮流，带动国家媒体竞争力整体跃升和跨越式发展。

3. 产业背景下媒体内容市场的变化

在全球媒体市场结构重组的过程中，媒体内容市场环境快速变化，国家间的边界也逐渐模糊。特别是以主要跨国企业为中心，技术和内容的结合正在交融并扩散，对内容的制作、流通、消费等全过程产生了重要影响，加速了新的商业模式的出现。虽然目前很多还停留在基础性阶段的相互融合，但由于新业务模型的出现、区块链和 AI 等新技术的集成、协作和制作流程在不断简化、相关跨国企业的大规模投资仍将持续、全球平台主导的内容发行环境以及与其他行业的融合等因素都将在未来引发媒体内容市场的重要变化。

特别是在广播、视频、音乐、电影等领域，全球公司的在线平台已经成为主要的发行渠道，为用户引流获取内容已成为重要的话题。可以预见，以主要几个大型跨国公司为中心，积极寻求新技术和内容行业的交融，确保平台内的可视性 (Visibility)，将有望从根本上改变产业原有的商业模式。当然在此过程中，由于对推荐算法偏见的批评以及由于内容授权成本上升带来的负担增加等原因，使得像 Netflix 等大型内容平台的可持续性发展也遭到质疑。但尽管如此，像这样跨国媒体企业来说，其媒体内容市场在在线领域仍在稳步增长，并且有望摆脱单纯停留在平台、设备、内容生产者等因素构成的商业模式，积极通过全球性公司的大规模投资以及以创新创业公司为中心的快速市场反应来开发更加多层次的复杂的商业模式。

未来，由于发展中国家互联网普及率的提高，由于智能手机的普及而导致的移动互联网使用的增加，以及未来将逐渐发展成为以 5G 为核心所提供的移动互联网服务，预计在线媒体内容市场将保持增长。今后多媒体平台、OTT 服务，N 屏幕服务、云游戏和 Internet 视频等基于 5G 网络高速服务的使用将进一步增加，OTT 服务用户数量将呈现出持续的上升趋势、在线视频广告的规模也将增长。就像现在包括 Netflix 在内的 Amazon Prime Video、Hulu、Disney+ 等美国 OTT 服务正在加速进军海外市场，其 OTT 服务对全球媒体市场的影响将越来越大。因此，我们相信未来媒体内容市场也将在市场预期和资本的双重驱动下，以信息通信技术（ICT）基础设施为基础迎来新一波迅速的增长。

综上，正是在以上这些背景下，中国应用了人工智能技术的媒体内容产业将面临更多发展机会，同时也要承受更大的国际市场压力。媒体内容产业所受到政策、经济、技术、资金等要素都在变化着，那么媒体内容产业的竞争力构成要素也必然发生了变化。如何剖析新的国际竞争力构成要素、如何准确评估当前中国媒体内容产业竞争力状况、如何提升中国媒体内容产业竞争力就成为业界和学界不可回避的重要课题。因此，加强对应用人工智能技术的媒体内容产业进行国际竞争力的研究，不仅可以为制定产业发展战略提供决策依据，为促进我国媒体产业改革、加快发展新型媒体产业发展提供理论依据，还可以为我国传媒业进一步参与国际战略竞争抢占一定战略制高点，是当前要完成的一项十分紧迫的任务。

（二）研究意义

传媒产业作为一种战略资源，具有重要的国家战略价值。越来越多的国家和地区意识到发展传媒产业的重要意义，纷纷将其列入各国的战略性支柱产业。随着全球化及网络信息技术的迅猛发展，人工智能、云计算、大数据等一波又一波的风暴席卷全球，传媒产业正在进行着一场深刻的变革，各国的传媒相互之间影响力也变得更加紧密。传媒在推动经济发展、社会文明进步、正确舆论引导的重要作用日益凸显，在世界综合国力竞争中的地位越来越突出。

媒体人工智能应用发展是一个全新的生态系统再造过程，迫切需要在

"万物皆媒、万物互联"的思维下尽快掌握智能化媒体发展的规律并尽快掌握未来舆论主战场的主导权和话语权。中美英法德日韩等国相继出台人工智能发展战略，突显了各国抢抓人工智能发展机遇的国家意志。媒体人工智能应用产业作为新兴领域不管是技术研发、资金投入、市场规模还是政策扶持都是世界各国争相重视的产业。在这样背景下，提高智能化媒体产业国际竞争力的重要性就显得尤为突出，亟须通过对这一领域的研究成果，为加快智能化媒体产业发展提供理论依据，从而帮助其尽快参与并掌握未来舆论的主导权。

与此同时，当今数据和指标已经成为不同国家和国家集团之间战略博弈的战略工具，很多数据及指标被大国及其国家集团控制，数据博弈和指标博弈已经不再仅仅是统计学上的工具价值，某种程度甚至还影响了一个国家或某个行业发展的生死存亡。面对"数据话语权缺失"现状，我国智能化媒体产业需及时纠正因数据缺失而导致产业发展的盲目性。因此本课题针对媒体人工智能应用发展的国际竞争力展开研究并提出有建设性、针对性的发展建议，以期有助于更好地量化传媒强国的衡量标准，为促进中国传媒业实现跨越式发展提供可靠的思考路径。具体的研究意义表现在如下几方面：

首先，是新闻传播理论研究与时俱进的必然要求。以前以广播、电视、报纸为代表的大众媒体，主要以大量专业的内容生产人员、丰富的编辑经验和广泛的社会资源为基础，制作出具有代表性的高质量内容，成为人们日常生活中必不可少的信息媒介发挥着重要的作用。然而，随着信息和通信技术的发展，应用了人工智能技术等新技术的媒体，由于其通过智能分发内容来实现强大的传播效果，基于算法和大数据快速了解并响应用户的需求，可以向用户提供更多元新型服务，因此，快速占领了媒体市场。且第五代移动通信网络在未来的普及不仅仅是单纯地快速利用现有媒体和内容。由于速度和带宽的限制，之前无法商用化的云游戏服务、VR等新媒体内容将正式普及，并加入媒体市场中来。

应用人工智能技术的媒体产业作为迅速发展壮大的新兴领域，是我国媒体从业人员和教育工作者需要学习和探索的重要领域。加强对这一新型媒体产业的竞争力研究，探寻未来媒体发展的新业态、新形式、新渠道、新空间，构筑中国特色媒体发展的理论体系，既是中国新闻传播理论与时俱进的必然要求，也是构建新时代中国特色媒体框架体系和推进国家治理能力现代化的必然要求，更是发展新时代中国特色社会主义文化实现中华民族伟大复兴中国梦的重要使命。

其次，推进媒体产业"治理国家危机"之意义。 随着数字技术的发展，媒体内容消费者之间的交流已经超越了国界。国家间的市场整合为一个世界市场，形成了相互有机的关系，出现了一种"人与人共享"的新型媒体形式。发展媒体产业是在中国社会发展进入到一个变革和转型的时期提出来的，是克服和解决经济结构战略性调整和转型过程中遇到的体制性障碍的过程中提出来的，为此国家陆续出台了一系列大力发展媒体产业的纲领性文件。国务院、国家新闻出版广电总局等部门先后发布了《关于进一步加快广播电视媒体与新兴媒体融合发展的意见》和《新闻出版广播电视"十三五"发展规划》《国家"十三五"时期文化发展改革规划纲要》，明确提出要尽快形成"新型传播模式"，运用云计算、人工智能、物联网等科技成果，催生新型传媒业态，切实迈出向智慧媒体升级的实质步伐。由新华社国家高端智库传播战略研究中心主办的"人工智能与未来媒体"研讨会，还专门针对媒体如何借助人工智能技术加强创新、加快转型展开了深入的交流。

而与此同时，我国广播电视业虽然经历了二十余年的产业化、市场化过程后已经形成了一个较大的格局，但仍有节目创新不足、电视剧购买成本推高、公益性节目稀缺、体制不够灵活、运营模式不够创新等有待加强的问题。也就是说不论发展文化产业还是发展传媒业的国家战略决策都是为一系列国家战略需求服务而提出来的，是为了克服与解决国家危机而提出来的。从这个意义来说，努力提升我国传媒业的国际竞争力具有治理国家危机的性质，具有重要的现实意义。

再次，借助媒体产业国际竞争力指标体系的建立，来引导中国传媒业发展的战略目标、路径和政策选择。 随着信息产业的飞速发展，信息正以前所未有的速度产生并传播，信息的表达形式也越来越多样化，从传统的文字到逼真的声音、生动的图形图像，从真实的照片到虚拟的三维空间，信息正以更集成、更生动的方式呈现出来。世界文化正在经历一场以数字化、信息化为内容的深刻革命，媒体发展面临全球化的现实选择，我们应充分认识到以信息技术为基础的新兴传媒业态的变革力量。在这样背景下，传媒业逐渐向多媒体综合性、信息系统集成、更为开放多元的产业形态发展。

发展传媒业不能以消耗文化资源和制造文化污染为代价，而应该是以传媒资源积累为价值取向。作为一种新的生产力形式，传媒业改变了原有社会经济发展的生产力结构，全新转变为现代国家发展的"低碳经济"。这就需要建立标准，建立不以消耗文化信息资源为尺度的产业国际竞争力指标体系。而目前我国学术界专门针对应用了人共智能技术的媒体产业为研究对象，全方位深入媒体产业国际竞争力的实证研究还处于起步阶段。因此，从这个意义上说，加强对新型媒体产业国际竞争力的研究，构建新型传媒业国际竞争力指标体系不仅可以为我国制定传媒业发展规划、发展战略提供决策依据，而且还将是对现有理论的一个补充，有助于更好地量化传媒强国的衡量标准，为促进中国传媒业实现跨越式发展提供可靠的思考路径，为我国传媒业进一步参与国际战略竞争抢占一定战略制高点。

不同民族文化的交汇和竞争不可避免，针对当前传媒业出现的新情况、新任务，迫切要求我们找出我国应用了智能技术的媒体产业的优势与不足，研究中国特色的新型传媒竞争力构建路径，制定切实可行的发展战略，以全面提升中国传媒的竞争力。

二、主要研究内容

（一）研究对象

本课题的研究对象是中美媒体人工智能应用发展的国际竞争力研究。本课题的人工智能应用"媒体"主要是指以互联网为引导，将人工智能技术、新一代信息技术等应用于传媒领域，两者融合发展而成的新型媒介或新型媒介组织。媒体人工智能应用产业的国际竞争力主要指一国的智能化媒体产业在国际智媒市场竞争中所具有的能够持续地比其他国家的智媒化产业更有效地向全球目标受众提供产品和服务，并获得盈利和持续发展的整体性力量或综合性素质。

（二）研究思路

本课题研究的基本思路总体按照发现问题、分析问题和解决问题的思路展开，具体如图1-1所示：将全球新一代信息技术背景下媒体人工智能应用产业的新特征作为本课题研究的逻辑起点，首先通过梳理产业背景、内涵、构成要素及国际竞争力形成原因等理论知识，探究媒体与人工智能技术的融合机制。其次，尝试构建中美媒体人工智能应用发展的国际竞争力指标体系，并收集相关数据，进而展开对中美媒体人工智能应用产业国际竞争力的实证研究。最后，通过实证分析发现我国当前媒体产业的竞争优劣势，对如何提升我国媒体产业国际竞争力做初步探求，尝试为政府制定政策、产业发展及企业竞争提供数据支撑及价值思考。

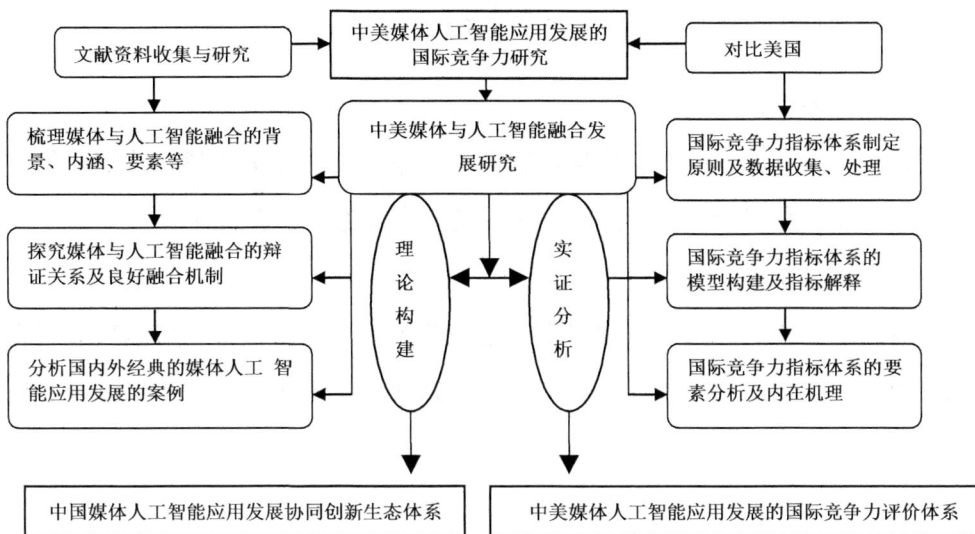

图 1-1 研究思路框架图

（三）研究目标

1. 构建科学严谨的国际竞争力指标体系

课题组根据研究对象的独特性，将尝试创新钻石模型，增加安全体系作为模型一级指标构成要素（即生产要素、需求条件、企业战略、机构与竞争、相关支持产业、安全体系）力争得出科学客观的分析结果，为中美媒体人工智能应用产业制定创新和对外发展的实战操作提供借鉴。

2. 提出融合共生协同创新的传媒生态体系

媒体应用人工智能技术后传播呈现出与以往不同的超链接、非线性、去中心化、交互性、智能性、共享性等特征，传媒产业生态链的各个环节都发生了变化，如能提出全新的协同创新生态体系将为我国智能媒体产业的发展思路提供有价值的参考。

（四）研究方法

1. 文献研究法

在调查研究的基础上，依据国家有关政策法规及相关资料，特别是借鉴国内外相关的研究论著成果，并对这些研究成果进行分析和总结。

2. 比较分析法

对国内外智能媒体产业发展现状进行分类和比较研究，在借鉴当前研究成果和行业发展成果经验的基础上，为综合评价指标体系的构建提供参考依据。

3. 混合研究法

为保证研究的准确性和说服力，本课题对中美媒体人工智能应用产业国际竞争力的研究采用定性与定量相结合的混合研究法。课题将以钻石模型为基础，针对智能化媒体产业当前呈现的新特点新问题构建国际竞争力评价指标体系，其中竞争力评价体系的子指标中既包含定量指标又包含定性指标。

三、研究框架及创新之处

（一）研究框架

本课题拟以如下五个部分而展开：

1. 探究融合发展的机理分析、融合机制

从当前已经被重构的新闻生产系统、新闻分发平台、信息接收及用户平台的媒介生态链的实际出发，阐释为什么"智＋媒"能融合且融合后竞争力还更大，进而以此为基础提炼出两者融合发展机制。

2. 探究国内外智媒发展的实践现状

首先，深入分析国际智媒经济发展状况及我国当前智媒产业生存的外部环境；其次，探究中美等国智媒产业的发展战略、运作模式和创新应用案例等议题，以期通过对比总结先进经验、梳理对国际竞争力评价体系起到关键作用的指标。

3. 构建产业国际竞争力的评价体系

首先，要确立国际竞争力指标体系的意义、基本原则及各级指标的选取，并对评价指标进行具体分析；其次，进行实证分析，包括收集数据及标准化处理、确定权重、导出国内和国际钻石模型各级指标指数，然后对国际竞争力进行实证研究。

4. 提出我国今后发展的路径与建议

根据前面提出的我国智能媒体产业发展现状、外部环境、融合机制、运作模式及存在的问题，结合国际竞争力评价结果，有针对性地提出我国智能媒体产业国际竞争力提升的路径及建议。

5. 提出智媒产业协同创新生态系统

根据以上定性及定量分析的研究结论，分别从政策层、平台层、要素层、产业层的角度出发提出以媒体人工智能应用平台为核心，向上连接要素层，向下连接产业层，并与政策层建立融合共生、协同创新的生态系统。

（二）研究特色

1. 敏锐的问题意识

人工智能技术驱动下媒体整个宏观方面的生产流程和技术架构将面临重新洗牌，传播的对象、传播模型及传播效果都发生了新的变化。深入研究智能媒体产业发展规律，解决当前面临的新问题恰是符合习近平总书记2019年提出的"要将媒体融合推向纵深发展"的研究方向，符合我国当下时代发展的必然要求。

2. 独特的研究视角

当前这一领域研究虽研究视角较为多元，但从全球传媒经济及产业国际竞争力角度切入并以钻石模型进行实证分析的研究尚较为少见。因此课题尝试提出构建智能媒体产业国际竞争力评价指标体系，针对我国目前这一研究领域数据话语权缺失的现状来说，具有一定的开拓研究性。

3. 跨界的研究方法

智能媒体本身具有跨学科研究的属性，智能媒体国际竞争力更是具有多层次含义，因此本课题需要形成"跨界"的自觉。在建构国际竞争力指标时不仅要涉及媒体内部要素结构、经营管理过程、市场占有率、盈利能力等要素还要涉及媒体的各种外部环境；不仅涉及国内市场竞争而且涉及国际市场乃至全球竞争；不仅构建静态的比较能力还要构建动态的发展能力；不仅要融入古典经济学的资本要素观点还要融入现代凯恩斯主义的技术、人才要素的观点。

（三）研究创新

1. 研究观点创新

目前智能媒介生态内各主体间的有机协作程度还处起步期，亟须打造立体化、智能化、共享化的可以连接、整合各方力量的协调生态系统。本课题基于产业国际竞争力要素分析和实证研究结果，尝试提出以媒体人工智能应用平台为核心，由要素层、产业层、平台层、政策层构成的协同创新生态系统（如图1-2）。

2. 理论模型创新

课题主要基于波特教授钻石模型（包含生产要素、需求条件、相关支撑产业级企业战略、机构与竞争）展开对智能媒体产业的国际竞争力研究。但同时考虑到智能媒体特性以及人工智能需要安全体系（包括生产安全、设备安全、网络安全及数据安全等）为其各个主体和环节进行保障，因此，本课题将在钻石模型的基础上新增一项"安全体系"的一级要素指标，这也是对现有国际竞争力理论模型的一次有益尝试（如图1-3）。

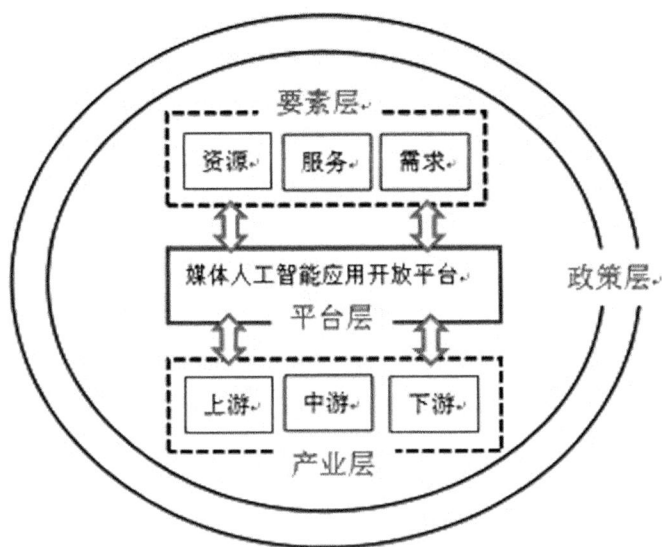

图1-2 媒体人工智能应用协同创新生态系统

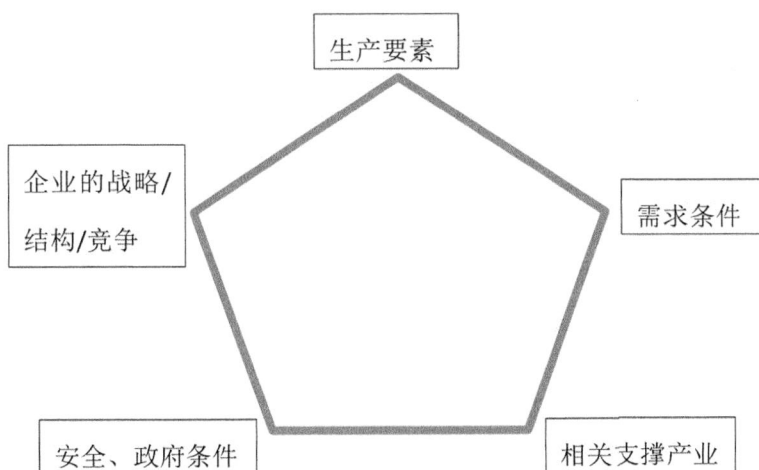

图1-3 媒体人工智能应用竞争力评价的钻石模型

第二章　产业国际竞争力分析的理论基础

一、产业国际竞争力相关基本概念

1. 产业

产业不是一种纯粹的自然生成，是随着社会分工的产生而产生。在英文使用中，"产业""工业""行业"都使用"industry"来表示，在汉语表达中也同样表示多种含义，因此，产业在不同的历史时期、不同的语言环境、不同的理论研究领域中存在各种不同的解释。人们对产业这个词的理解也是随着社会经济生活的部队发展而提升认识的。

在手工业依附于农业，自身尚未形成独立的经济活动时，产业主要指农业。随着资本主义大生产时代到来，工业在社会经济中占有举足轻重的地位，产业主要指工业。再到社会生产力越来越发展，出现了更加细分的行业与部门，到了今天，凡是具有投入产出的经济活动的部门和产业都可以列入产业的范畴。

《辞海》中产业的定义为：产业是指由利益相互联系、具有不同分工的、由各个相关行业所组成的业态总称，尽管它们的经营方式、形态、企业模式和流通环节有所不同，但是，它们的经营对象和经营范围是围绕着共同产品而展开的，并且可以在构成业态的各个行业内部完成各自的循环。国内学者芮明杰（2005）[①]认为产业指国民经济中产品和劳务的生产经营具有某些相同特征的企业或单位及其活动的集合和系统。而在传统马克思主义政治经济学理论中，产业主要指经济社会的物质性产品生产的行业，一般而言，每个部门都专门生产和制造某种独立的产品。

本课题研究的媒体产业刚开始因为其特殊属性并没有被赋予产业属性，直到20世纪50年代第三产业服务业和非生产性产业快速发展，产业的内涵也被进一步扩大，不再单单仅指物质性生产部门，而是指"生产同类产品及其可替代产品的企业经济活动构成的集合"。从这个角度来定义媒体产业：

[①]　芮明杰，《产业国际竞争力评价理论与方法》，上海：复旦大学出版社，2005，p15.

即生产、传播、经营以媒体内容信息或提供媒体内容服务为主的企业经济活动构成的集合。

产业的竞争关系既体现在相互具有替代性的产品之间，也体现在不同产业之间。因此，研究产业竞争力既可以从一国的某一产业能够比其他国家的同类产业更有效地向市场提供产品及服务的综合能力，也可以从同一个国家内，某一产业比其他产业更有效地向市场提供产品及服务的综合能力。本课题进行中美媒体产业国际竞争力研究，就是从第一种角度来进行比较研究产业国际竞争力的。

2. 竞争力

竞争力（competitiveness）的概念源自竞争（competition）。竞争的概念早在达尔文的"物竞天择、适者生存"的理论中就有强调过，物种之间相互争夺生存必需资源，只有具有竞争优势者才能最终生存下来。之后随着社会经济的发展，竞争的概念也被逐步扩大到了社会学、经济学等领域。

当前全球对竞争力的概念仍没有形成统一的定论，具有代表性有世界经济论坛（WEF）、瑞士洛桑国际管理发展学院（IMD）、欧洲货币合作基金会（EMCF），国际经济合作组织（OECD）所给出的定义。我们现将这些从不同视角给出的竞争力概念进行归纳，如表 2-1 所示。

表 2-1 代表性经济组织（机构）从不同研究角度给出的竞争力概念

研究角度	竞争力的基本定义
经济增长能力	1. 竞争力是一国能够实现以人均国内生产总值增长率表示的持续高经济增长能力（WEF,2000）。 2. 竞争力是一国或一个企业在全球市场上较竞争对手获得更多财富的能力，或依靠国内内部型经济和发展国际型经济，以创造并提供附加价值，增加一国财富的能力 (IMD,2000[①])。

---

① IMD. "The fundamentals and history of competitiveness", *IMD World Competitiveness Yearbook*, 2000，p.488.

续表

国家角度	1.竞争力是企业目前和未来在各自环境中，以比其国内外的竞争者更具吸引力的价格和质量来进行设计、生产和销售产品及提供服务的能力，是某一国家为了维持、增加国家的实际收入，在自由公正的条件下，生产的产品和提供的服务符合国际市场要求的程度 (EMCF,1998[①])。 2.竞争力分为宏观、微观和结构竞争力。宏观竞争力指国家法规、教育、技术层次的竞争力；微观竞争力是指与企业取得市场和增加利润相关的竞争力；结构竞争力是与技术基础设施、投资结构、生产类型、外部性等相关的竞争力（OECD,1992[②]）。

与此同时，国内外学者也都对竞争力的概念从不同研究角度给出了相应的定义，如表 2-2 所示。

表 2-2 国内外学者从不同研究角度给出的竞争力概念

研究角度	竞争力的基本定义
国家角度	竞争力是提供居民收入和生活水平的能力（Scott and Bruce,1989）。
国际贸易角度	1.竞争力是在国际市场上可贸易的能力（A.M.Spence,1988）[③]。 2.竞争力是在自由良好的市场条件下，能够在国际市场上提供好的产品、好的服务，同时又能提高本国人民生活水平的能力（美国产业竞争力总统委员会，1985[④]）。
优势能力角度	竞争力指组织具有较竞争对手更强的获取、创造、应用知识的能力（George M.C.Fish,2001[⑤]）。
竞争优势角度	竞争力是一个国家在某一产业的国际竞争过程中，是否能创造一个良好的商业环境，使得该国企业获得竞争优势的能力 (Michael E.Porter,1990)。
综合能力角度	竞争力是指在竞争性市场中，一个组织所具有的能够持续地比其他组织更有效地向市场提供产品和服务，并获得盈利和自身发展的综合素质（金培，2001[⑥]）。

① 戴钰：《文化产业竞争力研究》，北京：世界图书出版公司，2013 年，第 43 页。
② 芮明杰等：《产业国际竞争力评价理论与方法》，上海：复旦大学出版社，2010 年，第 19 页。
③ A.Michael Spence and Heather A. Hazard. *International Competitiveness*,U.S.Ballinger Publishing Company，1988, p.45.
④ Government Printing Office. "President's Commission on Industrial Competitiveness", *Global Competition: the New's Reality Washington D.C.*, 1985,p.26.
⑤ 包昌火等：《竞争情报与企业竞争》，北京：华夏出版社，2001 版，第 176 页。
⑥ 金培：《论企业竞争力的性质》，《中国工业经济》，2001 年第 10 期。

续表

比较能力角度	1. 竞争力是指组织在竞争的市场环境中，通过配置或创造传媒资源，在占有市场、创造价值、维持发展等方面与同业其他组织在市场竞争中的比较能力（李显君，2002[①]） 2. 竞争力是一个通过比较而得到的相对的概念（张志强、吴建中，1999[①]）
统计测度角度	竞争力是对经济主体的竞争优势与竞争劣势的精准测度与对策研究（赵彦云，2005[①]）

从以上对竞争力的不同理解和研究角度可以看到，尽管对竞争力有不同理解，划分了不同层次，但仍有这共同的特点。本课题从研究国家的角度出发，尝试给出定义：竞争力指企业或国家提供的产品和服务，以比较优势的价格进入国家和适应世界市场水平创造适当收益能力和增加国家财富的能力。

由此，竞争力的内涵我们可以从以下三方面来理解：

第一，竞争力的主体是多层次的。从经济学角度来看，现代经济社会中，存在不同层次的经济单位和系统，企业和家庭是最基本的也是最小的经济单位，整个国民经济是最大的经济单位，介于两者之间有着数目繁多的、因某种同一属性集合而成的企业集合就是中间的产业经济单位。

第二，竞争力是一种相对比较的竞争关系。竞争力是在市场竞争过程中表现出来的一种市场力量，是与竞争对手相较量时表现出的一种实际力量。竞争优势是相对于竞争对手而言的，因此竞争力是一种相对比较的概念。

第三，竞争力是延续竞争优势的概念而来。无论是何种竞争，在竞争过程中要拥有一定程度的优势，即竞争优势。竞争优势和竞争力互为因果关系，竞争优势的大小决定于竞争力的大小，因此竞争优势是因，竞争力是果。竞争优势是潜在的，它的强弱最终要通过竞争力在市场中的表现才能体现出来，

① 李显君：《国富之源——企业竞争力》，北京：企业管理出版社，2002版，第38页。
② 张志强、吴建中：《企业竞争力及其评价》，《管理现代化》，1999年第1期。
③ 金培：《论企业竞争力的性质》，《中国工业经济》，2001年第10期。

因此从潜在竞争优势到现实竞争力，还需要有一个慢慢转化的过程。

3. 产业竞争力

我们前面分析竞争力的不同层次时，就提到可以分为企业、产业和国家竞争力三个层级。企业竞争力指企业长期获利能力，可经由企业经营的盈利率、市场占有率或每股盈余等数字来衡量。国家竞争力原本泛指国家民族政体之间所有事物比较的相对优势，但在此指经济范畴之内，也就是国家与国家间所有产业经济价值总和比较的优劣势。

产业竞争力指一国特定产业内所生产的各项产品或服务，相对于世界其他国家，在全球市场上竞争时期产品或服务为市场所接受的优势程度。产业在集群、上下游相关产业的竞争力、供应链是否完整、技术发展状态、经营环境等都会对产业竞争力产生影响。

企业、国家竞争力与产业竞争力往往是运动的，对企业及国家竞争力造成影响的因素，同时也会对产业竞争力产生影响。国家的生存和发展能力是以产业、企业的竞争力不断提升为基础。Porter（1990）在其著作中就认为："国家与产业竞争力的关系，也正是国家如何刺激产业改善和创新的关系。产业有竞争力，国家自然会有竞争力。"[①] 从这个意义来说，产业竞争力决定着国家竞争力，而国家又通过"环境的塑造"来影响产业竞争力。

产业竞争力同时还是同一属性的企业的竞争力的集合。芮明杰（2010）在其著作中曾指出："产业内企业竞争力的增强是该产业竞争力增强的基础，但产业竞争力并非企业竞争力的简单相加，而是各个企业竞争力综合的复杂的'力的合成'过程。"[②] 从这个意义来看，企业竞争力是产业竞争力的重要基础，产业竞争力是企业竞争力的最终表现结果。

---

① Michael E. Porter:《国家竞争优势》，北京：华夏出版社，2002版，第66、139页。
② 芮明杰等:《产业国际竞争力评价理论与方法》，上海：复旦大学出版社，2010年第26页。

4. 国际竞争力

在全球范围内，基于知识型社会、数字经济和面向未来的增长引擎的不断发展为代表的国际竞争力正在备受瞩目，政府和企业正在集中致力于提升各自的国际竞争力的政策和战略开发。国际竞争力理论是在二战后，各国间贸易不断往来深入，对经济学理论综合应用的产物。早在20世纪70年代以美国、日本、欧洲等国和地区就开始展开对国际竞争力的相关研究，我国直到20世纪80年代末才开始对这一领域进行研究。国际竞争力是在国际贸易越来越发达的背景下，评价一国在世界市场上竞争获得的贸易成果而衍生出来的概念。也就是说国际竞争力指在全球经济竞争背景下，对一个国家与其他国家间财富创造及持续增长能力，用量化的概念进行比较。关于国际竞争力的概念，国内外也同样因立场不同研究视角不同给出不同定义，总结接纳如表2-3所示。

表 2-3 国内外国际竞争力的定义

研究视角	国际竞争力的定义
经济增长能力	1. 国际竞争力是一国或企业能够提供比国内外竞争对手更优质量、更低成本的产品和服务能力（WEF,1985）。 2. 国际竞争力是一国或企业在国际市场上均衡地生产出比其竞争对手更多财富的能力（IMD,1994）。 3. 国际竞争力是一个国家在世界经济的大环境下，与各国的竞争力相比较，其创造增加值和国民财富持续增长的能力（中国人民大学竞争力与评价研究中心，1996）
创新及效能	国际竞争力是一国或企业的生产要素取得持续的高收益和高使用率的能力（经济合作与发展组织 OECD,1998 年）
综合能力	国际竞争力是在追求持续、最大地提高人民生活质量的目标下，通过竞争形成和促进一国的整体发展能力（董迎，1999）
企业角度	国际竞争力实际上是企业或企业家们在各种环境中成功地从事经营活动的能力（《中国国际竞争力发展报告》，1997）。
生产力	国际竞争力是一种生产力，体现在一个国家在国际市场上销售其产品的特定行业，最终是一种将每个国家的同一行业或公司进行比较的生产力（金培，1996）。

从国内外对国际竞争力的研究结果来看，对国际竞争力的定义尚未形成统一概念，但总的来说，本课题所认为国际竞争力是一国或企业在国际市场上生产、销售产品及服务的综合能力。这一概念也同时有多层次性，包含企业国际竞争力、国家国际竞争力、产业国际竞争力和产品国际竞争力等内容。

5. 产业国际竞争力

产业国际竞争力是由国际竞争力衍生而来的概念。一般指评价一个国家某一产业的国际竞争力或一个国家的整体国际竞争力，即为产业国际竞争力。从这个概念出发，大致有两方面的研究方向：一是同一产业的国际竞争力研究，二是不同国家产业整体的竞争力比较研究。两者的研究对象和目的有着明显的不同，本课题的研究就侧重于前者的研究，即研究限定在某一特定产业，在不同国家之间国际竞争力的比较研究，后者的研究即侧重于从产业整体实力来比较国家的国际竞争力。美国迈克尔·波特教授较早地对产业国际竞争力提出了定义及研究方法。而在我国金培教授是第一个从产业发展角度考察产业内竞争力的学者。关于产业国际竞争力的概念，国内外也同样因立场不同研究视角不同给出不同定义，总结归纳如表2-4所示。

表2-4 产业国际竞争力的定义

研究角度	产业国际竞争力定义
	产业国际竞争力指某一产业或整体产业通过对生产要素和资源的高效配置及转换，稳定、持续地生产出比竞争对手更多财富的能力（陈晓声，2001）
盈利能力	产业国际竞争力指在国际自由贸易条件下，一国特定产业以其相对于他国的更高生产力，向国际市场提供符合消费者或购买者需求的更多的产品，并持续地获得盈利的能力（张幼文等，2001）。
市场份额	产业国际竞争实质就是一国产业与国外产业在国际、国内市场上对市场份额的争夺能力（庞娟，2001）。
生产效率	产业国际竞争力是一国特定产业在自由和公平的市场条件下，争夺有利的生产条件和销售条件，在竞争中获得最大利益的能力（陈卫平等，2002）。

国际竞争优势	产业国际竞争力指一国或地区产业在自由和公平的市场条件下，在国际经济中的竞争能力，它是产业国际竞争优势的表现（杨子明，2005）。

6. 媒体产业国际竞争力

全球经济一体化趋势下，不同国家都逐渐意识到传媒实力的重要性，传媒市场的竞争激烈程度也就更为加剧。各国媒体产业都意识到，即使媒体带有意识形态的独特性，但不能成为回避国际市场竞争的理由，反而应该借助国际市场的竞争，来推动自身的产业技术革新和产品、服务的创新，最终提升整体产业的国际竞争力。

我国学者祁国钧（2001）就传媒竞争力提出了一定理论认识，他将传媒竞争力定义为：由媒体的一系列特殊资源组合而成的占领市场，获得长期社会效益和经济效益的竞争力[①]。郑保卫（2003）对传媒的核心竞争力定义为：该传媒在经营和发展过程中胜过竞争对手的核心资源和能力的总称[②]。

媒体产业国际竞争力应该建立在媒体产业国际竞争基础之上，竞争者主体是一国的从事某类型的媒体企业的集合，与其比较对象是其他国的从事某类型的媒体产业。因此，我们尝试为媒体产业国际竞争力定义为：一国媒体产业在国际传媒市场竞争中所具有的能够持续地比其他国家的媒体产业更有效地向全球用户或受众提供优质媒体产品及服务，并获得盈利和持续发展的综合能力。再结合本课题的关键词是媒体人工智能应用，我们将媒体产业的定义更偏向融合人工智能技术的媒体产业。

即在本课题所研究的媒体人工智能应用产业的国际竞争力主要指一国的智能化媒体产业在国际智媒市场竞争中所具有的能够持续地比其他国家的智媒化产业更有效地向全球目标受众提供产品和服务，并获得盈利和持续发展的综合能力。

---

① 祁国钧：《论媒体竞争力》，《理论月刊》，2001 年第 7 期，第 32 页。
② 郑保卫、唐远清：《试论新闻传媒核心竞争力的开发》，《新闻战线》，2003 年第 1 期。

二、产业国际竞争力研究的理论基础

1. 绝对优势理论

哥伦布在 15 世纪对新大陆的发现为国际贸易提供了重要基础。这导致了诸如重商主义 (Mercantilism) 之类的国家竞争力概念的出现。此后，1776年英国古典经济学家亚当·斯密（Adam Smith）的绝对优势理论 (Absolute Advantage) 应运而生。他认为社会各经济主体按自己的特长实行分工，进行专业化生产，然后通过市场进行交易，从而在总体上实现社会福利最大化。也就是说，如果每个国家都通过贸易具有生产绝对优势的产品，那么两国都可以产生利润，从而增加国家福利。产业国际竞争力来源于专业化的分工，专业化分工与一个国家的禀赋资源条件密切相关。但是，绝对优势论的概念其实并不完整，产业国际化，以企业发展的角度来看是透过贸易或直接投资，满足拓展市场或延续生产的需求，但当产业进行国际分工及国际贸易，供给端和需求端同时国际化时，例如国际化使得某个市场陷入集中度下降的话，同时需面对来自不同地区竞争者，结果并非绝对有利。而且以国家的角度来看，如果一个国家没有经济与技术优势，似乎就无法参与国际分工与国际贸易活动了。于是，比较优势论的出现，修正了这个问题。

2. 比较优势理论

英国政治经济学家大卫·李嘉图（David Ricardo）提出比较优势理论是在严格而不现实的假设下展开的，其被广泛地用作实证分析和采纳政策的基础，并成为解释国际贸易模式的基础性概念。李嘉图认为一个国家无论经济状况、技术能力如何，即使总体处于劣势，也能找到相对优势，透过国际分工和贸易将优势转换进而实现盈利。也就是说，商品的相对价格差异（比较优势）是国家间进行贸易的基础。一个国家应生产那些自己具有较高生产率的商品去交换那些自己有较低生产率的商品。

进入 20 世纪后，陆续有学者针对李嘉图理论中的一些假设不适合当前国际贸易新变化而提出了不同的见解。瑞典经济学家俄林和赫克歇尔（Heckscher-Ohlin）从 1919 年至 1933 年在此基础上提出了要素赋存论(Factor Endowments)。要素赋存理论是指揭示基本生产要素的赋存量与国际贸易构成的关系。即不同的商品生产需要不同的生产要素比例，而不同国家拥有不同的生产要素，因此各国最终将出口能利用富有禀赋生产要素的那些商品，以换取需要使用稀缺生产要素的进口商品。但由于古典比较优势理论必须满足静态条件下才能成立，包括各国稳定的汇率、供给和生产条件的不可改变、资源和劳动力不能在国际流动等条件。当市场在完全竞争的状态下，产品是同质的，非价格竞争不存在，价格竞争优势成为比较优势的体现，也就没有比较优势与竞争优势的差别。然而现实世界中的交易多是在不完全竞争市场进行，价格竞争优势不但源自比较优势，还可能来自规模经济、产品差异等因素。

此后，列昂季耶夫（Leontief, 1947）利用美国 200 个产业的产业关联表并通过比较要素投入化 (资本 / 劳动) 来验证要素赋存论。他的验证结果得出了与 Heckscher-Ohlin Theory 截然相反的结论，称之为"列昂季耶夫悖论"(The Leontief Paradox)。为了解释这一悖论，有人主张将资本区分为物质资本和人力资本，考虑劳动力的熟练程度等。之后又出现了许多新的理论，完善了 Heckscher-Ohlin Theory 的基本假设，例如技术差距论 (Technology Gap Theory), 研发要素论 (Theory of Research and Development Factor), 可用度论 (Availability Theory) , 产品生命周期理论 (Product Life Cycle Theory), 代表性需求假设 (Representative Demand) 等理论出现, 这些理论力图从技术优势和生产成本优势的角度解释国际竞争力的来源。但比较优势理论的生产要素仍是没有考虑知识、技术等后天要素的影响，也不能解释为什么韩国、日本等无资源禀赋优势的国家却具有较强的产业国际竞争力，于是"竞争优势"的概念被提出。

3. 竞争优势理论

所谓的竞争优势理论是为针对比较优势做"市场的不完全竞争"和"规模经济"的修正。因为随着经济一体化，资源和人力更加流动，资源禀赋的优势并不如过去明显；仅仅依靠现有资源的投入，并不一定能提高国家的生产率，而是其他因素会发挥更大的作用。在这样的思考模式下，20世纪80年代 Michael E.Porter 提出了竞争优势的概念，他可以说是竞争优势理论的代表人物。他从成本与差异化的角度提出竞争优势整体概念，即竞争优势指各国各地区的相同的产业在相同环境下所表现出来的不同的市场竞争能力，是一个国家生产力水平发展的标志。产业竞争优势在不同的产业发展阶段，会受到不同的决定性因素影响，为了更好地阐述产业国际竞争优势，他提出了"钻石模型"。从生产要素、市场需求、相关产业、企业战略与结构、政府、机会这六方面来论证产业国际竞争力，该理论也得到了学术界的广泛认可。具体内容我们将在后面"产业国际竞争力分析方法"的部分做详细介绍。

三、产业国际竞争力分析的基本方法

一般来说，根据产业国际竞争力分析的理论基础，形成了一系列产业国际竞争力分析的评价方法，目前理论模型构建大致有两个视角：一个是以竞争结果为评价出发点，一个是以竞争力影响因素为评价出发点。以前者为基础的理论模型包括 WEF 国际竞争力分析法、IMD 国际竞争力分析法和其发布的国际竞争力报告，以后者为基础的理论模型主要以迈克尔·波特的钻石模型及 Cartwright、Rugman、Verbeke 等一般化钻石模型分析法、双钻石模型。

1. WEF 和 IMD 的国际竞争力评价

WEF 认为国际竞争力是一国快速而持续改善生活水平的能力，即实现可持续、高国民所得成长率的能力。WEF 从 1979 年开始进行国际竞争力评估发布《世界竞争力报告》，因此，WEF 的全球竞争力指数 (Global Competitiveness Index,GCI) 的项目和评价体系被多国参考并用于研究。IMD 以国家作为竞争主体，其竞争力表现为一种综合能力，在此基础上对世界各国的国际竞争力进行测评。IMD 认为国际竞争力是一个国家创造附加价值，进而增进国民财富的能力。两大机构都较早地对国际竞争力展开评价和研究，中国在 1996 年开始发布的几本《中国国际竞争力发展报告》就是运用两大机构的分析方法对中国的国际竞争力进行评价。

表 2-5 WEF 和 IMD 国际竞争力分析对比

机构	IMD	WEF
地点	瑞士 洛桑	瑞士 日内瓦
开始年度	1989 年	1996 年
指标	300 个以上	100 个以上
数据及资料	定量占 2/3 定性占 1/3	定量 >1/3 定性 <2/3
权重值	定量：2/3 定性：1/3	范畴权重值 差异
评价对象国	57 个	134 个
评价要因	经济实力 政府作业 企业管理 基础设施等 8 项作为一级要素来构成	经济运行 政府效率 商务效率 基础设施等 4 个基本竞争要素，其中每个要素下面包括 5 个子要素构成

2. 钻石模型

从 20 世纪 80 年代开始一直从事国际竞争力研究的波特（Porter）教授，

先后提出竞争战略 (1980)、竞争优势 (1985)、全球产业竞争 (1986)、国家竞争优势 (1990)，并在此基础上提出了一种针对国际竞争力的钻石模型作为国际竞争力评价模型。该钻石模型理论（Diamond Model），主要解答国际竞争中国家和产业成功与失败的主要原因，探讨影响产业国际竞争力的因素或组成内涵。波特教授的钻石模型理论核心是一国或企业在特定领域创造并保持国际竞争优势。钻石模型表现的国家竞争优势理论，事实上结合了企业、产业和国家层次，将影响产业国际竞争力的各主要因素纳入理论模型中。其中产业竞争力是围绕产业和产业环境等要素综合起来分析的结果。换句话说，为了更立体地分析一个国家的特定产业，不仅要对特定产业进行内部分析，而且要对影响其产业环境的要素都纳入其中进行分析。当所有这些环境因素积极发挥作用时，该产业将具有国际竞争力。

波特教授的钻石模型理论包含：要素条件 (Factor Conditions)、需求条件 (Demand Conditions)、相关及支持产业 (Related and Supporting Industries)、企业战略 / 结构 / 竞争 (Firm Strategy Structure and Rivalry) 等 4 个决定了国际竞争力的根本关键因素。此外，除了这四个因素之外，它还包含了政府 (Government)、机遇 (Chance) 的外生变量作为辅助因素纳入评估范围。这些因素相互作用，组成动态的竞争模式，共同创造了产业竞争的一个基本环境，钻石模型的四项关键因素可以具体解释为如下：

（1）要素条件

要素条件是指一个国家在特定产业中有关生产方面的表现，即为了生产产品而投入的资源状态。根据波特教授的看法，生产要素包括人力资源、资本资源、知识资源、社会基础设施等，它显示了产业发展过程中投入的资源和供应链中的所有内容。它可分为初级 (Basic) 和高级 (Advanced) 生产要素，初级生产要素指徒弟、天然资源、气候、非技术工人、资金等，高级生产要素包含现代通讯、资讯、交通等基础设施，受过高等教育的人力、研究机构、高级专业人才等。全球化后初级生产要素可自外部取得，除了对农业仍相当重要外，对产业竞争力的影响逐渐降低。而高级生产要素必须内部资金投入人力和资金，透过开发和培育的方式进行生产。

国际贸易理论非常重视各国间生产要素相对的优势，认为生产要素是促使国际产生贸易活动的主要原因。波特教授则认为一个国家的竞争优势其实可以从不利的生产要素中形成，在实际竞争中，丰富的资源和廉价的成本因素往往造成没有效率的资源配置。另一方面，人工短缺、资源不足、地理气候条件恶劣等不利因素，反而会形成一股刺激产业创新的压力，驱动产业升级而形成竞争优势。使得这些生产要素有些是先天决定的，有些是要靠长期后天开发和培养的，波特教授认为后者高级生产要素更为重要，因为它对获得竞争优势有非常的重要性，是形成国际竞争力的主要来源。

（2）需求条件

需求条件意味着是否存在以国内市场对促进该产业所提供的产品和服务有持续研发的需求，即国内市场对产品和服务的需求。波特教授认为市场规模和市场特质会对竞争力造成影响，尤其是国内市场是本国产业发展的最直接动力。本地市场客户的影响非常关键，特别是内行而又挑剔的客户。假如本地客户对产品、服务的要求或挑剔程度高，就会激发出该国产业的竞争优势。也就是说，如果能满足最难缠的顾客，其他的客户要求就能够轻易解决。另一层面的意义是预期性需求，若本地客户需求领先于其他国家，也将成为本地产业的竞争优势。

（3）相关及支持产业

相关及支持产业指相较于竞争对手，当特定产业的相关产业及上下游产业发展健全、协调，合作机制完整、产业间有良好互动，则该产业在国际竞争中也将更具有竞争力。相关及支持产业对该特定产业的影响，可以通过产业关联的直接或间接效果表现出来。波特教授认为企业内部资源与国家环境做适当的整合，将使得产业产生竞争优势。因此，他提出了集群（Clusters）的概念：产业上下游、相关企业、供应商及研究机构等将丰富的资源和产能汇聚在某一地区，成为产业发展的关键位置，形成区域甚至全球范围内独特的竞争优势。相关及支持产业与这些强势、独特的产业有着一种休戚与共的关系，也是形成产业竞争优势的重要因素。

（4）企业战略 / 结构和竞争

企业战略 / 结构和竞争体现为企业在一个国家内创立、组织、运营的整体结构和战略，并显示出企业可以实现持续拥有竞争优势的程度。企业怎样创立、组织、运营，国内竞争程度如何都是决定其产业国际竞争力的重要因素。波特教授认为，各种因素对企业战略 / 结构的影响，最终将反映在产业的竞争程度中。那么有时推动企业走向国际化的动力，有可能来自国内竞争对手的竞争压力。就是说产业内竞争程度越高，那国内市场竞争对手给予产业内企业的压力就越明显，也越容易淘汰效率低、竞争力小的企业。企业会更加推动自身变革，改进或创新各种技术，会使企业在无形中强化竞争优势，并推动企业进一步向国际市场发展，因此，企业战略 / 结构和竞争这一要素可有助于产业国际竞争力的提升。

这四个关键要素并非独立存在，而是一个相互影响、相互作用的动态竞争系统。除了以上四种要素外，波特认为政府和机会的作用也不能忽视。它们作为外生变量，会通过影响四大关键要素，再对国际竞争力产生影响。

政府对四项关键要素的影响有时既非正面也非负面，非常微妙。波特教授认为理想的政府应该在干预与放任中取得平衡。政府的角色是双向的，一方面可制定政策影响其他四个要素；另一个方面，政府政策也会受到决定要素的影响，包含内容有政府管制与法规对产业结构与竞争力产生的影响。近代衡量国家竞争力时包含开放程度、总体经济稳定、法律、政策、贪污或腐败、政府效率等概念，大部分因素与政府执政品质相关。

　　机会表示外部环境变数，具有改变竞争状态的不连续特性（discontinuities），也就是它能够破坏竞争者目前已建立的优势地位，并创造对本身有利的竞争环境与条件。机会是超出企业可控范围的突发事件，如重大技术创新、石油危机、战争等，是会引起重大环境变化的外部影响力。但是机会这个外部要因，因为其不但不能操作化，对于哪些可能是影响竞争力的重大随机性因素都很难有一致性的判断，因此，后续学者对钻石模型进行修正时，大多并未对机会因素加以探讨。

　　波特教授还认为尽管一个国家的产业，有时是由一两个事物（比如拥有自然资源等）构建的，但更重要的是要在生产、需求、相关产业、企业的结构和战略等方面都显示出竞争优势。因此，钻石模型是受这四个决定因素彼此地相互影响，同时又受到两个外生因素所影响，通过对各要素进行定性或定量的分析，来阐述某一特定产业在国际竞争中处于优势地位的原因，具体如图 2-1 所示。

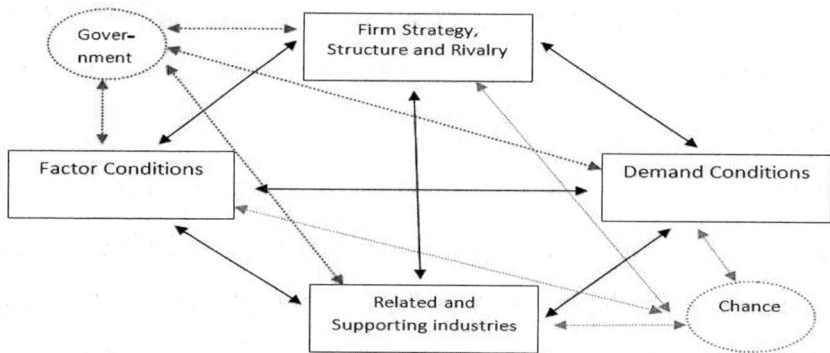

图 2-1 波特教授的钻石模型理论

资料来源：Porter. The Competitive Advantage of Nations，1990，p.127.

　　不过随着时代的发展与技术的进步，钻石模型对解释过去的经济发展非常有用，但在解释特定产业竞争力以及最近的经济环境方面却有一定缺陷。

Spring(1992) 用波特的理论模型对新西兰奶业结构进行了实证分析，认为其理论很难应用于新西兰奶业。Darroch and Litvak(1992) 也指出，以波特的钻石模型不能对加拿大的金融服务业进行充分而又合适的分析。Duuning(1992) 也批评了波特教授对诸如投资和商业等变量的分析。Owen(1992) 认为波特的模型并没有解决基于市场中产生的劳动力、经营者与资本之间的重要关系。Grant(1991) 指出由于四个相关变量的关联性和预测模糊，波特的钻石模型无法解释，为何一些国家尽管特定产业缺乏可观的要素条件，但仍保持了较高的国际竞争力。

还有学者发现钻石模型是以国内市场为基础的，其过分强调了国内基础(Home Base)，这在国内基础稳固的情况下是适当的，但却忽略了一个重要事实：它忽略了与相关国家关系的重要性，模型中并没有考虑跨国经济的影响。针对这一模型设计缺陷，学者们结合自己的实际研究对波特教授的钻石模型进行了修正，增加了钻石模型的适用性。

3. 双钻石模型

Rugman and Verbeke(1993) 认为钻石模型偏重国内市场或偏重对单一国家竞争力的探讨，但对于像加拿大这样的国家，其经济发展与美国息息相关，可以通过扩大美国市场需求来实现本国的产业规模化生产，因此，构建了双钻模型来解释美国与加拿大间的经济关系，具体如图 2-2 所示。

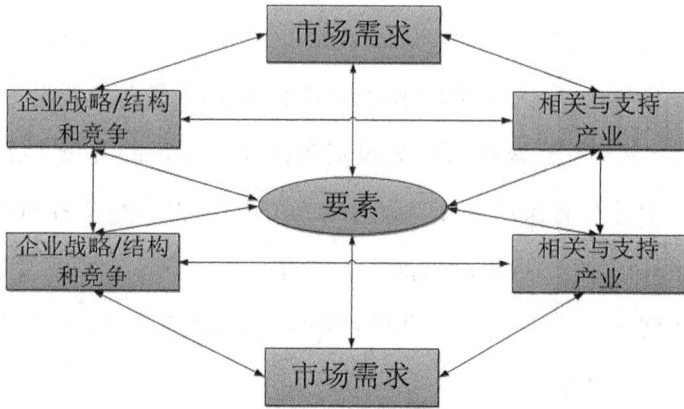

图 2–2 Rugman and Verbeke 的双钻石模型

这一模型对于北美地区的各国的主要产业集聚发展具有一定的解释力，不过模型中对于何种情况下需结合他国钻石模型，到底需要结合多少国家的钻石模型都未有讨论，因此仍存在一定缺陷。不过，这一模型也揭示了，在全球一体化趋势下各国间经济互动活动越来越紧密，探讨国外的各项影响因子变成不可忽视的要素。

4. 九因子模型

韩国学者赵东成认为，与美国不同，韩国企业不是依靠自己资本和技术成长起来的，而是通过外国资本、技术、政府提供的各种支持和优惠待遇成长起来的。因此，要正确评估和把握韩国的产业国际竞争力，需要一种新的研究范式，该范式不同于围绕发达国家经济发展的钻石模型。他的国家竞争力模型是以波特钻石模型为基础进行修正而成，以考虑韩国人力资源、基础设施、政府的支援等韩国产业的特征。从人力资源的角度看，韩国经济增长的主要引擎是大量受过良好教育的各种人才，因此，与波特模型相比，该模型更强调了人为因素的作用，具体如图 2–3 所示。

赵东成的模型与波特的模型基本思路相同，但在选择要考虑的对象时更注重适合韩国国情的要素。尤其是对波特理论中被视为外生变量的政府作用进行了内生变量的把握，强调了政府角色的重要性。同时，还强调了劳动者、企业家、专业经理和技术人员作为人为因素的作用，为了评估这些不同的群体对韩国经济发展的贡献，构建了九因子模型。

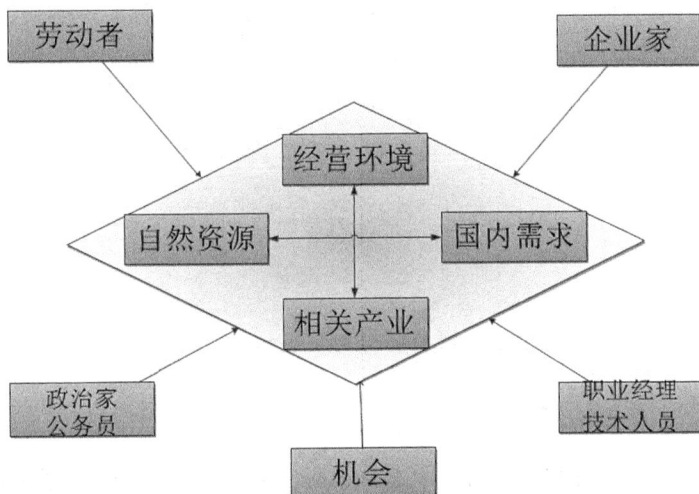

图 2-3 九因子模型

5. 以知识吸收和创新能力为核心的钻石模型

中国学者芮明杰（2004）在波特教授的钻石模型中增加了知识吸收和创新能力作为模型的中心，并指出：有了这个核心，企业才能真正发展出自己产业的持续竞争力。要想在全球市场竞争中占有一定市场份额及更大程度参与到世界分工体系中，知识与创新是中国产业发展必须具备的能力。具体如图 2-4 所示。

透过这个模型，我们可以看出产业要具有更强的国际竞争力，应通过各种政策来激励企业进行技术创新、产品创新。还要加快制度创新，为产业经济发展提供良好的市场环境，进而扩大需求。

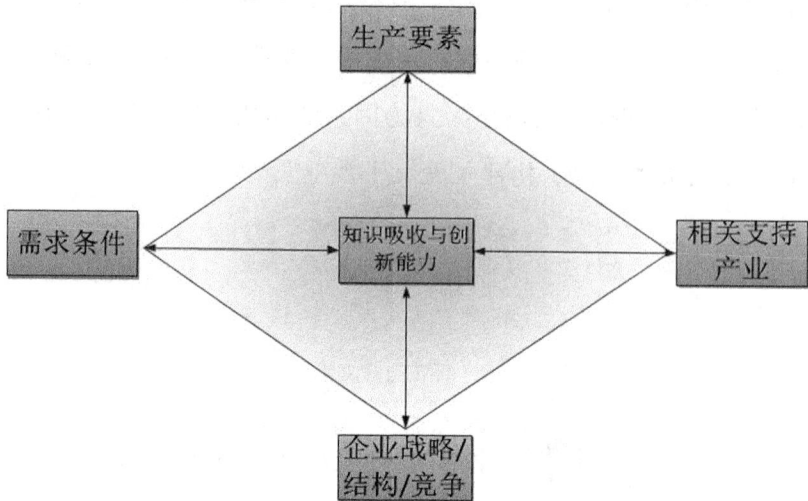

图 2-4 以知识吸收和创新能力为核心的钻石模型

6. 一般化双重钻石模型

韩国学者文辉昌 (1998) 指出 ,Rugman(1993) 的双钻石模型更适用于北美的美国或加拿大等国 ,但难以适用于其他像新加坡、韩国等新兴工业化小国。于是 Moon,Rugman and Verbeke(1995,1998)[①] 在波特钻石模型中加入了国际化部分 ,发展成为一个更进步的一般化双重钻石模型。一般化双重钻石模式是一个国家竞争力部分依赖于国内钻石 ,部分依赖于国际钻石的理论 ,由国际钻石 (外部) 和国内钻石 (内部) 组成。显示国际竞争力受到国内和国际两个市场来决定 ,如图 2-5 所示。一般化双重钻石模型的核心在于企业的生存、利益和成长。这意味着 ,要想在全球具有竞争力 ,经营者必须根据国内和国际钻石模型来运营企业。

---

① Moon, Rugman &A.Verbeke. A The Generalized Double Diamond Approach to The Global Competitiveness of Korea& Singapore, *International Business Review*, 1998, p.107.

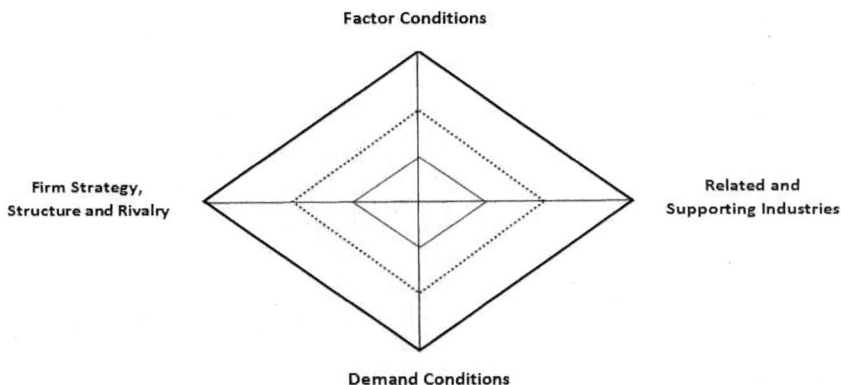

Factor Conditions

Firm Strategy, Structure and Rivalry

Related and Supporting Industries

Demand Conditions

图 2-5 一般化双重钻石模型

综合以上模型理论可以发现，影响产业国际竞争力的因素除了波特教授钻石模型中的四项关键因素外，在全球一体化及国际分工越来越细的背景下，很多在全球经济互动下的因素对产业国际竞争力的影响越发重要，成为不可忽视的要素。Cartwright(1993)针对海外已经存在的客观环境分析，增加 5 个新的海外变量提出了多因素钻石模型；Dunning(1993)鉴于波特没有考虑跨国经营要素，增加 3 个变量提出了国际化钻石模型；Rugman (1993)针对经济规模小、市场容量不足的经济体，而考虑相关联国家的钻石联合体提出了双重钻石模型；Moon,Rugman 和 Verbeke(1998)因为双重钻石模型不适用于北美贸易区以外的小国经济，应该引入跨国经营，提出了同时考虑国内钻石和国际钻石的一般化双重钻石模型，并以韩国和新加坡为例验证了一般化的双重钻石模型的解释力。我们由此可见钻石模型已经不再局限于刚刚由波特创立的框架，而是一个从横向和纵向都得到不断改进拓展的理论体系。虽然以上学者展开一定研究，但整体议题尚未有完整的研究，仍有待进一步研究，整理评论如表 2-6 所示。

表 2-6 学者们对波特教授钻石模型评论文献一览表 [①]

学者	评论要点
Van Prooijen and Porter(1992)	钻石模型忽略了"文化"这个重要的层面
Rugman and Verbeke(1993)	钻石模型偏向单一国家的探讨，将其修正为双钻石模型来解释多国贸易共生的关系
Dunning(1993)	建立多钻石模型
Cartwright and Barrnger(1993)	钻石模型欠缺演绎上的假设性
Bellak and Weiss(1993)	仅针对十个国家做观察，质疑其外部效度
Hodgetts(1993)	钻石模型未能清楚建构政府构面，政府对企业的影响为正面或负面亦未解锁
Van Den Bosch and DeMan(1993)	对开发中国家的解释力不足
Jegers(1995), Grein and Craig(1996)	质疑钻石模式并非站在产业与国家的立场讨论竞争优势

资料来源：芮明杰等，《产业国际竞争力评价理论与方法》，复旦大学出版社，2010 版，p.48

综上，不同产业国际竞争力源于不同的国际竞争力理论框架，评价产业国际竞争力的方法主要适应波特教授的钻石模型以及各国学者进一步修正钻石模型的多因素钻石模型、双钻石模型、一般化双重钻石模型等，可以对产业国际竞争力的时间起到一定的指导意义。

① 芮明杰等：《产业国际竞争力评价理论与方法》，上海：复旦大学出版社，2010 版，第 48 页。

四、国内外媒体产业（国际）竞争力研究综述

1. 国外媒体产业（国际）竞争力研究综述

前面论述的产业国际竞争力的理论及评价分析方法，对产业国际竞争力的研究做了十分充分的铺垫，媒体产业由于其同时具备文化与经济的属性，其国际竞争力的形成与评价体系的确立需要遵循特定的研究范式。与此同时，提升媒体产业竞争力不仅会提升国家的形象品牌，还会提升本国商品的经济价值，进而对其他相关产业的联动效应也起到积极作用。对此，本课题将对现有媒体产业国际竞争力的相关研究成果总结归纳，力图构建能够客观评价媒体产业国际竞争力的体系，为后面的研究提供研究路径与研究方法上的借鉴，为振兴媒体产业的进一步发展提供助力与契机。

国外关于媒体产业国际竞争力的相关研究主要是从国际传播、媒体产业变革发展来进行探讨。特别是 20 世纪 60 年代以来，由于信息科学技术的快速发展，推动了媒体产业及其相关产业的蓬勃发展。美国经济学家 F. Machlup(1956) 研究指出，对经济增长起决定性作用的主导产业正发生质的变化，传统媒体与新媒体的融合趋势，智能化、数字化、虚拟化等新经济特征日益渗透到媒体产业 [1]。因此，使用现代经济学来分析媒体产业成为重要学术现象，理论与实证研究不断深入。本课题总结了国外学者对媒体产业国际竞争力的研究内容，具体如表 2-7 所示。

---

[1] Machlup. E. *The Production and Distribution of Knowledge in the United States,* NJ: Princeton University Press，1962，p.325—333.

表 2-7 国外学者对媒体产业国际竞争力的研究内容

作者	观点及研究内容
Waterman(1989)[1]	从国际贸易角度分析生产投资决策与广电影视产业的国内基础设施规模，以及该国人口和 GDP 等因素影响下，一国向广电影视产业投入经济资源越多，这个国家的制片商在世界电视节目市场上的竞争优势就越明显。
Robert G.Picard(1994)[2]	在其专著《媒介经济学》指出媒介经济学旨在满足用户、广告业主与社会在新闻资讯与娱乐等方面的需求下，探讨各种媒介其生产力、竞争力受到哪些因素的影响，这些产品又在哪些条件下为人们所消费。
Camille Johnson(2012)[3]	立足于技术影响新媒体发展的角度，详细阐述了经济管理对媒体产业的影响。
Maho Furuya(2005)[4]	通过对日本电影电视节目进出口数据的分析，得出文化、经济政治方面的要素是影响媒介和文化产品全球贸易的主因。
Joseph Hawse, Carolan McLarney（2006）[5]	运用"钻石模型"对美国、加拿大和中国内地及香港的电影行业状况进行了对比，指出资本和市场的效应能够极快的传导至电影产业，美国的电影产业较强的国际竞争力得益于其完善的基础设施，具有全球化的市场运作模式和良好的基础设施，配套产业、人才等；而中国电影市场情况复杂，一方面电影行业是全球增速最快的国家，潜力巨大，另一方面中国电影企业的收益质量不高，收入贡献率低。
Jimmyn Park, Hwy-Chang Moon（2013）[6]	通过"钻石模型"对韩国电影行业的国际化发展和企业运营情况进行研究，指出韩国电影行业的国际竞争力不仅仅源于其拥有的优秀演员等，同时也源于良好的国内市场，优秀的人才培养，健全的产业模式和自身文化的国际化表达，而这些因素将能够继续持久的推动韩国电影产业国际化发展。

---

① Waterman D. "World Television Trade: the Economic Effects of Privatization and New Technology", *Telecommunications Policy*,1989,p.4-5.

② 罗伯特·皮卡特·冯建三译：《媒介经济学》，台湾：远流出版公司，1994 年版，第 78 页。

③ Camille Johnson. "The Twenty-first-century Media Industry: Economic and Managerial Implications in the Age of New Media". *New Media & Society*,2012, Vol.14 ,No.2:352-354.

④ Maho Furuya. *Japan's foreign trade of media and cultural products in the age of globalization: Factors, Characteristics, and Implications*, Buffalo :State University of New York Press, 2005.

⑤ Joseph Howse & Carolan McLamey. "The Big Pictures：sources of National Competitive—nessin the Global Movie Industry",*Vikalpa*, 2006，Vol.3 1,No.3:9-44.

⑥ Park J, Hwy-Chang M. "Korean Dramas and Films: Key Factors for Their International Competitiveness", *Asian Journal of Social Science*, 2013, Vol.41,No.2:126-149.

续表

作者	观点及研究内容
Davis C H, Creutzberg T, Arthurs D(2014)[①]	在研究创新创意产业集群时，提出了用创新政策措施、劳动力、企业家、关联产业四个因素来评价影视产业的竞争力。

2. 国内媒体产业（国际）竞争力研究综述

随着中国媒体数字技术的发展及媒体产业日益在整个经济和社会中所发挥的影响力越来越大，与其国际竞争力有关的研究也在稳步进行。国内学者对于媒体产业国际竞争力要素的探讨也在不断深入，也逐步开始探讨产业国际竞争力相关评价指标体系。国内学者以支庭荣、喻国明、郑保卫、丁和根、赵彦云、吴飞、胡鞍钢等人的研究成果较为突出，本课题主要围绕哪些要素影响媒体产业国际竞争力、如何构建媒体产业国际竞争力评价指标体系、评价方法来进行归纳总结，具体如表 2-8 所示：

表 2-8 国内学者对媒体产业国际竞争力的研究内容

作者	观点及研究内容
支庭荣（2002）[②]	使用波特教授的钻石模型较为定性地分析了影响媒体国际竞争力的因素，指出在生产要素方面我们具有成本优势，但是缺乏高级经营管理人才；在天然资源方面，我们有文化、地域等优势，但在资本运作方面处于劣势。总体来说，在全球传媒市场竞争背景下，我国传媒业有可能成为技术、资本、设备的"下家"。
胡鞍钢、张晓群（2004）[③]	通过指标设定和对于原始数据的无量纲转换和比较，从基础实力、国内传播实力、国际传播实力、传媒经济这四方面来衡量媒体产业国际竞争力。

---

① DavisCH, Creutzberg T & Arthurs D. "Applying an innovation cluster framework to a creative industry: The case of screen—based media in Ontario", *Innovation Management Policy & Practice*,2014，Vol.1,No.2：201-214.

② 支庭荣：《中国传媒国际竞争力刍议》，《中国广播电视学刊》，2002 年，第 11 期，第 4—11 页。

③ 胡鞍钢、张晓群：《中国传媒迅速崛起的实证分析》，《战略与管理》，2004 年第 3 期，第 25 页。

④ 赵彦华：《媒介市场评价研究：理论方法与指标体系》，北京：新华出版社，2004 年，第 56 页。

续表

作者	观点及研究内容
赵彦华（2004）④	运用定性与定量相结合的研究方法，构建了媒介市场消费需求评价体系、报刊、广电、网络媒体的市场评价指标体系，为媒体市场评价提供了积极的实践探索。
巢立明（2004）①	在他的博士论文《中国广播电视产业核心竞争研究》应用战略管理理论和分析方法分析，分析电视产业的现状，提出提升我国电视产业核心竞争力的几个方面要求。
喻国明（2005）②	从媒体产业价值链角度提出要跨媒体、跨行业构建产业链条，这是今后媒体产业转型升级的重要方向。
丁和根（2005）③	以报业为例，基于核心能力的传媒竞争力战略，从实现指标系统、直接因素指标系统、间接因素指标系统三个层面初步对传媒竞争力提出了评价指标体系，包含环境技术、企业盈利、外部营销等要素。
翁扬（2005）④	从法律环境和产业政策环境为切入点，深入分析媒体产业国际竞争力中的政府要素。
祁述裕、殷国俊（2005）⑤	以生产要素、需求状况、相关辅助产业、文化企业战略、政府行为等5大要素为基本内容，对国际上包括中国在内的15个有代表性的国家文化产业竞争力指数进行测算和比较，对提高我国文化产业国际竞争力提出对策建议。
洪冬梅（2008）⑥	围绕波特钻石模型从宏、中、微三个层次构建了我国媒体产业竞争力评价指标体系。
张国良、支庭荣（2009）⑦	研究了城市传媒竞争力的评价指标，他们的评价指标主要包括两类，一类是代表性传媒竞争力（包括内部资源竞争力、创造性竞争力），另一类是区域产业整体竞争力（包括外部资源竞争力和集群发展竞争力）。
罗霆（2009）⑧	根据波特"竞争五力"模型来分析中国广电产业的产业环境及影响国家广电产业国际竞争力的主要因素，并提出了一种结合中国广电产业现状的提升竞争力的方法。

① 巢立明：《中国广播电视产业核心竞争研究》，博士论文，复旦大学2004年，第45页。

② 喻国明：《传媒竞争力：产业价值链案例与模式》，北京：华夏出版社，2005年，第34页。

③ 丁和根：《传媒竞争力》，上海：复旦大学出版社，2005年，第76—107页。

④ 翁扬：《我国传媒产业国际竞争力中政府要素分析》，《新闻界》，2005年第2期，第45页。

⑤ 祁述裕，殷国俊：《中国文化产业国际竞争力评价和若干建议》，《国际行政学院学报》，2005年第2期，第50—53页。

⑥ 洪冬梅：《WTO框架下中国传媒产业国际竞争力的构建》，硕士论文，厦门大学，2008年，第78页。

⑦ 张国良、支庭荣：《上海与国内其他大城市传媒产业竞争力比较》，《科学发展》，2006年，第6期。

⑧ 罗霆：《竞争五力模型的电视产业环境分析》，《现代传播》，2009年，第3期。

续表

作者	观点及研究内容
仇琼（2009）[1]	建立了分析中国广电内容产业竞争力的体系，提出了具体的测度变量，分析了中国广电内容产业的国际竞争力，并提出了增强竞争力的措施。
李东宇（2009）[2]	从区域媒体产业的角度分析了区域文化传媒产业竞争力的评价体系。
李放（2009）[3]	通过分析影响传媒发展的因素构建了传媒创业发展的指标体系。
黄先蓉、田常清（2014）[4]	设立通过数据采集、模型构建指标（盈利状况和市场占有状况）、直接原因指标（生产要素、企业要素、相关产业状况）和间接原因指标（需求状况、政府行为和产业政策、文化软实力状况）三大系统，并细分 17 项定量指标和 11 项定性指标对新闻出版业国际竞争力展开实证测评。
韩晓宁、郭玮琪（2019）[5]	梳理了智能传媒产业的概念、特征、产业实践现状，并从产业环境、产业要素、产业环节等层面分析中国智能传媒产业的国际竞争力状况。加强智能传媒产业战略布局和政策支持、扶持人工智能技术基础研发和应用孵化、推动智能传媒产业集群发展，是提升中国智能传媒产业国际竞争力的重要对策。

表 3-9 媒体相关产业的国际竞争力研究内容

作者	观点及研究内容
祁述裕，殷国俊（2005）[6]	将文化产业竞争力分为基础竞争力、环境里、核心竞争力三个方面，选取了 15 个国家作为竞争力比较研究对象，以生产要素、需求状况、文化企业战略、相关产业、政府行为等 5 大关键要素、67 个竞争力评价指标来构建文化产业国际竞争力的评价指标体系，并对提高我国文化产业国际竞争力提出了对策建议。

---

[1]　仇琼:《试论广电产业的竞争力分析体系架构》,《新闻实践》,2009 年，第 11 期，第 70—72 页。

[2]　李东宇:《区域文化传媒产业竞争力综合评价体系研究》，硕士论文，重庆大学，2009 年，第 88—90 页。

[3]　李放:《中国传媒产业发展研究》，博士论文，北京交通大学，2009 年，第 80—83 页。

[4]　黄先蓉、田常清:《我国新闻出版业国际竞争力与影响力提升策略研究》,《河南大学学报》,2014 年，第 4 期。

[5]　韩晓宁、郭玮琪:《智能传媒产业特征及国际竞争力提升对策》,《当代传播》,2019 年第 2 期。

[6]　祁述裕，殷国俊:《中国文化产业国际竞争力评价和若干建议》,《国家行政学院学报》,2005 年第 2 期。

[7]　赵彦云、余毅、马文涛:《中国文化产业竞争力评价和分析》,《中国人民大学学报》,2006 年，第 4 期。

赵彦云等（2006）[7]	为了分析我国不同省市的文化产业竞争力，设计出了文化产业竞争力指标体系，包括文化实力竞争力、文化市场竞争力、公共文化消费竞争力等7个要素、27个子要素和106个指标。
郭锴（2009）[1]	使用波特的钻石模型为基础，结合辽宁省文化产业的发展现状，分析了各个变量的影响因素，建立了辽宁省文化产业的国际竞争力模型，并提出了提升五种文化产业国际竞争力的计划和对策。
李薇、徐佳佳（2010）[2]	运用波特教授的"国家钻石"模型从产业层面来比较中美两国影视产业竞争力。主要针对基础资源要素和产业环境要素两方面，深入分析了两国的需求状况、经营状况、融资渠道、相关产业和出口竞争力。在此基础上细化差距，深入挖掘我国影视产业的优势、劣势、机遇与挑战，并有针对性地为提高我国影视产业的国际竞争力提出一些建议。
占绍文等（2010）[3]	基于钻石模型，从生产要素、需求状况、相关支持产业、企业竞争力、政府行为及机会这五大要素来构建文化产业竞争力评价指标体系。
毕小青、王代丽（2010）[4]	同样以钻石模型为理论基础，兼顾到企业战略和创新能力的评价，构建了6个关键要素、15个子要素、38个三级指标的文化产业竞争力评价系统。
欧阳乐华（2010）[5]	采用因子分析方法，研究了我国电视产业国际竞争力的评价模型。

3. 文献综述小结及本研究探索方向

通过以上的文献论述观点及研究内容可以发现当前媒体产业国际竞争力的研究主要存在着以下特点与有待提升研究的地方：

（1）尽管国际竞争力的相关研究已经相对成熟，但关于媒体产业国际竞争力尤其是融合人工智能技术的媒体产业国际竞争力的专向研究相对比较少。部分研究涉及了媒体产业竞争力研究，但研究焦点停留在对国内各省或具体省份的媒体产业竞争的研究，而缺乏从全球视角对媒体产业国际竞争进

① 郭锴：《辽宁文化产业竞争力的钻石模型分析》，《沈阳工业大学学报》（社会科学版），2009 年第 2 期。

② 李薇、徐佳佳：《基于国家钻石模型分析比较中美影视产业竞争力》，《中国物价》，2010 年第 9 期。

③ 占绍文、辛武超：《基于钻石模型的西安市文化产业竞争力评价实证》，《吉首大学学报》，2012 年，第 5 期。

④ 毕小青，王代丽：《基于"钻石模型"的文化产业竞争力评价方法探析》，《华北电力大学报》，2009 年第 3 期。

⑤ 欧阳乐华：《中国电视产业国际竞争力研究》，硕士学位论文，江西财经大学，2010 年。

行探究。

（2）以往对于媒体产业国际竞争力的研究多为定性研究，缺乏定量实证研究。诚然，对媒体产业的研究需要以定性研究方法作为研究基础，然而在媒体产业国际竞争力评价研究，同样需要借鉴经济管理学科中严谨、科学的评价方法，通过对收集和分析数据得出评价结果。且大多研究在宏观层面提出提升媒体产业国际竞争力的策略，但在实证研究方面还处于起步阶段。

（3）现有的媒体产业国际竞争力的评价指标体系多考虑传统意义上的媒体产业状况，很少对融入了人工智能技术的媒体产业进行相应指标的设置。而要对当前媒体产业国际竞争力进行客观评价，就必须更新这些评价指标。因此，在构建指标体系上需要将当前的智能终端、5G 网络、AR/VR 规模等相关指标纳入评价指标体系中。

（4）以往媒体产业竞争力研究中关于提升我国传媒国际竞争力的策略及对策有：进行创新、提高技术、营造环境、改革机制和体制、出台优惠政策、强化市场机制、创立品牌传媒企业、培养人才队伍等。这些文献中选取的指标可以在评价媒体产业竞争力的研究中作为参考。

在分析以往研究不足的基础上，本研究力图从以下方向进行探索：

（1）结合媒体产业属性、特点以及最新的统计数据，梳理当前媒体产业全球竞争状况，为媒体产业国际竞争力研究提供研究基础。

（2）结合媒体当前现状，探索媒体与人工智能技术相互融合发展的机理。针对以往文献研究中缺乏对人工智能技术的考虑，本文将对媒体产业国际竞争力形成机理进行探究，从应用人工智能技术的媒体产业国际竞争力的内涵出发，深入分析两者的融合机理。

（3）结合多种理论基础，构建媒体产业国际竞争力评价理论模型。针对以往文献研究中缺乏竞争力评价理论基础的问题，本研究以钻石模型、文化周期理论等理论为基础，积极构建应用了人工智能技术的媒体产业国际竞争力评价指标体系。

（4）从评价结果出发，提出针对性的策略建议。针对以往文献研究中存在的提升策略部分较为空泛这一问题，本研究将对媒体产业竞争力评价结果进行聚类和相关分析，结合我国的实际得分情况，明确我国在当前媒体产业发展中存在的问题。并依据此分析结果，有针对性地提出战略路径、对策建议与政策体系。

第三章 媒体人工智能应用的内涵研究

媒体产业的发展一直以来都与先进的传播技术紧密相关。当前 AI 嵌入媒体产业对其产生了巨大的影响，带来一场深远的变革，同时也迎来重大的发展机遇。两者的结合将创造出更多的媒体消费场景，媒体人工智能应用已成为媒体发展的主要趋势。

一、人工智能应用的"媒体"

AI 技术逐渐融入媒体内容生产、编辑、分发、反馈等各个环节，与媒体产业实践充分进行交互。这时，我们就要重新反思一下什么是媒体了。有人说印刷媒体、电子媒体、网络媒体，这是在说媒体的类型；有人说文字、声音、图片、视频，这是在说媒体所表现出来的内容形式；有人说电视节目、网络综艺、报纸杂志专栏，这是在说媒体所表现的产品形式；有人说 CNN、BBC、人民日报，这是在说媒体的机构或平台。诚然，以上这些都可以划入媒体的范畴之内。但当人们被问及，汽车、洗衣机、冰箱、手表、音箱、眼镜算不算是媒体的时候，则可能得到"是"或者"不是"两种答案。回答"不是媒体"的人们大多认为，这些物体的功能并没有在生产、传递、存储信息，没有承载信息。而回答"是媒体"的人们，认为当 AI 技术融入这些物体中，或嵌入智能芯片，或安装智能屏幕到这些物体后，那么这些物体就完全拥有了生产、传递、存储乃至消费信息的功能，具有了媒体属性。2020年 4 月 19 日百度公司宣布在长沙提供 Apollo Robotaxi 自动驾驶出租车服务。用户在享受这项服务的时候，虽然基本服务是出行，但因为不用自己开车，那么待在车内的这几十分钟就需要使用汽车的媒体功能来进行信息的生产、传播或消费等活动。在这个逻辑层面上，汽车就是能够带你出行的一种媒体了。

我们重新回顾传统意义上媒体的定义：媒体（media）一词来源于拉丁语 Medius，指传播各种信息的媒介，可以将信息源传递给受信者的一切技术手段。媒体有两层含义，一是存储、承载信息的物体，二是传递、呈现、处理信息的实体。可以很明显地看出来，当人工智能技术深刻融入媒体产业后，其媒体的内涵和外延都发生了重大的改变。万物都具备了成为媒体的潜在可能性，即万物皆媒；每个人也都可以成为媒体节点，随时随地可以生产、传递、处理或消费海量的信息，即人机互联。

因此，立足当下，本课题所认为的人工智能应用的"媒体"，是指以用户为中心，以互联网为主导，以人机互动、协作为表现方式，以人工智能等新一代信息技术的为驱动的新型媒介或新型媒介组织。

二、媒体技术发展概述

媒体技术的发展历史悠久，媒体的形式也跟随其技术的发展，经历了从简单到复杂，从单一到多样化的变化。作为存储、提供和处理信息的工具，媒体在不断开发演进过程中，拥有一些重要的里程碑。

在远古时代，图片和手稿的开发以及将其用于存储和复制文本的过程可以被视为媒体发展的重要里程碑。媒体发展中一个更重大的飞跃是 15 世纪的印刷技术。从那时起，大量生产文本和图书成为可能。 19 世纪留声机的发明以及摄影、投影和动画的发展为信息的传播创造了新的可能性。在 20世纪 60 年代，随着广播和电视等大众媒体技术的出现，媒体成为现代人们生活的重要组成部分。 20 世纪 70 年代后期，个人计算机被开发出来并投放市场，并在 80 年代后被广泛使用。计算机网络的蓬勃发展已经形成了一个庞大的人类交流网络，为我们提供了生动的资源、强大的工具和交流平台。

21 世纪初期媒体的数字革命，已经使媒体完全数字化、网络化和多媒体化，数字化是上述"三化"的基础，其意义不亚于媒体的革命。数字化是相对于模拟的，先前的媒体信号是"模拟"，例如广播和电视，其信号在连续变化。"数字化"是将各种模拟信号转换为离散的固定值（例如"0"和"1"），其优点很多，最重要的是数字信息具有可压缩性和纠错性，这带来了很多好处，例如减少存储容量，提高传输速度，改善通信质量并促进信息处理。近年来，移动互联网的飞速发展以及大数据、人工智能、5G 等技术的发展，促进了媒体融合从相加到融合的转变，进入了融媒体中心建设、实施与落地的发展新阶段。

我们将进入媒体技术转型的第四个十年（贾斯汀，2018[①]）。第一个十年的标志是个人计算机的出现；第二个十年的标志是英特网和浏览器的出现；第三个十年的标志是移动设备的兴起，移动互联网已经深刻改变了我们与媒体打交道的方式。现在，我们正处于一个新时代，各种技术因素将结合起来，再次改变媒体行业的状况。虚拟现实（VR）技术和增强现实（AR）技术成为趋势，数据科学的发展成为媒介技术发展的强大动力，包括机器学习、人工智能和其他相关技术，例如：自然语言处理、计算机视觉等。计算机具备了阅读、观看和说话的能力，还可以组合和重组信息，识别和使用情感以及用不同于传统方式的办法生成各种类型的内容。将来，会有更多的机器人出现，这将使人类能够以新的方式与物理世界进行交互并对其进行远程控制。我们的家庭、办公室、医院、学校以及城市将从中受益。创新媒体技术的应用将为这些地方和领域带来难以置信的机遇。

三、促进媒体人工智能应用发展的基础技术

1. 物联网（IoT）

物联网是指通过连接可以收集周围信息的传感器模块和可以访问所有对象的互联网的通信模块来收集或共享数据，实现物与物、物与人的泛在连接的一种技术。即物物相息，以实现对物体或过程中的智能化识别和管理。随着传感器价格的下降以及可以低功耗发送和接收数据的通信技术的兴起，今

---

① 贾斯汀·亨德里克斯：《2030 年愿景：媒体技术的未来十年》，《传媒》，2018 年第 22 期。

后日常生活中的所有事物都有可能转变为物联网设备。预计全球物联网终端的数量将从 2018 年的 231 亿增加到 2025 年的 754 亿。

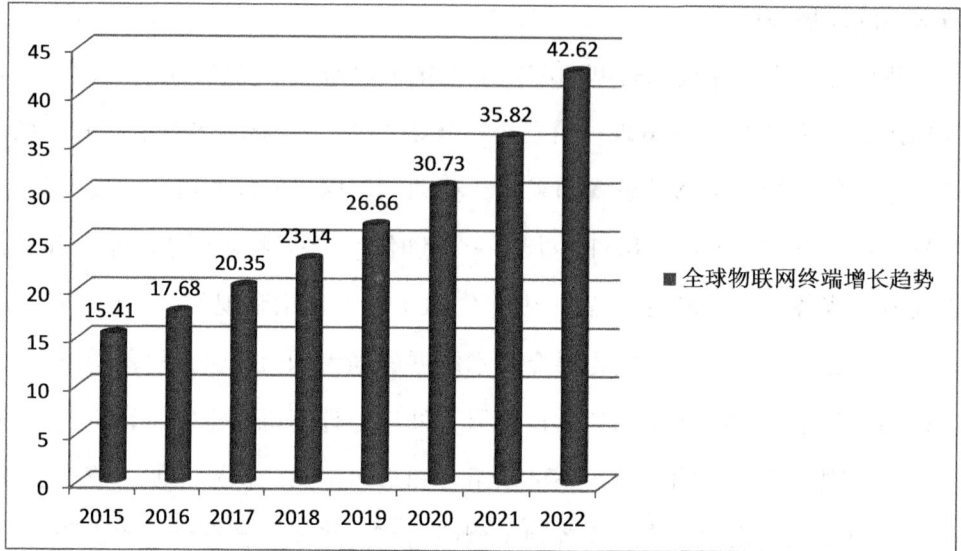

图 3-1 全球物联网终端的增长趋势（单位：10 亿个）

数据来源：IHS Markit(2019)

物联网是第四次工业革命的核心，是与制造业高度相关的技术。在自动化劳动密集型生产工艺的过程中，必须检查工厂内部和外部的设备是否被恰当操作并正常工作，并根据客户的要求，实时调整生产过程和流通过程。为了实时识别掌握设备故障，工人安全事故，产品缺陷，能源消耗量等信息并控制成本，物联网设备正迅速被投放到生产现场。

此外，物联网在智慧城市中还扮演着核心技术的角色。物联网通过以复杂的方式分析诸如能源、环境、交通和安全等多个领域的信息，来解决诸如家具、建筑物和城市等各种问题正备受人们瞩目。像这种物联网技术，今后再加上与大数据相关的数据分析和预测功能时，将会展现出爆发性的经济潜力。

2. 5G 等高速化网络

随着无线数据流量的增加和物联网服务的活跃，5G 已成为支持多种设备、支持高速数据传输的核心技术。与以往专注于提高传输速率的无线技术不同，5G 除了具有超高速性能外，已被开发成可同时追求超链接性、超低延时和大容量的属性。包括我国在内的美国、欧盟和日本等全球主要国家为了实现第四次工业革命时代的核心基础设施 5G 网络服务的升级，都在纷纷推出相关的支持政策、积极促进频率分配及商业化计划的进行。

利用物联网超低延迟的特性，可以在需要实时变量的自动驾驶汽车或偏远医疗领域提供可靠的服务，同时可以在要求进行大规模传感器监控的领域，容纳各种终端诸如智能家居、智能建筑、智能工厂和智能城市等进行广泛使用。

3. 增加数据流量和数据经济

随着物联网的普及和下一代网络的引入以及云计算技术的落地，通过网络发送和接收的数据在不断增加。实时收集的数据和通过处理数据而生成的信息规模也在呈几何级数增长。从普通用户的角度来看，由于生活方式的改变（例如智能终端的普及和视频流媒体服务的常态化使用），也助推了流量的增加。

据网络设备制造商思科预测，全球数据流量将从 2017 年的每月 122 EB 增长到 2022 年的每月 396 EB，年均增长 26%。同期，移动环境中产生的移动流量的年均增长率达到 46%。预计消费数据将在未来也会继续推动媒体内容市场的扩展。

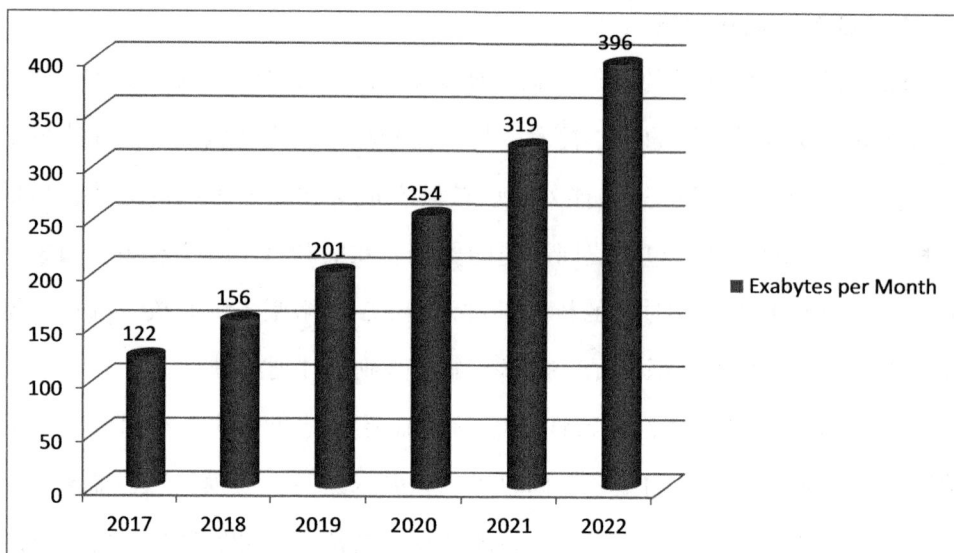

图 3—2 全球数据流量趋势和预测

数据来源：Cisco Systems(2019)

大量数据开始通过网络传播，进而创造了收集这些数据并转化为有价值信息的机会。随着可以存储和处理大量数据的云计算技术发展，以及可以从看似混乱、无序的数据中发现有意义的信息的数据科学的发展，未来我们可以使用数据来创造更多的附加值并促进社会系统创新正在成为可能。在未来的社会中，随着数据的数字化，与数据的收集、分析、共享过程中所花费的费用相比，其所能获得的效用更大，因此预计这种数据形态结构将有望变得更加牢固。掌握多少数据开始成为决定企业和国家竞争力的关键因素。越来越需要且有必要在国家层面制定一级战略来应对以数据为中心的未来社会，来加强与数据相关（收集、加工、分析、传输数据）的产业的竞争力。

4. 从云计算到边缘计算技术

在落实云计算概念之前，个人或公司会直接购买或构建硬件和软件等资源。但是，随着"按需租用计算资源"的云计算出现，原有的方式开始出现重大变化。资源的建设和运营的成本，人力和场所变得不那么必要，可以根据组织的规模或需求，在使用计算资源后可以根据使用量来支付费用。根据Gartner 的预测，全球开放型云计算市场规模将从 2017 年的 1453 亿美元增长到 2019 年的 2062 亿美元和 2021 年的 2783 亿美元。 这是一个年平均增长率为 21% 的高增长趋势。

　　主要的云计算企业在提供连接物联网、大数据和人工智能等平台的同时，还寻求在全球主要基地建立数据中心，旨在快速推广并传播以自己为中心的生态系统战略。虽然通过云计算实现了成本的降低和运营效率的提升，但将大量数据在向云发送和接收过程中出现的延迟、网络的障碍、个人或企业对机密数据泄露的焦虑等问题依然存在。为了弥补这些缺点，试图分散集中化的云资源的边缘（Edge）计算概念正在普及扩散。在不需要实时功能的领域，云计算可能已经足够了，但在未来社会中，像日常的无人驾驶汽车或无人机这样需要即时反应的领域，很难应用现有的云计算结构。因此，边缘计算方式（在用户或靠近终端附近点处理数据的概念）开始与云计算接轨。由于数据会在数据采集的地点被即时处理，因此与传统常规的方式相比，边缘计算可以更快地进行数据处理，降低网络负载并更安全地传输数据。随着边缘计算的概念被引入云计算中，云计算环境正在迎来新的变化。

四、媒体人工智能应用产业的概念及特征

1. 媒体人工智能应用产业

　　在提出媒体人工智能应用产业的概念之前，首先要先了解该产业链，它是通过人机协作的媒体内容生产模式、数据算法的智能分发模式、用户的多元互动体验，所形成的优质媒体产品，再通过通信网络信号进行传播，创造

优良商业模式以实现盈利。这样生产、加工、分发所形成的传播过程，并获得相应经济效益的过程，就是媒体人工智能应用产业链。

从以上的探讨中，本课题尝试对媒体人工智能应用产业做如下定义：指以人工智能技术、新一代信息传播技术、数字媒体技术为驱动，以互联网为主导，将媒体内容生产链条转型升级，与用户深度交互与连接，并带给用户更多元信息体验而产生所有的经济效益，在这个媒体内容生产、传播和形成商业盈利的过程中所形成的产业，我们就称之为媒体人工智能应用产业。该产业是文化创意产业、通信信息技术与服务产业的重要组成部分，与科学技术实力与文化软实力密切相关。

2. 媒体人工智能应用产业的特征

根据以上媒体人工智能应用产业的定义，可以从中归纳出其特征：

其一，资源内容的交融性。 以广播、电视、报纸为代表的大众传媒，长期以来凭借专业的制作人员、丰富的编辑经验和广泛的社会资源，生产出具有代表性的高质量内容，成为人们日常生活中不可或缺的信息载体。但随着信息和通信技术的发展，出现了以"数字技术和网络技术为基础，通过手机和电脑等新兴互联网终端为订阅者提供相关服务"以及"由信息技术产生"的新型媒体，由于其碎片化的时间和更符合用户阅读需求的特点，迅速占领了媒体内容市场。因此，虽然传统媒体具有发展中自身的明确定位和相对较强的时代敏感性，但也要尽快通过理念创新，形成媒体聚合的共识。对于报纸、广播等传统媒体来说，要在明确定位的基础上创新理念，针对互联网及新技术的发展趋势，将新媒体的优势与自有的优势适当结合起来，尽快实现媒体聚合和自身发展。

当媒体大量应用人工智能技术后，就变成了一种"聚合媒体"。这样的媒体是一种充分集成了广播、电视、报纸等共同点和互补特性共存的聚合媒体，全面整合这些媒体的人力、内容、宣传等资源，是一种实现"资源、内容、公共关系的渗透和利益共享"的新媒体形态。这种新型媒体形态,基于算法和大数据等新技术,能够快速理解和响应用户的特点与需求,同时通过及时分发内容,实现了强大的传播效果。另一方面,传统媒体凭借长期储备的强大资源、人才和经验,在内容制作上拥有绝对优势。因此,二者的结合,必将推动媒体升级乃至媒体产业的更新换代。

其二,**内容传播的升级性**。随着 5G 通信技术的商用,区块链、AI、VR、AR 等新技术通过拓展应用场景,推动内容传播方式变革。媒体聚合是最适合 5G 技术应用的场景之一。在 5G 技术环境下,云 VR、AR、SNS 等与媒体密切相关的应用场景将深入发展。因此,传统媒体可以积极运用新技术,从重新建立与用户的关系,最终实现从"平面媒体"到"立体媒体"再到"实感媒体"的升级。例如,为庆祝中华人民共和国建国 70 周年,央视网推出的在线 VR 全景展馆以及在上海进口博览会上新华社推出的"5G 双肩包 +4K/8K+VR"全景 UHD 直播频道,都是聚合媒体升级中 5G 技术创造新机遇的典型案例。

其三,**优质内容的移动性**。通过 5G 网络与 AI、大数据等技术的结合,媒体不仅可以更精准地收集新闻素材,并根据用户的不同需求进行定制生产和推荐,还可以根据用户的反应及时调整内容的生产,提升传播效果和效率。针对移动端内容分发的社交化、科普化、视频化的新趋势,积极探索将 VR、H5、无人机、直播视频等应用于内容制作,实现优质内容的移动媒体化。

其四,**传播渠道的平台性**。媒介形式的革新、媒体聚合的推进、大众传媒传播渠道的扩大等成为不可避免的发展趋势。大众传媒已进入流媒体时代,媒体的聚合化正在加速进行,纷纷都在打造"微信 + 微博及多客户端"形式的媒体聚合平台。此外,随着新技术及聚合媒体的发展,用户反馈机制也将得到更新。制作组不仅可以在后台直观监控粉丝数量和点击率,还可以查看用户的留言。因此,各个媒体平台在回应用户需求的同时,为了提高内容的多样性和可读性，正在尝试根据内容的主题通过 H5、短视频、纪录片等多种形式来表达媒体内容。

五、今后内容生产的趋势

以短视频形式的内容为首选。随着 4G 的普及，短视频发展迅速，移动短视频拥有碎片化、低门槛及沟通性等优势，在未来的 5G 时代也有可能成为媒体的领头羊。VR 及 AI 与短视频的结合、Vlog 的大规模生产、纵向视频的广泛尝试、抖音服务，以及大众传媒进军短视频平台等，都在暗示短视频将借助 5G 继续引领视频从制作到分发，并将走向正规化、产业化。

长视频及情景直播做好准备，蓄势待发。如果摆脱速度和数据的限制，即使在移动环境中，预计 1—5 分钟长的长视频市场也有望扩大。长视频的优势在于可以凭借相对丰富的内容和专业化的制作，拥有完整方案的实现。

情景化直播应用。借助 VR、AR 和 MR 等真实感技术，将克服缺乏视觉效果及互动式 UX 不足这一瓶颈，同时实际体验现场已经准备就绪，情景直播有望成为促进线上线下连接和激活产业活性的新催化剂，正在等待爆发时机。

第四章　媒体人工智能应用研究现状

一、国外媒体人工智能应用的研究现状

1.关于媒介融合概念的研究

"融合"一词最初起源于科学领域，直到 20 世纪 70 年代末才引入新闻和传播领域。Negroponte（1978）首先提出了"媒体融合"的概念，他使用三个相交的圈（分别代表计算机行业、出版印刷业和广播电影行业）来展示和描述其技术边界趋于重叠的聚合过程，并认为这三个交叉点将成为发展最快，最具创新性的领域[①]。他将媒体融合理解为"各种技术和媒体形式结合在一起"，这激发了许多随后的新闻和传播领域研究人员的灵感。

在 20 世纪 80 年代，"融合"一词得到了推广和普及，美国传播学者，马萨诸塞州理工大学的伊契尔·索勒·普尔（Ithiel de Sola Pool，1983）在其专著《自由的技术》（Technology of Freedom）中认为"媒体融合是各种媒体多功能集成的发展趋势"，在他的《自由技术》一书中提出了"模式融合"的概念：数字电子技术的发展导致了传统上界限分明的传播形态的融合。他将融合总结为两种形式：一是，过去由不同媒体提供的服务现在可以由一种媒体提供；二是，过去由一种媒体提供的服务现在可以由不同媒体提供[②]。

Maney（1998）提出了"大媒体"的概念，它是一种全新的传播概念和方式，可为人们提供全面的信息和娱乐，涵盖了广泛的内容，包括通讯、影视、音乐、商务和教育等，包括所有内容、设备和过程。与过去的媒体相比，它具有大容量和高技术要求，并且当今使用了大量最先进和最前沿的通信技术和方法，投资大、跨行业多，将以更广泛的方式影响人们的生活[③]。

---

① 尼古拉·尼葛洛庞蒂著. 胡泳、范海燕译:《数字化生存》，海口：海南出版社，1996 年，第 121 页。

② Ithiel de Sola Pool, *The Technologies of Freedom*, Belknap Press of Harvard University Press, 1984, p.316.

③ Kevin Maney:《大媒体时代——当今世界媒体新潮》,《新闻大学》,1998 年秋季号。

随后，Doyle（2002）[①]，Rich Gordon（2003）[②]，Jenkins（2006）[③]，Dwyer（2010）[④] 等也在该领域进行了相关研究，认为"媒介融合是指电子通信技术、计算机技术和媒体的融合"。

2. 关于人工智能与媒体融合研究

目前对于人工智能（AI）概念没有统一的定义。联合国信息经济报告（UNCTAD 2017，5）建议 AI 被定义为：机器和系统获取和应用知识以及执行智能行为的能力[⑤]。这可能涉及执行各种认知任务，例如感知、处理口头语言、推理、学习、做出决定以及展示相应地操纵对象的能力。智能系统将大数据分析、云计算、机器对机器通信和物联网结合在一起，以进行操作和学习。在过去的二十年中，技术进步重塑了世界许多发达国家和发展中国家的新闻媒体格局。由于在新闻制作和传播的不同方面引入了自动人工智能程序，新闻业正在经历变革。西方国家的新闻学者认识到人工智能对新闻媒体行业和新闻实践的影响，因此研究人工智能在新闻中的用途和作用的研究不断涌现（Diakopoulos 2019[⑥]，Lewis，Sanders&Carmody 2018[⑦]，Lewis，

---

① Doyle G. "What's 'new' about the future of communications? An evaluation of recent shifts in UK media ownership policy", *Media Culture & Society*, 2002,Vol.24,No.5,p.715-724.

② Rich G. "The Meanings and Implications of Convergence", *In Digital Journalism: Emerging Media and Changing Horizons of Journalism*, in Kevin Kawamato (eds.), US: Rowman & Littlefield Publishers, 2003, pp. 57-75.

③ Jenkins, H. Quentin Tarantino's Star Wars?: Digital Cinema, Media Convergence, and Participatory Culture. *Media and Cultural Studies*,2006，p.549-576.

④ Dwyer T. *Media convergence*, UK: McGraw-Hill Education Press, 2010.

⑤ UNCTAD U N. *Information Economy Report:* Digitalization, Trade and Development[EB/OL]. https://unctad.org/en/PublicationsLibrary/ier2017_en.pdf.

⑥ Diakopoulos N. *Automating the News: How Algorithms Are Rewiring the Media*,Cambridge, MA: Harvard University Press,2019.

⑦ Lewis S C, Sanders A K, Carmody C. "Libel by Algorithm? Automated Journalism and the Threat of Legal Liability", *Journalism and Mass Communication Quarterly*, 2018,Vol.1,No.1,p.1-22.

Guzman&Schmidt 2019[1], Caswell 和 Dorr 2018[2], Smith 和 Eckroth 2017 [3], Linden 2017a[4], 2017b[5])。

现在,设备和机器担当着传播者的角色,取代了新闻工作者作为传播者。许多大型新闻机构(例如英国广播公司《卫报》《福布斯》《华盛顿邮报》《洛杉矶时报》《纽约时报》和新闻社(例如美联社和路透社)现在已经将天气,证券交易所动向,公司绩效和体育故事分配给了计算机,并认识到机器比某些记者更严格和全面(Underwood 2019)[6][8]。

因此,新闻媒体行业正在适应将数据、算法和自动化技术广泛地整合到新闻业中的 AI 技术带来的机遇和挑战(Lewis,Guzman&Schmidt,2019)[7][9]。Amy Webb(2016)通过美国未来今日研究所(Future Today Institute)发布的《2017 技术趋势报告》认为:未来 10 年,人工智能及其延展的技术将深刻影响新闻行业,并进入新闻生产的每个环节[8][10]。

许多新闻机构,特别是在西方发达国家,已经增加了 AI 技术的使用,使得自动化新闻成为数字新闻领域的重要发展,并且在各种语言和地区都产

① Lewis S C, Guzman A, Schmidt T. "Automation, Journalism, and Human–Machine Communication: Rethinking Roles and Relationships of Humans and Machines in News", *Digital Journalism*, 2019, Vol.7,No.4,p.409-427.

② Caswell D, Dorr K. "Automated Journalism 2.0: Event-Driven Narratives", *Journalism Practice*, 2018, Vol.12,No. 4,p.477-496.

③ Smith R, Eckroth J. *Building AI Applications: Yesterday, Today, and Tomorrow*[EB/OL]. https://www2.stetson.edu/~jeckroth/downloads/smith-eckroth-2017.pdf.

④ Linden C. "Algorithms for Journalism", *The Journal of Media Innovations*, 2017, Vol.96,No.1,p.60-81.

⑤ Linden C. "Decades of Automation in the Newsroom: Why Are There Still So Many Jobs in Journalism", *Digital Journalism*, 2017, Vol.5,No.2,p.123-140.

⑥ Underwood C. *Automated Journalism – AI Applications at New York Times, Reuters, and Other Media Giants*[EB/OL]. https://emerj.com/ai-sector-overviews/automated-journalism-applications/ .

⑦ Lewis S C. "Automation, Journalism, and Human–Machine Communication: Rethinking Roles and Relationships of Humans and Machines in News", *Digital Journalism*, 2019, Vol.7,No.4,p.409-427

⑧ ⑩ Webb A. *2017 Tech Trend Report[R]*. NewYork: Future Today Institute, 2016.

生了大量的机器新闻故事（Dorr 2016）[①]。尽管如此，人工智能的意义并不仅仅局限于机器故事。人工智能确实在通过许多其他方式增强了新闻室的功能，例如：跟踪突发新闻、处理大数据集、寻找潜在客户、挖掘媒体见解、对假新闻进行新闻验证以及总体上简化记者的工作流程（Hansen，2017）[②]。

Park（2014）认为不同类型媒体融合技术在价值链上经过规划、生产和分配来扩展内容的生命周期，并正在形成媒体融合生态系统价值链。融合技术的研发有利于创意产业的发展并促进经济的增长，因此政府要通过引领未来的技术来增加新的经济价值[③]。Fink 和 Anderson（2015）围绕数据新闻想要渗透到全国媒介生态系统中会遇到什么阻碍而展开，指出把数据和新闻内容本身作为相辅的整体进行传播，从量化的角度准确地报道新闻事实，能够反映新闻事物的发展状况[④]。Andrejevic 和 Burdon（2015）界定了"传感器社会"（Sensor Society）概念，指出所有的互动设备和程序都可以兼做传感器，用以自动捕捉和记录各类数据，同时指出人们对于"传感器社会"带来的新现象要重新反思监视、控制、隐私等各类问题[⑤]。Eckroth（2012）在对自动化的人工智能新闻服务的研究中提到，人工智能的"新闻查找器"将自动执行查找、选择、分类和发布符合人工智能社区相关标准的新闻报道[⑥]。该软件将广泛的在线新闻资源搜索与特定主题的训练模型和启发式相结合，并

[①] Dorr K N. "Mapping the Field of Algorithmic Journalism", *Digital Journalism*, 2016, Vol.6,No.4,p.700-722.

[②] Hansen M, Meritxell R, Jon K, et al. *Artificial Intelligence: Practice and Implications for Journalism*[EB/OL]. https://towcenter.org/research/artificial-intelligence-practiceand-implications-for-journalism/.

[③] Park Y, Shim H J, Jeon B. "Convergence Complexity Reduction for Block-based Compressive Sensing Reconstruction", *Journal of Broadcast Engineering*, 2014, Vol.19,No.2,p.240-249.

[④] Fink K, Anderson C W. "Data Journalism in the United States: Beyond the "usual suspects"", *Journalism Studies*, 2015, Vol.16,No.4,p. 467-481.

[⑤] Andrejevic M, Burdon M. "Defining the sensor society", *Television & New Media*, 2015, Vol.16,No.1,p. 19-36.

[⑥] Joshua E, Liang D, Smith G R. "NewsFinder: Automating an AI News Service", *AI Magazine*, 2012,33(2):43-54.

阐述了自 2010 年 8 月以来，该项目用于 AITopics 网站的新闻服务中的人工智能的具体实践。Cybenko 等 (2018) 提到了人工智能技术与假新闻的关系，探索了人工智能在"假新闻"领域发挥作用的方式[①]。他们认为假新闻和宣传并非新现象，但在现代信息传播和人工智能技术的推动下，它们正在以从前不可能的规模和方式展现出来。人类一些弱点使得今天的"假新闻"成为可能，同时还有一些基于人工智能的技术可以帮助击败或保护这些弱点。

Thurman（2019）探讨了人工智能的算法和自动化在新闻收集、组成和分发中的日益增长的重要性[②]。文章将新闻和计算的研究与尚待探索的学术和专业领域联系起来。他们总结了"计算新闻"现在所包含的更广泛的技术，比如：从聊天机器人和推荐系统，到人工智能和原子化新闻。他们通过展示这些技术越来越多的用途，包括：吸引未得到充分服务的观众、销售订阅以及重新组合和重用内容，推动了文献的发展。同时，他们也对"计算新闻"提出了质疑，例如，他们指出了在调查性新闻中应用人工智能以及在试图维护公共服务价值方面的一些固有挑战。他们提出了一个发展民主新闻推荐者的框架，来应对这些挑战。

Bastian 等（2019）在对和平新闻和战争新闻的研究中，认为新闻的个性化是指个性化的定制新闻提要基于用户的信息偏好，新闻范式要求更加多样化和创造性[③]。他们开发了一个概念性的框架来评估使用算法系统的可能性和陷阱是什么。他们的研究结果表明，人工智能驱动的分发技术可以促进建设性的战争报道，特别是通过对抗记者自我审查的影响和多样化的冲突报道。

---

① Cybenko A K, Cybenko G. "AI and Fake News", *IEEE INTELLIGENT SYSTEMS*, 2018, Vol.33,No.54,p.3-7.

② Thurman N, Lewis S C, "Kunert J. Algorithms, Automation, and News", *DIGITAL JOURNALISM*, 2019, Vol.7,No.8,p.980-992.

③ Bastian M, Makhortykh M, Dobber T. "News personalization for peace: how algorithmic recommendations can impact conflict coverage", *INTERNATIONAL JOURNAL OF CONFLICT MANAGEMENT*, 2019, Vol.30,No.3,p.309-328.

然而，这些目标的实现依赖于多种系统设计解决方案，这与当前新闻媒体领域要求更负责任、更注重价值的算法设计的呼声产生了共鸣。既要认识到人工智能在促进和平方面的积极潜力，也要提高人们对内容分发新系统可能产生负面影响的认识。

Lewis 等（2019）认为新闻学研究，尤其是专注于自动化新闻学的研究，需要从人机传播（HMC）中学习很多东西，人机传播是一种新兴的概念框架，并以实践为基础建立了研究领域[①]。人工智能（AI）的发展使诸如聊天机器人，苏打机器人和其他通讯代理之类的技术被设计为充当消息源，而不是充当消息通道。尽管在大多数传播研究中，基本的理论假设是人是传播者，而机器是媒介，但在 HMC 中，这一假设受到了质疑，即当机器进入人类角色时会发生什么，由谁或什么构成传播者，如何通过人与机器之间的交流建立社会关系，以及由此产生的对自我、社会和传播的影响。在自动新闻的特殊情况下，软件担当新闻写作的角色，长期以来一直被认为是新闻业的核心。HMC 的引入为理论发展提供了一个生成的起点，从而增进了我们对即将到来的 AI 技术时代的人类、机器和新闻的理解。

Harambam 等（2018）研究了在人工智能应用中的伦理、法律和技术机遇与挑战，他们认为各种形式的 AI 的部署，尤其是机器学习算法的部署，从根本上改变了社交生活的许多领域[②]。文章研究了在新闻行业中，使用了不同的算法来定制新闻产品，以适应越来越具体的受众偏好。虽然新闻的这种个性化使媒体组织能够更容易地吸引听众，但人们仍然怀疑当前的算法新闻

[①] Lewis S C, Guzman A L, Schmidt T R. "Automation, Journalism, and Human-Machine Communication: Rethinking Roles and Relationships of Humans and Machines in News", *DIGITAL JOURNALISM*, 2019, Vol.7,No.4,p.409-427.

[②] Harambam J, Helberger N, van Hoboken J. "Democratizing algorithmic news recommenders: how to materialize voice in a technologically saturated media ecosystem", *PHILOSOPHICAL TRANS-ACTIONS OF THE ROYAL SOCIETY A-MATHEMATICAL PHYSICAL AND ENGINEERING SCIENCES*, 2018, Vol.376,No.2133, p. 1-21.

推荐器（ANR）的部署是否符合其解放性的承诺。像在其他各个领域一样，人们对使用什么个人数据以及如何进行算法管理一无所知，更不用说他们有影响这些数据驱动过程的任何具体方法了。他们通过思考和实现表达声音的可能性，探索了使人们对新闻推荐算法提供的信息产生更大影响的方法。在区分了四种理想的典型语音表达方式（交替，意识，调节和混淆）后，并用现有的经验示例进行了说明，提出并主张算法推荐者角色是人们对策划人的算法进行更多控制的一种方式。

Jenkins（2004）针对媒体变革时刻的矛盾本质，提出了一种媒体融合理论，认为媒体融合不仅仅是技术上的转变，融合改变了现有技术、行业、市场、体裁和受众之间的关系[①]。Erdal（2007）认为新闻生产的数字化促进了新闻组织和实践的变化。技术融合、媒体融合和组织融合已经帮助改变了新闻制作和发布的方式[②]。数字化和技术融合意味着媒介平台的边界更容易跨越。新闻内容可以很容易地在为电视、广播和其他媒体制作新闻的记者之间共享。媒体机构越来越多地整合不同媒体平台的生产，以鼓励平台间的合作。文章通过将数字技术与广播环境中的生产环境结合，研究了新技术及其与机构环境，生产过程和由此产生的文字内容变化之间的关系。并讨论了媒体组织研究面临的一些挑战，以及不断变化的媒体融合专业实践和新媒体流派发展。

Garcia 等 (2009) 认为融合正在以各种方式重塑新闻界[③]。通过针对六家媒体的综合新闻编辑室（该编辑室至少结合了两个平台：印刷版和在线版）的比较研究，概述了综合新闻编辑室的功能。并将其功能描述为涉及以下四

---

① 　Jenkins H. "The cultural logic of media convergence", *International journal of cultural studies,* 2004, Vol.7,No.1,p. 33-43.

② 　Erdal I J. "Researching media convergence and crossmedia news production: Mapping the field", *Nordicom Review,* 2007, Vol.28,No.2, p. 51-61.

③ 　García A J A, Meier K, Kaltenbrunner A. "Newsroom integration in Austria, Spain and Germany: Models of media convergence", *Journalism practice*, 2009, Vol.3,No.3,p. 285-303.

个媒体融合过程中的基本领域的矩阵：项目范围、新闻编辑室管理、新闻工作者实践、工作组织。基于此矩阵，新闻编辑室融合的三种模型可以分别描述为：完全集成、跨媒体、独立平台的合作。Stenport 等（2014）在瑞典进行的国家纵向媒体调查和观点调查，研究了 1995 年至 2012 年期间的媒体融合理论[①]，通过使用三角矢量组成模型和数据集来批判性地评估媒体融合理论，重点探讨了新闻报道、数字网络通信（尤其是互联网）和数字电影，指出了如何具体化媒体融合与政治参与之间的联系，并特别提到了伴随而来的关于代理和行动主义的言论。

3. 媒体人工智能应用案例研究

人工智能在新闻媒体行业中应用的迹象越来越多，因为许多大型经济体的大量媒体现在都在使用自动化和 AI 支持的设备和程序来创建和传播新闻（Marconi 和 Siegman，2017）[②]。例如，自 2012 年以来，英国广播公司（BBC）一直在使用一种称为"榨汁机"的数据提取工具，将所有这些数据链接在一起，以使其更易于访问。

Stefik（2012）从 2008 年至 2010 年，构建了一个实验性的个性化新闻系统，读者可以订阅由专家策划的有组织的主题信息渠道[③]。人工智能技术被用来向每个读者有效地提供正确的信息，并从根本上减少策展人的工作量。该系统经历了三个实施周期，并处理了来自大约 12000 个 Really Simple Syndication（RSS）提要的 2000 万个新闻报道，这些提要由 160 个策展人

---

① Stenport A W, Markstedt E, Crain M. "Charting and challenging digital media convergence practice and rhetoric through longitudinal media population surveys", *CONVERGENCE-THE INTERNATIONAL JOURNAL OF RESEARCH INTO NEW MEDIA TECHNOLOGIES*, 2014, Vol.20,No.2, p. 140-156.

② Marconi F, Siegman A. *The Future of Augmented Journalism: A Guide for Newsrooms in the Age of Smart Machines,* New York: Associated Press, 2017.

③ Stefik M, Good L. "Design and Deployment of a Personalized News Service", *AI MAGAZINE,* 2012, Vol.33,No.2,p.28-42.

为 600 多个注册读者组织了 8000 多个主题。文章介绍了系统的方法，工程和 AI 技术。在 2013 年，美联社（AP）开始使用 AI 制作新闻内容，以收集数据并制作体育和收益报告。当前，美联社的新闻编辑室使用"NewsWhip"，使新闻在 Twitter，Face Book Pinterest 和 LinkedIn 上保持最新趋势。

2015 年《纽约时报》开始使用实验性 AI 项目" Editor"（研究与开发实验室）。该项目的目标是通过记者使用标签在文本的短语、标题或要点下画线来简化记者的工作（Schmelzer 2019）[①]。Matt Southern（2015）介绍了《纽约时报》虚拟智能机器人"Blossom"的实际应用[②]。

目前人工智能已被许多大型媒体巨头采用各种方式采用，其中包括：《卫报》的用户通过 Facebook 启动了它的第一个聊天机器人，为了节省浏览或搜索新闻报道的时间，聊天机器人允许用户从美国、英国和澳大利亚的《卫报》新闻中进行选择，从上午 6 点、上午 7 点或上午 8 点选择发送时间，它将每天通过 Facebook Messenger 传递选定的新闻故事。路透社与语义技术公司 Graphiq 合作，为新闻出版商提供了涵盖不同主题（例如娱乐、体育和新闻）的广泛免费的交互式数据可视化，发布者可以通过 Reuters Open Media Express 访问数据，嵌入发布者的网站后，数据可视化将实时更新，路透社的新闻追踪器还可以追踪突发新闻，帮助记者收集数据（Liu et al, 2016）[③]。

2016 年夏季，《华盛顿邮报》开始使用"Heliograf"软件自动撰写新闻（有时称为"机器人新闻"或简称为"自动化新闻"），该软件通过分析有关

① Schmelzer R. *AI Making Waves in News and Journalism*[EB/OL]. https://www.forbes.com/sites/cognitiveworld/2019/08/23/ai-making-waves-in-news-and-journalism/#16bce1f77748 .

② Southern M. *The New York Times built a bot to predict successful social media stories*[EB/OL]. (2015-08-13)https://www.searchenginejournal.com/the-new-york-times-built-a-bot-to-predict-successful-social-media-stories/138853/.

③ Liu X, Wudali R, Martin R, et al. *Reuters Tracer: A Large Scale System of Detecting & Verifying Real-Time News Events from Twitter*: the 25th ACM international on conference on information and knowledge management, 2016[C].

游戏出现的数据来汇总新闻故事（Schmelzer 2019, Underwood 2019[①]）。

二、国内媒体人工智能应用的研究现状

国内这一领域主要出版有《中国媒体产业发展报告》《中国新媒体发展报告》《中国媒体整合发展年度报告》《中国视听新媒体发展报告》《媒体时代》等巨著。业界的研究注意力已经集中在人工智能与媒体融合上。

1. 关于智能媒体概念的研究

胡正荣（2016）[②]、许志强（2016）[③]和黄永林（2019）[④]指出了智能媒体的概念。胡正荣（2016）认为 Web3.0 是智能媒体，智能媒体以用户为中心，根据用户在不同时空、不同应用场景下的不同需求，向用户推送不同的内容。因此，智能媒体可以根据不同的用户场景随时把握用户需求，推送用户服务，从而带来价值聚合。

许志强（2016）认为，智能媒体是指可以感知用户并为用户带来更好体验的信息客户端和服务器的总和，并强调其智能、交互、开放和新颖的特点。黄永林（2019）认为，智能媒体是移动互联网技术、物联网技术、大数据技术和人工智能技术的综合应用，是实现高度人机交互与协作的新媒体形式。通过智能媒体和智能平台，可以实现信息生产、信息体验、信息推送、信息存储和信息利用功能。

---

① Underwood C. *Automated Journalism – AI Applications at New York Times, Reuters, and Other Media Giants*[EB/OL]. https://emerj.com/ai-sector-overviews/automated-journalism-applications/ .
② 胡正荣：《媒体的未来发展方向：建构一个全媒体的生态系统》，《中国广播》，2016 年第 11 期。
③ 许志强：《智能媒体创新发展模式研究》，《中国出版》，2016 年第 12 期。
④ 黄永林，余欢：《智能媒体技术在非物质文化遗产传播中的运用》，《华中师范大学学报》（人文社会科学版），2019 年，第 58 期。

根据以上文献提出的观点，可以认为智能媒体是在信息时代，将互联网技术、物联网技术、大数据和人工智能与媒体相结合，可以实现对用户需求和应用场景的智能识别，以及智能生产和推送信息的媒体工具的总和，智能和交互是其显著的特色。

2. 趋势判断研究

喻国明（2017）[①] 提出，媒体发展的未来将体现在三大趋势中：第一，虚拟与现实的融合，以及由此产生的信息产业与实体产业的融合；第二，嵌套平台的出现，大平台嵌套小平台已成为互联网发展的主流模式；第三，产品和服务已经取代了形式媒体，传统的媒体形态和外壳消失了，移动媒体产品和信息传播服务的内容也在增加。彭岚（2016）[②] 指出，智能技术与新闻生产的结合将产生五种新的新闻生产模式，包括个性化新闻、机器新闻写作、传感器新闻、现场新闻和分布式新闻。彭岚（2017）[③] 提出，未来的用户平台将是由人类社交平台、与人相关的物体平台和人类相关环境系统这三个系统相互作用形成的大型平台。对象和环境已成为重构用户平台的新变量。机器，数据和"云"带来了新闻制作系统的重建；新闻发布平台的多元化扩展使新闻能够通过多种渠道以不同方式流向用户。

黄楚新（2017）[④] 提到人工智能技术的应用，例如智能机器人、虚拟现实技术和增强现实技术，逐渐丰富了智能新闻产品的形态，并加速了媒体行业的生态转型。殷乐（2017）[⑤] 探讨了人工智能、虚拟现实、物联网和深度学习

---

① 喻国明：《未来传媒进化的大趋势及 VR、机器人写作与知识付费》，《教育传媒研究》，2017年，第4期。

② 彭兰：《智媒化：未来媒体浪潮——新媒体发展趋势报告 (2016)》，《国际新闻界》，2016年，第38期。

③ 彭兰：《未来传媒生态：消失的边界与重构的版图》，《现代传播》（中国传媒大学学报），2017年，第39期。

④ 黄楚新，王丹：《主动融合与转型升级：2017年媒体技术的突破创新》，《新闻与写作》，2017年第12期。

⑤ 殷乐：《智能技术在新闻领域的应用展望》，《新闻窗》，2017年第1期。

等技术对媒体和新闻发展的影响，并提出技术的应用是为了扩展人类的感知能力。新传感器为媒体开发、数据挖掘和新闻传播提供了更多可能性。沈阳（2016）认为，大数据可以用来准确发现用户的生活状态和行为习惯，有了对用户需求的准确了解，未来大数据的应用将使信息服务更实时、更准确、更美化[①]。

以上大部分文献都强调了移动互联网、物联网、虚拟现实、大数据和人工智能等技术在新闻媒体领域的深度应用趋势。媒体的智能化将带来新闻写作的自动化。在准确把握用户需求的基础上，深入分析用户行为，可以使媒体推送的内容和服务更加个性化；人工智能将推动新闻平台的重构，加速媒体产业的生态转型，呈现深度扩张的态势。

3. 业务热点研究

①数据新闻

商艳青（2016）[②]认为，新闻的未来在于数据的功能，而媒体的未来则在于"智能+"。未来，使用认知计算技术、图像识别技术和自然语言生成技术开发的智能媒体机器人可以结合大数据分析和深度学习来自动编写新闻。技术是未来媒体的最大驱动力。方洁（2016）[③]认为数据新闻是"数据驱动新闻"，在分析了数据新闻的发展历史之后，通过与7位媒体人士的深入访谈和研究，分析了中国数据新闻的发展阻碍因素并对中国数据新闻的发展做出了展望。大数据带来了价值认知和观念的变化，数据新闻业的实践加速了媒体融合报道机制的形成，催生了多元化的产品运营路径。同时，数据新闻的发展受到以下因素的制约：政府开放数据的程度不足，媒体所拥有的大数据资源不够丰富，媒体记者和编辑缺乏数据素养。但是，中国数据新闻业的发

---

① 沈阳：《媒介的未来图景，何样？》，《中国记者》，2016年，第12期。
② 商艳青：《媒体的未来在于"智能+"》，《新闻与写作》，2016年，第1期。
③ 方洁，胡杨，范迪：《媒体人眼中的数据新闻实践：价值、路径与前景——一项基于七位媒体人的深度访谈的研究》，《新闻大学》，2016年第2期。

展前景非常乐观。数据新闻将突破报道层面，扩展到运营级别。除了提供内容之外，媒体还将成为一个智能媒体平台。

金兼斌（2016）[1] 和匡文波（2016）[2] 指出了数据素养的问题。金兼斌（2016）认为，所谓的数据素养是指人们有效、正确地发现、评估和使用信息和数据的意识和能力，这是新闻素养的核心方面。匡文波（2016）认为，在数据新闻时代，国内媒体人士的数据素养有待提高。媒体人员应将数据思维纳入新闻报道，以增强其技术应用能力，例如数据挖掘和视觉交互。

②机器人新闻

邓建国（2016）和陈小晰（2016）指出，新闻制作已进入"人机共生"时代。邓建国（2016）[3] 认为，"新闻机器人"是一组软件或算法语言，可以自动收集数据并将其写成人类可读的内容。目前，机器人对新闻制作复杂过程的简化和完善还存在着过于简单的问题。同时，该算法也会出现错误并且难以纠正。当然，机器人新闻可以带来"新闻产业化生产"，而"新闻机器人"将不会取代人类新闻工作者，它已成为人类新闻工作者的优秀助手，它负责收集基本事实，人类记者完成更高级的分析、判断、叙述、伦理与润色。新闻制作的未来时代是"人机共生"时代。

陈小晰（2016）[4] 比较了三个来自金融和体育领域的机器人和人类记者的新闻报道，总结了两者的不同优势：机器人的优势在于数据收集、处理能力和写作速度；人类记者在新闻洞察力、敏感性、深入的信息挖掘、人文关怀、公众评论和创新方面具有明显的优势。新闻机器人将极大地提高新闻制作的效率，但是它们无法在数据处理和深度信息挖掘中取代人类记者。未来将是

---

① 金兼斌：《数据媒体与数字泥巴：大数据时代的新闻素养》，《新闻与写作》，2016 年，第 12 期。

② 匡文波，黄琦翔：《数据新闻在对外报道中的运用及问题》，《对外传播》，2016 年，第 7 期。

③ 邓建国：《机器人新闻：原理、风险和影响》，《新闻记者》，2016 年第 9 期。

④ 陈小晰：《机器人新闻与记者稿件的对比》，《新闻记者》，2016 年第 9 期。

人类记者与新闻机器人之间紧密合作的时代。

③虚拟现实新闻

史安斌（2016）总结了 VR 技术的两个核心优势：高度模拟的可再现性和身临其境的现场效果，并认为 VR 新闻可以扩大受众对信息的感知的有效性[①]。常江（2016）通过案例研究的方法发现了 VR 技术对主题、观点、形式等方面的新闻叙事的影响[②]。虚拟现实技术是传统新闻叙事的一种"弥补"或"增强"，可以扩大新闻作品的叙事能量和观众对信息知觉的有效性，虚拟现实新闻将重构人类新闻制作的未来。周敏（2016）使用麦克卢汉的冷热媒体理论，从媒体与受众之间的关系探讨了虚拟现实技术对新闻业的影响。VR技术使媒体变"热"，使观众变"冷"，虚拟现实技术通过"沉浸"和"现场感"这两个核心要素，满足了观众的感官需求和心理享受，模糊了传统新闻的界限[③]。如何使用 VR 技术讲故事是当前新闻专业化的重要挑战。

④传感器新闻

彭兰（2016）、许向东（2015）、刘胜男（2015）、夏冬梅（2016）、王娟（2016）、李堃（2016）讨论了传感器新闻的实际应用和伦理困境反思。彭兰（2016）[④]指出传感器将重新定义新闻传播的反馈机制；许向东（2015）[⑤]总结了传感器与新闻生产相结合的三种方式，并分析了新闻报道中三种典型的传感器数据应用案例。对传感器数据的分析和挖掘可以发现常规新闻中找不到的含义和价值。感测数据可以增强数据新闻的科学性和真实性，并有助于引

[①] 史安斌：《作为传播媒介的虚拟现实技术——理论溯源与现实反思》，《人民论坛·学术前沿》，2016 年第 24 期。

[②] 常江，杨奇光：《重构叙事？虚拟现实技术对传统新闻生产的影响》，《新闻记者》，2016 年第 9 期。

[③] 周敏，侯颗：《冷热媒介视角下虚拟现实新闻探究》，《当代传播》，2016 年 5 期。

[④] 彭兰：《智媒化：未来媒体浪潮——新媒体发展趋势报告 (2016)》，《国际新闻界》，2016 年，第 38 期。

[⑤] 许向东：《数据新闻中传感器的应用》，《新闻与写作》，2015 年，第 12 期。

导受众以他们自己的经验获取信息。并进一步讨论了由传感器数据收集引起的职业道德问题，例如在传感器数据收集时如何保护个人隐私。

刘胜男（2015）[①]通过独家采访总结了传感器在媒体组织中的四种使用方式，并认为传感器将在解释性和调查性报告中发挥重要作用，同时，传感器在新闻中的应用将大大改变媒体人员的结构，这对新闻媒体是一个巨大的挑战。夏冬梅（2016）[②]总结了传感器在新闻报道中的三种应用形式，并总结了传感器新闻的三个主要特征：以数据为核心、以公共性为起点、以交互为关键。纵观传感器新闻的广阔空间，可以相信远程图像捕获使传感器新闻更加丰富，情感捕获使传感器新闻更接近于现实，而环境识别使其更加个性化。未来，传感器技术将更加集中在无线传感器、加速度传感器和生物传感器领域，传感器可以极大地改变我们的生活。

王娟（2016）[③]通过分析传感器依赖物联网收集大数据的方式，提出了传感器新闻对媒体行业的影响。例如：传感器新闻扩大了新闻主题的范围，拓宽了新闻报道的领域；提升了报道的准确性；可以为受众提供更有效的服务；提升了调查性报道的张力；提高新闻的相关性和互动性；改变了媒体从业者的合作方式；重塑媒体教育的培训观念。李堃（2016）[④]提出了传感器新闻的伦理困境，认为传感器新闻的数据可能不真实，将侵犯个人的隐私权和知情同意权，将导致不平等的访问权，并破坏社会公正。传感器新闻使道德和责任逐渐屈服于技术，人们必须通过法律、企业和个人的努力来约束和改进它。以上文献全面总结了当前传感器新闻的应用场景，并提到了传感器新闻的伦理困境和对传统媒体的挑战，强调了约束和完善这项新技术的重要性。

---

① 刘胜男：《科技时代，新闻业可将"传、感器"作为报道利器——访哥伦比亚大学新闻学院托尔数字新闻中心高级研究员 Fergus Pitt》，《中国传媒科技》，2015 年，第 6 期。
② 夏冬梅：《传感器在新闻报道领域的应用与创新》，《今传媒》，2016 年，第 24 期。
③ 王娟，何琰：《未来传媒业主力军——传感器新闻》，《科技传播》，2016 年，第 22 期。
④ 李堃：《反思传感器新闻带来的伦理困境》，《传媒观察》，2017 年，第 9 期。

⑤无人机新闻研究

刘志强（2017）、宫承波（2017）、苏媛（2016）、鲍广仁（2015）探讨了无人机对新闻场景感知的增强和发展趋势。刘志强（2017）[①]总结了无人机采集新闻材料的特点有：视角独特、成本低廉、携带方便、及时性强、保证记者安全、不受空间限制。在强调无人机应用在新闻领域的优势的同时，还表达了对随之而来的问题的担忧，例如：无人机安全问题、隐私保护问题、政策风险、情景问题等。特别是，无人机的鸟瞰视图可以在新闻站点上显示全景信息，但是，不能独立显示具体的新闻故事。记者仍然有必要提供其他细节，例如照片和事实细节，来展现完整的新闻报道框架[⑤]。

宫承波（2017）[②]总结了无人机提供方便的视野，速度和令人震惊的特点，提供了新的视角。为了应对无人机的安全和道德问题，他提出了一些新闻行业健全无人机使用规范性建议。例如：加强责任感、认真对待安全原则、阐明无人机新闻的适用范围等。苏媛（2016）[③]总结了无人机的多维视角、易于控制、等同于相机的便携性和价格友好的功能，并展望了无人机新闻的广阔前景。鲍广仁（2015）[④]认为，无人机收集新闻材料具有视角高、可以降低危险场景（例如战争和灾难现场）中记者的人身风险和低成本等特点。他总结了政府在无人机安全问题上的管理政策，还强调了在无人机新闻采访中保护公共隐私的问题。

以上文献通过总结归纳无人机采集新闻素材的特点，认可了无人机新闻的优势，但也对无人机应用在新闻领域的若干问题提出了担忧，比如：安全和隐私问题，并给出了无人机新闻发展的管理对策。

---

① 刘志强：《浅析无人机在新闻报道中的应用》，《新闻论坛》，2017年，第3期，第16—19页。
② 宫承波，王凡：《无人机新闻：新闻航拍新纪元》，《新闻论坛》，2017年，第2期。
③ 苏媛：《探析无人驾驶航拍器在新闻产品中的应用》，《新闻战线》，2016年，第13。
④ 鲍广仁：《迎接无人机新闻时代的到来》，《中国传媒科技》，2015年，第5期。

4. 媒体人工智能应用案例研究

李政葳（2017）、陈佳佳（2017）、张华（2018）[①]、李芸（2017）[②] 分别以光明日报、浙报集团、封面传媒和浙江24小时的人工智能新闻信息服务平台的应用作为范例进行了研究。

李政葳（2017）[③] 提出2016年光明日报融媒体中心年推出了名为"光明小明"的智能新闻机器人，这是一个融合了人工智能技术、语音识别和语义分析技术以及云计算技术的人工智能新闻信息服务平台。该平台可以实现创新的人机交互方式，除了传统的文本和语音交互外，还可以实现"图像交互"，即用户将图片或照片发送到"光明小明"，它可以立即识别并提供与图片有关的信息；它具有加强媒体服务的能力，除了可以为用户推送新闻之外，还可以通过海量数据进行学习，可以智能地提供信息查询服务，并且可以与用户聊天。"光明小明"的出现使人们看到了人工智能技术对于增强媒体服务能力的重要性。

陈佳佳（2017）[④] 以浙报集团最近在内容生产流程转换中应用大数据和人工智能技术为例，总结了其在内容生产、沟通渠道和数据建设方面的成功经验[④]。首先，大数据和人工智能技术可以使内容制作变得智能化，具体体现在：使用最新的人工智能技术可以通过网络爬虫快速获取新闻线索；通过高效的人工智能技术算法和快速的处理速度，可以提供高效的信息整理；人工智能机器人写作可以增强内容创作能力。

其次，在通信渠道自动化方面，人工智能实现了内容的智能分发，促进了内容与渠道的融合。第三，在数据分析能力建设方面，人工智能提升了数

---

① 张华. 封面新闻的智能化创新与实践. 传媒，2018,288(19).
② 李芸. 人工智能在传统媒体类APP中的应用探索——以"浙江24小时"为例. 西部广播电视，2017(22).
③ 李政葳. "光明小明"以人工智能提升媒体服务能力. 中国报业，2017(03):41.
④ 陈佳佳，王蕊，朱沙磊. 大数据与人工智能背景下的媒体智能化转型——浙报集团"媒立方"如何改造内容生产流程. 传媒评论，2017(07).

据分析能力，基于大数据的绩效考核以及数据仓库建设的改进。简而言之，在大数据和人工智能快速发展的时代，善于使用新技术，促进大数据和人工智能研究并将其成果应用于新闻业的媒体将处于行业的前沿。

5. 中美人工智能的比较研究

白龙（2016）、汤天甜（2017）、万可（2017）讨论了美国新闻写作机器人对新闻编辑制作和社交媒体的影响。白龙（2016）[①] 总结了新闻写作机器人带来的四大变化。它们是：新闻报道速度的大幅提高，新闻报道客观真实性和公正性的提高，新闻内容产量的增加以及新闻写作机器人在融合编辑室中已成为重要角色[①]。同时，这也引发了新闻界在引入写作机器人之后面临的一些问题，例如：可能削弱记者的新闻技能并降低新闻质量；以及机器写作所采用的数据的可信度问题。汤天甜（2017年）[②] 以纽约时报"Blossom"为例，研究了智能机器人如何协助编辑人员生产社交媒体"爆款"，并总结了新闻机器人"Blossom"的两个核心技能：数据分析和处理、热点预测[②]。热点数据分析开创了社交新闻的新模式。

万可（2017）[③] 总结了美国新闻机构应用人工智能技术的三个方面：第一，可以节省人力并提高效率；其次，它可以监视流行的舆论和突发情况；第三，增强用户的互动体验。这些十分值得我们借鉴。同时，它还总结了人工智能技术给新闻媒体的生产和组织带来的挑战，例如：如何增强自身的技术储备和创新能力；如何建立和维护足够准确的数据库，以及如何确保算法生成的新闻是正确的；如何改变采编和分发的业务流程，并与人工智能系统无缝连接；如何加强传统编辑人员的技术培训，形成更适合人工智能报道系统的新一代编辑团队[③]。

---

① 白龙：《新闻写作机器人在美国新闻业的应用》，《青年记者》，2016年，第5期。
② 汤天甜，李琪：《智能机器人如何辅助编辑生产社交媒体爆款——以纽约时报Blossom为例》，《传媒评论》，2017年，第9期。
③ 万可：《美英新闻媒体人工智能应用实践及启示》，《中国传媒科技》，2017年，第7期。

小　结

国外研究主要呈现出数据新闻发展、新闻编辑部改革、融合后的监管制度、应用创新案例及发展战略这五大议题的研究。国内研究主要呈现出厘清概念、传媒生态格局重构、新闻传播范式调整、发展趋势研判、媒体实践案例分析以及媒体呈现学科交叉、智能化的多学科理论探索这六大议题。每一次媒介的技术突破与形式创新都会极大地促进人类传播能力的飞跃，媒体人工智能应用的研究是一个不断完善、与时俱进的过程。

以上国内外相关研究成果，对本课题研究具有十分重要的参考价值。不过已有研究仍存在一些不足，有待进一步深化：（1）当前的研究主要集中于概念界定、发展趋势、智能化研究的范畴，大都（多）是描述性和思辨性的，较多用新闻传播学单一学科的研究方法，缺乏与计算机科学和产业经济学交叉的研究，研究中难免遇到瓶颈，亟待更进一步深入研究。（2）这一领域自2015年以来才逐渐成为学界和业界的关注热点，目前针对这一交叉融合发展的国际竞争力研究，大多在访谈、调查等方法指导下完成的研究十分有限，较少运用计量模型和定量分析，实证研究缺乏，造成了对策和结论缺乏针对性和实用性。因此本课题将以国内外现有研究为基础，通过系统、科学的实证研究，为创新和发展媒体人工智能应用理论提供珍贵的资料和有价值的思考。

第五章　媒体与人工智能技术融合发展的机理分析

一、媒体与人工智能融合的背景、内涵

（一）背景

美国达特茅斯大学 1956 年 8 月举办了一次学术会议，时任达特茅斯学院数学助理教授约翰·麦卡锡首次提出"人工智能"（Artificial Intelligence）的定义。此后几十年间人工智能的发展起起伏伏，历经两次低谷和三次崛起。在 2016 年后，"谷歌"基于深度学习理论研发的"AlphaGo"项目大胜围棋选手李世石，为人工智能做了一场声势浩大的大众推广，由此人工智能走出科研实验室，成为人们普遍关注的话题，开始尝试走入更多的传统领域。

经过 60 多年的发展与演进，尤其是在脑科学、大数据、传感器技术及移动互联网等新理论新技术的推动下，目前人工智能呈飞速发展态势，目前已具有跨界融合、深度学习、人机协同等新特点，是一种潜力大、更迭快、形式多元的新型科研领域。

（二）AI 发展的三个方向

人工智能目前的三大主要发展层面为运算智能、感知智能和认知智能。

运算智能依托计算机强大的记忆存储和计算能力，通过学习人类的经验数据库来搭建运算模型，代表成果是 IBM 的深蓝，1996 年深蓝击败了当时的国际象棋冠军卡斯帕罗夫，昭示着机器在强运算性比赛方面的优势。伴随储存手段的不断升级，计算能力的不断强大，从人工智能现阶段的发展来看，可以说计算智能基本实现了。

感知智能即机器模拟人的视觉、听觉、触觉等感知能力，依靠深度学习工具建立对交互对象的感知，从而计算出智能主体本身的行为，例如自动驾驶汽车通过激光雷达等感知设备和人工智能算法，实现感知智能，如今很热门的语音识别、人脸识别也即是感知智能。

认知智能拥有和人一样的情感、思维及想象力是认知智能的主要特征。认知智能使智能主体具备感知和情感、情绪的生发能力，并将更多基于数据，自动将非结构化的数据转变为结构化的知识，实现因果逻辑推理能力，2016年阿法尔狗成为围棋界的世界第一依靠的就是它卓越的认知智能能力。

（三）AI 在中国

中国电子学会计算机学会（中国计算机学会的前身）1977年7月在吉林大学召开的"计算机科学暑期讨论会"是国内第一次大规模系统讨论人工智能的大会。综合斯坦福大学2017年起连续发布的 AI Index 报告和长江商学院联合武汉大学发布的《中国人工智能指数报告》，通过硬件、算力、算法、大数据的协同驱动，中国人工智能的研究者和实践者已经成为推动全球人工智能发展的重要力量。

作为引领未来的战略性技术，人工智能日益变成世界竞争的瞩目焦点。全球主要发达国家大都出台了规划和政策，把人工智能提升至国家竞争力和国家安全的重大战略层面，都力争在这一轮国际科技竞争大浪潮中掌握主导权。中国政府工作报告在2017年3月第一次涉猎"人工智能"；国务院于2017年7月正式发布《新一代人工智能发展规划》，此后全国陆续有19个省份先后发布人工智能专项政策；2018年5月，新一代人工智能发展研究中心由科技部组建成立；与此同时，全国高等院校及科研机构的人工智能学科和专业建设也推进建设，依次有30多所高校成立人工智能学院,70多所高校开设与人工智能相关的二级学科或交叉学科。

2019年3月，"智能+"首次出现在李克强总理《政府工作报告》中。从2016年的"互联网+"再到2019年的"智能+"，政府工作报告表述的变化，意味着"智能+"将正式接棒"互联网+"，成为互联网发展的新动力，也成为赋能传统行业的新动力，这是技术发展的必然结果，也是一次升级迭代。

习近平总书记强调："人工智能是引领这一轮科技革命和产业变革的战略性技术，具有溢出带动性很强的'头雁'效应。"加快发展新一代人工智能，既是未来媒体赢得竞争主动权的重要战略抓手，也是推动我国传统主流媒体转型发展、跨越升级的重要战略资源。在传媒领域，以人工智能赋能媒体，是推动我国传统主流媒体转型发展、跨越升级的重要战略步骤，也是未来媒体获得竞争力的必要措施。

（四）AI+传媒的内涵

近半个世纪以来，人工智能技术全方位地向各个领域延伸，在传媒领域，人工智能也与传媒业产生了一系列的化学反应，其嫁接媒体将重新定义信息传播。人工智能与传媒产业的融合是时代发展的推动力。近年来，人工智能技术开始在传播领域广泛应用，并给传媒产业带来新的发展契机。传统时代"传媒"指的是在社会分工体系中以内容生产制作为核心业务的大众传播媒体，多指机构，具有地域化、区域化和板块化的特征；伴随着数字技术的发展和全球化的演进，新时代的"传媒"一词成为一个内涵和外延扩大化的概念，包含了媒介、媒体和内容三个层面的含义，媒介是任何可以承载信息的介质，包括传统的四大媒介报纸、广播、杂志和电视，也包含生活圈媒及数字媒介，形态丰富多样；媒体涵盖了原来的"传媒"指代的大众传播机构，也囊括了新兴的数字传播机构，业态层出不穷；内容的生产也不再是以前专属媒介的专利，已经由PGC变迁到UGC及AGC的模式。

"传媒产业"成为生产和传播信息内容产品、提供各种信息服务的机构，或自然人按照市场方式形成的企业集群，可按不同区域、不同行业或上下游关系形成产业组织体系，并在人工智能条件下创造出新的价值。伴随着泛媒介化、注意力解放、内容产销者崛起等趋势将对传媒产业的产品模式和产业生态形成新一轮构造。

二、媒体与人工智能耦合的方式

随着传媒内涵和外延的扩大，人工智能与传媒产业的耦合主要体现在与内容、媒体和媒介等方面。

（一）人工智能＋内容

传媒生产重构。传媒的生产流程也经历了重构，从专业内容生产的 PGC（Professional-generated Content）模式，变迁到受众内容生产的 UGC（User-generated Content）模式，再进一步变迁到算法生成的 AGC（Algorithm-generated Conten）模式，体现出传媒内容生产中技术的重要性。

而智媒时代，内容生产正在面临从传统的 PGC（专业生产内容）、OGC（职业生产内容）等人力生产模式向 MGC（机器生产内容）、AGC（算法生产内容）、UGC（用户生产内容）等人机协作模式的转变。

在人工智能进入传媒业之前，内容生产经历了大众传媒时期的专业内容生产（PGC）和社交媒体时期的用户内容生产（UGC），由专业机构垄断向专业机构与普通用户并行的局面转变，原本被 PGC 完全占据的用户注意力资源也被 UGC 瓜分，

因此技术进步和产业内生需求一起，推动人工智能在内容生产领域展开应用。

传统媒体时期，新闻资源具有垄断性，新闻从业者是主要的新闻生产者。记者到现场采访写稿、编辑审核发稿，整个新闻信息的生产过程都由专业的

机构和人员完成。自媒体时代，用户异军突起，在社交平台上发布自己的所见所闻，成为与记者并存的重要的新闻生产者。因此，无论是传统媒体时期，还是自媒体时代，新闻的生产离不开"人"，"人"是唯一的新闻生产者。而AI时代，万物皆媒，大量智能传感设备的应用使新闻生产主体发生改变，机器也能进入新闻生产的行列。

1. 生产与制作

人工智能具备深度学习、跨界融合、以人机协同实现人机交互等特征，在传媒内容生产行业受到了极大的青睐。目前，人工智能技术对传媒业内容生产与制作已有模式的促进主要有如下几种方式：

(1) 从前端到全局，辅助传媒从业者的信息生产全过程

首先是在新闻生产的前端为传媒从业者提供信源，起到信息采集的辅助作用。2014 年 3 月，我国两会记者借助智能技术如"谷歌眼镜"辅助采访，利用"扩展现实"采集凭人力无法轻易获取的新闻事实。2016 年美国总统大选期间，美国一些主要媒体如华盛顿邮报、纽约时报等开发出新闻聊天机器人，其探索运用让人耳目一新。这些专门针对大选的聊天机器人在此期间向用户收集有关信息，由此获得选民在选举前的政治偏好。无独有偶，大选期间以社交媒体见长的 BuzzFeed 在 Facebook 的即时通讯应用 Messenger 推出了自动聊天机器人 BuzzBot，通过和用户的有限互动，来提供即时的政治新闻报道并收集信息。BuzzBot 推送新闻时会告诉用户它在为某地发生的某事收集新闻素材，并询问用户是否关注这一新闻？是否在当地在现场？对这一事件有何态度？是否可以提供现场素材等等？每个问题给出三个预设答案，用户完成相对简单的选择进行反馈。BuzzBot 成为整个报道团队的重要一员，完成了大量采访任务，解决了大型报道和记者采编人员有限的矛盾。

其次，融合了人工智能技术的智能媒体生产平台能全面助力新闻生产。2017 年，各媒体或搭建或升级了自己的"中央厨房"，统筹策采编发。此外，

一些媒体还搭建"公共平台",推动媒体间资源整合。2017年2月,央视新闻移动网上线,这是央视新闻打造的移动融媒体新闻平台。央视新闻移动网包含记者视频回传系统(VGC)、用户交互系统(有效UGC)、移动直播系统(正直播)、账号矩阵系统(央视新闻矩阵号)、信息核查系统五个主要功能系统。通过此平台,一方面,用户能够直击新闻现场;另一方面,记者可以完成现场的采集(拍摄)、编码、传输等环节。同年2月,新华社推出"现场云"平台,该平台对外开放,提供"一站式"整体解决方案,可与国内媒体共享"现场新闻"直播产品。记者通过"现场云"平台只需一部手机即可实现素材采集和同步回传,后方编辑部可实时在线编辑和播发,新闻报道的时效性得到极大的提升。2017年5月,江西日报社自主研发的"赣鄱云"对第十三届深圳文博会进行了现场视频直播。"赣鄱云"以移动互联网技术、云计算及大数据技术为支撑,可支持500个"中央厨房"站点、5000个媒体终端同时运行,可实现省、市、县三级在内容、用户、技术、终端纵向打通共享,重新构建一键发布、多种生成、多元传播的新闻生产流程。内容生产的核心写作环节,机器人写作是最早的智能化领域。

同样是新华社研发的"媒体大脑"从数据业务化、智能辅助、人机协作、机器智能生产、智能发布等多层次展开,创新机器生产内容(MGC)生产形式。如新华社的"媒体大脑"AI平台就是基于传感器、摄像头、无人机等智能设备采集信息,结合相关数据,快速生成数据新闻的新的新闻生产者。在2019年全国两会报道中,新华社"媒体大脑"通过收集分析对比6年来政府工作报告的异同,推出《一杯茶的工夫读完6年政府工作报告,AI看出了啥奥妙》。在2019年10月1日国庆大阅兵直播中,央视新闻实时推出AI剪辑,阅兵方队自动生成徒步、装备、群众游行三大方队,供用户进行分类选择性观看。机器生产内容迅速及时且越来越广泛地应用在新闻生成阶段。

另外，人工智能在新闻编辑工作上近年来也有所涉猎。2015 年 7 月，纽约时报 R & D 实验室就设计了可以自动标记文章的机器人，在编辑工作中，它可以识别内容并分析，从而提供推荐使用的关键词、标签等，这使得新闻编辑室可以更加便捷地收集内容。美国知名的互联网新闻博客 Mashable 则将关注点放在了科技公司与社交媒体的相关新闻上。2016 年 2 月，Mashable 的执行董事 Ben Maher 曾表示 Mashable 已经尝试利用人工智能技术发现新闻，他认为网站主页将不再有活力，现代用户需要媒体主动吸引。为此，Mashable 启动了数据分析工具 Velocity，它可以分析判断新闻的传播趋势和可能的传播爆点，此外，Velocity 还可以帮助编辑们发现传播过程中的"饱和点"，当一则新闻的分享率达到 95% 时编辑将不再予以关注，否则编辑们则会考虑如何让新闻继续发酵，到达更多的用户。

(2) 机器研习内容创作规律，从文本自动化到全面自动化创作

内容生产的核心写作环节，机器人写作是最早的智能化领域。2009 年机器人写稿便已应运而生，美国西北大学研发的一款名为"Stats Monkey"的软件完成了世界上首篇机器新闻，这是一篇关于体育新闻的稿件。随后的两年内，国外知名媒体如《福布斯》等开始了机器人写稿的征途。2014年 7 月，美联社宣称他们将开始使用机器人写作处理美国公司财报新闻，"wordsmith"平台能模拟美联社稿件特点自动合成财经报道，每月能完成 3000 篇作品，所生成的财经新闻侧重于数据分析。在我国，2015 年 9 月，腾讯的"Dreamwriter"在财经和体育赛事报道中崭露头角；11 月，新华社的写稿机器人"快笔小新"亮相登场，小新擅财经领域、体育领域的相关稿件。随后，在新闻写作的各个领域中，写稿机器人应用场景越来越常见。首先攻克民生领域的是南方都市报社的写稿机器人"小南"，2017 年 1 月，它的处女秀稿件用时仅一秒。中国地震台网的地震消息报道机器人是一名"专业记者"，2017 年 8 月，九寨沟县地震后，它用 25 秒自动完成了首条关于此次地

震的速报，全文简短精练、要素全面。相较于传统记者，机器人写稿能精准抓取数据与信息、写稿速度达毫秒级，文字通畅度也毫不逊色，更具备出色的数据分析能力和无法企及的高产量。

机器人写稿的运用领域广泛，包括新闻媒体业、广告业和自媒体行业等。阿里妈妈在 2018 年推出可以完成广告文案创作的写稿机器人，基于淘宝天猫的海量内容资源和算法根据不同商品的需求完成风格各异的文案创作。从最初依靠写作模板填充，目前写稿机器人已经迭代升级为更智能化的一代，具备更强的理解力和判断力，能自主学习生成，可模拟人类协作，体现了人工智能技术对于内容生产飞跃式促进。

另外，智能生成逐渐从新闻文本生产领域自动化扩展到全域自动化。新华社研发的"媒体大脑"AI 平台是智媒时代新闻生产基础设施，基于传感器、无人机、摄像头等智能设备采集，信息和物联网、云计算、大数据等多项技术功能，为各类媒体机构提供覆盖新闻生产全链条的各项服务。2018 年两会期间，媒体大脑自动生产的 6 条两会 MGC 视频新闻全球总浏览量破千万次，每条 MGC 新闻生产只需 15 秒。2019 年发布的《一杯茶的工夫读完6 年政府工作报告，AI 看出了啥奥妙》分析比较了 6 年来政府工作报告，全网浏览量迅速破亿次。与此同时，新华社与搜狗合作，在 2019 年全国两会召开之际推出了由电脑生成的全新升级的站立式全球首个 AI 合成女主播，该合成主播通过深度学习等抓取了真人主播的主要数据，能自动化完成任务，与已有的 AI 合成男主播一起播报两会。2020 年，媒体大脑又扩展了能力边界，支持两微、抖音、头条等平台的数据，两会机器人应运而生，能高效生产移动端新闻产品。

语音识别技术是人工智能运用最早的领域，基于深度学习的推进和大数据语料的累积，直到 2009 年才得以快速发展。科大讯飞是国内语音识别的龙头企业，发展迅猛，准确识别率从 2010 年刚上线时 55% 提升至 2018 年的 98%，位居世界前列。记者在采访现场借助智能语音识别工具就可以完成文本输出和转化，解放了双手，极大提高了工作效率，降低内容生产人力成本。AI 工具可以执行语音和文字智能化处理和编辑，具有智能语言分析、翻译和语音转文本功能，提供文本及其分段分发，可以自动生成多种语言的字幕。Waston 是 IBM 的视频剪辑机器人，它通过分析情节、画面的编排顺序，学习了一百多部恐怖电影的预告片就掌握了该类型电影的镜头组织逻辑，只用了 24 个小时剪辑出电影《Morgan》的预告，人工剪辑至少需要半个月。使用 AI 编辑工具还可以进行任何内容平台整合，能实现自动化检索、剪辑、生成一个视频片段，例如足球比赛集锦、新闻集锦乃至电影和电视剧预告片等。

2017 年，微软小冰实现了人工智能和出版的融合，微软与当当旗下的当当云阅读达成战略性合作，通过经典儿童故事语料库学习、智能语音输出、场景式营造的方式，打造出"小冰姐姐讲故事"的智能语音儿童故事专栏，实现了人工智能和数字出版的联手。智慧型机器人"小冰姐姐"自主学习没有疆界，吸收和输出能力强，只需 6 分钟即可完成人类 400 小时的工作，成本压缩至人类学习支出的 1/600000。

(3) 全域 + 反向 + 实时，全景式审查的智能"把关人"

后真相时代，新闻真实性问题上升到新闻传播价值链中前所未有的高度。在新闻传播链的各个环节，人工智能几乎全方位、多角度地介入到了内容生产实践中，从为媒体收集素材，到机器人记者写作新闻，到从事辅助编辑工作，再到交互反馈。传统内容生产时代，"人"是生产的参与者，只有为数不多的人参与某一条新闻生产流程中，记者和编辑是媒体的把关人，是信息的采集、真实性的求证的负责人。从专业内容生产到用户内容生产，多元化信息源、海量的信息与快速的发布速度使得新闻传播价值链的新闻真实性问题不容忽视，与少数把关人的有限时间和效率形成了矛盾。除直接参与新闻生产流程外，基于大数据与算法的人工智能机器人还是新闻业的优秀"把关人"。

《华盛顿邮报》早在 2012 年开始使用"Truth Teller"检查信息的真实性，"truth teller"全程实时记录新闻报道中的文本或语音等各种内容，同时与对照组数据库比较，发现出入就会提出警示。腾讯社交网络事业群的优图团队深耕图像识别领域，推进图像理解、图像处理及图像质量评估等智能服务，广泛应用于腾讯各类产品的信息流、图片、广告等的监测中，有效提高了用户体验。在人工智能影响力不断拓展拓深的用户生产内容与机器生产内容时代，算法在数字把关中扮演着举足轻重的角色，是内容生产领域不可忽略的社会现实，把算法乃至受众纳入把关环节渐渐变为行业认知，每一个算法或者每个个体和都可能成为信息守门员。

依靠强大的计算能力和海量的信息数据库，以及跨越多文本的识别能力，人工智能使真伪事实的审查和垃圾信息鉴定在全景式的检测中无法逃遁，对病毒式信息传播的监测、预警与把控使舆论管理能防患于未然，避免了传统把关中精准性受限于采编数量及记者编辑个体主观能力的状况。技术赋权使每个人都可以成为内容生产的行动者，主题的选择和表达的方式源于个体本身的经验和价值观，每个人都是"把关人"，信息通过形形色色的渠道汇入流动性极强的信息海洋中实现非线性的流动，在这个过程中，有着分散的数量巨大的守门人。有的平台开发出加强个体把关人功能的运用，Facebook 的允许用户自己添加 disputed 标签，使用户举报疑似假新闻变得简单易行，当某条新闻的疑似标签足够多，将会被发送到专门的核查联盟以辨别内容的真伪，用户成为重要的第一道把关人。从目前的情况看，智能编辑的前置把关作用不可或缺，智能把关完全取代人工编辑尚未实现，但 AI 把关与人工联合把关将是行业较长一段时间的状况。

图像识别、深度学习技术为提升信息筛查便捷度提供了技术支持：腾讯

SNG（社交网络事业群）的优图团队聚焦图像识别领域，推出了黄图识别功能，为腾讯内部产品如图片优化工具"天天 P 图"所用；抖音平台通过比对大量多样化标注训练样本的相似性，提升机器审核的敏感度，减少人工编辑的工作量。Google（谷歌）已推出图片反向搜索功能，旨在克服 UGC（用户生产内容）环境下虚假信息、冗余信息泛滥和拼接信息等问题。Tin Eye（一个反向图片搜索引擎）也上线了比对图片和自家数据库的功能，核查信息的重复出现率和来源。

就目前的状况而言，智能编辑完全取代人工编辑尚未实现，但智能编辑的前置把关作用不可缺位。

2. 推送与分发的精准化与个性化

人工智能叠加互联网、大数据等数字技术带来社会大变革，也驱动媒体运行逻辑从生产方式到分发方式全方位的深刻变迁。

(1) 内容分发的历史变迁

网络和数字技术裂变式发展带来了媒体产业从生产方式到分发方式的变迁，在传统媒体的分发模式中"媒介产品的发行与销售是整个媒介产品经营的龙头，制约着产品营销的全过程"。而今，数字化、网络化技术已经颠覆了传统媒体的发行渠道和销售网络。在传统媒体的模式中，报纸、杂志通过各种运输方式送抵报亭、商店或订户的信箱；电视节目通过无线、有线或者卫星电视系统进行传递，最后在屏幕上播出；电影需要通过胶片拷贝送到各个电影院进行播放。传统媒体的分发模式中，媒体制造内容产品，再把内容产品通过发行和销售传递给受众，这个过程中包含了各级的分销商、零售商，无疑限制了媒体成本的降低和效率的提升。

在传统媒体运作的生态模式中，内容产品的发行与销售是整个媒介产品经营的中轴，牵动着作为传媒行业中下游的产品营销的所有过程。传统媒体的运作模式主要涵盖了生产、发行与销售两端，上游机构生产并制造内容产品，中游组织是以推广产品、提高销量为己任的发行渠道，如宣发公司和出版社，下游环节是各种和消费者直接接触的销售终端网络，比如邮局、报刊亭或书店等，整个过程涉及了内容生产的采编团队，也包括了各级的分销商、零售商。报纸、杂志等纸质媒介通过各种运输方式从印刷厂送达终端才接触到消费者；电视节目经过有线、无线或者卫星电视系统完成信号传播，最后在屏幕上播出；电影需要通过胶片拷贝送到各个电影院进行播放。

传媒行业的中游即以推广产品、拉动销售数据为目的的发行渠道，典型的有出版社、宣发公司等。人工智能技术对行业中游的影响力主要体现在借助高速运转的算法机制和多平台、多矩阵的沟通互联形成资源优化和效率提升，打造流量工场。如今，"大众传媒—融合媒体—智能媒体"的媒体代际发生更迭，新技术已经颠覆了传统媒体经营模式中的中下游环节。AI机器运作的算法和多平台、多矩阵的沟通互联形成整合资源拟态信息空间，使得内容产品的分发全面转向互联网，算法俨然是重要的"发行渠道"，各类互联网平台、新媒体成为媒体内容产品分发的重要"销售终端"，传统众媒的发行和销售网络在与技术赋能的智媒分发模式竞争中溃不成军。

(2) 基于大数据和算法的内容个性化分发与推荐

由于信息内容的用者有不同角色和定位，基于机器学习过程，AI可以对分发系统进行培训与升级，洞察不同传播场景下的用户行为特征，产生用户的媒介行为数据，分析与界定不同用户的群体，精准勾勒用户画像，实现针对不同用户的私人定制和个性化推荐，以使其适应用户的特定需求。

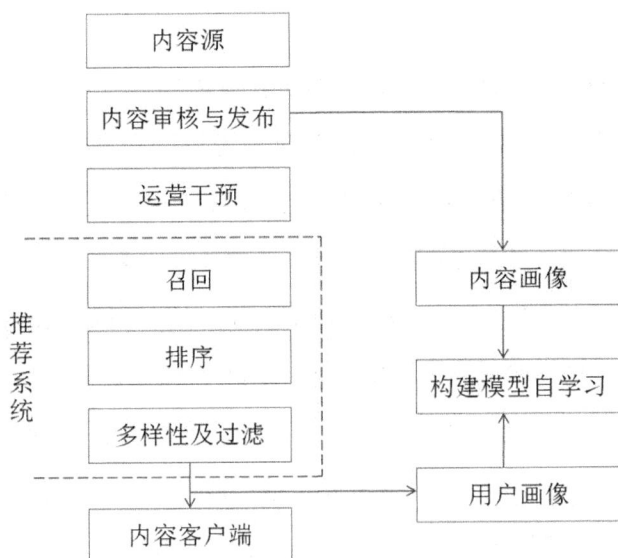

图 5–1 内容个性化分发流程示意图

　　内容源主要来源于自生产内容、合作方内容、自媒体内容和网络抓取内容四个方面。内容产品的个性化推荐是由算法实现的，内容画像等于给文本贴标签，即提取能代表该文本的关键特征，例如一篇文章属于什么类别，财经还是娱乐？作者来源是什么？分级怎样等？用户画像即用户信息标签化，就是通过收集与存储海量用户媒介行为，分析消费者的人口统计特征、生活形态及消费特征等主要信息的大数据之后，设计与优化用户画像数据挖掘模型，从而勾勒出一个用户的商业全貌。用户画像为企业提供了充分的基本信息，能够助力企业迅速找到精确用户群体以及用户需求等更为有转化价值的信息。内容和用户是现在互联网企业核心的两个东西，用户的行为则将内容和用户连接了起来。

　　移动互联网的发展及大数据时代的到来，信息过载成为整个时代的典型特征，算法推荐机制就是在这样的背景下产生的，它能协助用户从信息海洋中高效地获取自己的所需。随着用户内容消费数据的积累，每个用户的信息

标签越来越精准,

　　基于大数据和算法的智能推荐逐渐变成内容分发的主流方式,浏览器、移动阅读客户端、搜索应用、社交平台等纷纷拥抱算法推荐,聚合类新闻App的领头羊今日头条主张"你关心的,就是头条",传统意义上的"新闻头条"被重新定义。聚合类新闻App本身并不生产新闻,但可以基于算法机制根据内容标签、用户标签和场景讯息,分析用户对信息的兴趣匹配程度,更好地满足用户的个性化需求,实现个性化的阅读定制。

　　跟传统分发方式比,头条这种只聚焦于内容的分发,使得用户和信息源直接对接的模式显而易见更高效精准,单位成本更低。头条重视培养大量用户产出UGC,依赖社群效应培育用户黏度,社群网络交往中形成了用户之间信息内容相互分享,这种基于受众感受的主动"二级分发"甚至"n级分发"轻松跨越了平台的疆界,在网络虚拟空间中无边界地流动,成为算法分发的有益补充。

　　(3)其他领域:广告的程式化投放

　　广告界有一句广为流传的话:"我知道我有一半的广告费被浪费了,但我不知道浪费在哪儿。"这说明粗放式的广告投放方式的效率不高,但受技术限制,广撒网投放是不得不采纳的方式。数字技术与人工智能的发展对广告的传统投放的方式造成了极大的冲击,基于用户的喜好与特性的精准投放广告逐渐成了主流。在广告行业的运作流程里,在人工智能的帮助下可实现更合理的程序化购买、实时个性化推荐,从而满足广告主对精准性和转化率越来越高的要求,使得广告主不再为"不知道浪费在哪儿"而烦恼。

　　传统购买模式是一种广撒网式的粗放式广告投放,所有的网民在同一时间看到的是相同的广告信息。程序化购买模式是针对不同受众投放不同广告信息的精准化传播,不同的网民受众在同一时间看到的是不同的广告信息。无论是信息展示型的旗帜广告,还是app开屏或原生广告,在算法机制指引下的任意一种数字广告投放，不再盲目，针对性强，个人到达成本降低，还可以促进点击率和转化率，广告投放效果得以最佳化。

消费者研究、媒介战略研究、广告效果评估等科学研究的成果巧妙地以技术手段固化在程序化购买中。阿里巴巴的实时个性化推荐，运用人工智能为自己的平台及商城入驻品牌实现精确化推广，嵌在搜索内的推荐系统具备自动补全功能，可帮助用户找到可能需要的产品或服务，根据用户之前的浏览历史和购物行为推送定制化个性广告。2017年双十一期间实现了每秒8000张不同尺寸和内容的旗帜广告，2018年又推出了文案智能机器人。如今广告行业的智能产品已覆盖从营销行业洞察、策略、文案生成、文章发布到检测的全过程。

（二）人工智能＋媒体

1.组织机构

人工智能技术不仅重塑了新闻生产的整个业务流程，而且改变了传媒产业价值链上的各个环节，还催生出新的媒体业态。

组织的智能化程度取决于技术赋能的内在规定性在组织结构中的体现，如平台开放的层级与程度、组织内外各节点间的交互是否顺畅、能否吸引并有效组织足够多的外部合作者，以及能否及时调用充足的软硬件计算资源。

新华社2018年即宣布将建设以智能技术为基础，以人机协作为特征，以大幅提高生产传播效率为重点的智能化编辑部。从"快笔小新"到"媒体大脑"再到"智能编辑部"，这体现了新华社在未来媒体智能化发展中不断创新、不断加速的轨迹。"智能编辑部"概念一经提出，引起了包括人民日报、封面新闻在内的众多媒体共鸣。2018年11月6日，人民日报新媒体中心CTO张健在"2018人工智能＋新媒体论坛"透露，人民日报新媒体中心推出了应用人工智能技术的创作大脑，人民日报编辑中心正在努力打造"智能编辑部"。封面新闻是全国较早提出建设"智媒体"的媒体,其中重点之一就是建设"智能编辑部"。

何为"智能编辑部"?新华社人的回答是,"智能化编辑部的核心就是利用大数据、云计算、人工智能技术实现人机交互和人机协作,从而释放媒体生产力,带来传播形式和手段的变革、传播力和影响力的提升,使媒体连接万物、融于网络、直抵受众"。封面新闻人的回答是,"智能编辑部是由系列的智能产品构成,从资讯传播的起点到终点,都赋予人工智能基因,全面改写媒体定义"。

新华社的"智能编辑部"除具有"媒体大脑"的基本功能(如 2410 智能媒体生产平台、智能会话、人脸核查、用户画像、语音合成等)外,其目的是实现人机交互和人机协作,解放媒体生产力,解放采编人力,使之从简单劳动中解脱出来去从事更多更有创造性的智力劳动。这也意味着人工智能的应用已经突破内容的生产制作和分发层面,媒体的组织架构智能化已经开始。建设"智能化编辑部"已成为媒体推进内容建设深度转型的重要抓手。打个比方,如果说新华社 2017 年底推出的"媒体大脑"人工智能媒体平台是基础设施,那么"智能编辑部"就是大楼;如果说"媒体大脑"更多偏机器软硬件,"智能编辑部"则是人机皆有,更多偏向人机协作,需要人、物与信息的全面连接,需要内容与技术的深度融合。

封面新闻的"智能编辑部"则包含基础产品、内容产品、营销产品、UGC 产品、智库产品、智识产品和未来产品等七大类,具体有封面 A 记者、封面 AI 主播、封面云、封面推荐算法、封面数据、封面视频、封面直播、封面 VR 等。这些产品共同形成"智能 +"的产品生态,重新为媒体赋能。

从单一智能产品到生产平台再到用人工智能技术重构新闻信息生产与传播的全流程,"智能编辑部",已不再是单一的人工智能媒体产品,不只是"机器新闻写作",也不只是人工智能媒体平台,它将改变整个媒体生产制作和传播流程及环节，不仅可以帮助媒体进行内容升级，也可以促进提升用户体验，更可以助力传统媒体转型升级。

2. 平台商业与价值

智能优化是在智能生产、智能唤醒、智能送达及智能安全等智能化变革有效整合的基础上，从客户集成、智力集成、纵向集成、横向集成以及价值链集成等五个维度将智能化的价值凝聚在一起，从而产生更大的价值。事实上，以互联网为基础的智能融媒体平台尚存在诸多痛点，例如对于用户的服务，AI 并未发挥真正的价值——创造视频、归集散碎视频及个性化视频等。未来，在 AI 的支撑下，可生成个性化内容，快速实现产品千人千面（如个性化频道）；可帮助用户精准定位，让整个互联网成为个人视频库；可强化用户对产品的依赖性与留存时间，实现多平台内容、一平台呈现与视频归集等。

未来，智能优化环境下的媒体平台，须实现内容、平台、渠道、社群以及运营等在内的诸多领域的突破性解放和创新融合，全方位提升媒体平台的商业与价值。在内容建设上，应从"PGC"（专家或媒体生产内容）向"UGC+PUGC+PGC+AGC"（用户原创内容 + 专业用户生产内容或专家生产内容 + 专家或媒体生产内容 + 算法生成内容）共融的生态重构；在平台建设上，应从传统的"资讯提供者"向"服务提供商（APP+SNS+O2O+LBS等）"共融的平台重构；在渠道建设上，须从传统的"内容 + 渠道"向"形式 + 情感 + 场景 + 内容 + 渠道"共融的模式重构；在社群建设上，应从"主观需求"向"客观需求 + 消费习惯 + 精准推送"共融的思维重构；在运营建设上，应从"效率成本"向"效率成本 + 以人为本 + 跨界整合 + 协同创新"共融的盈利重构。

（三）人工智能 + 媒介

人工智能的发展改变了媒介形态，颠覆了信息平台的呈现方式，运用大数据、云计算、物联网等技术手段，与受众产生更精准更有效的互动，从而提升信息到达率，深化受众对传播本意的接收。

1. 交互界面互动性增加与拟人化转向

媒介物理属性不同，呈现出的信息交互界面形态也不同，从早期的报纸、广播，到后来的电视、计算机，再到现在的智能手机，交互界面演变的核心趋势是从单向的信息传播转变为双向的信息互动以及传播方式的拟人化。

聊天机器人的出现让人机文字交互成为现实，使计算机能够理解文字并回应对话，如微软小冰、Chatbot 等。以语音助手软件为核心的人机语音交互是当下最受欢迎的交互形态，比如苹果的"Siri"、小米的小爱和百度的小度，语音助手将成为访问各种类型媒体的主要入口之一。未来人机交互的形态有可能是人脑与计算机的直接或间接的连接，智能计算机与人类进行的人机交互将更加快速和高效。近年来还涌现出 VR、AR 等新兴技术，以新闻媒介为例，应用这些技术，不但可以将新闻中的信息内容转化成互动的形式，将过去单向的"收看新闻"转变为双向的"新闻互动"，同时还可以收集互动中用户的相关大数据。例如，在此次两会期间，人民日报、新华社等媒体APP 客户端上线的知识机器人"小端"和"小新"在两会现场抓取数据自动生成两会新闻的撰稿、报道。用户可以通过语音或文字实现与机器人的互动交流，为用户带来更丰富的互动体验。

2. 万物皆媒，平台柔性应产业需求而变

在物联网、人工智能、云技术等新技术的推动下，一个万物皆媒的泛媒时代，正在到来。泛媒化趋势首先表现为物体的媒介化，目前在这个方向下，有三个动向尤其值得关注：其一是传感器对信息生产深层变革的触发，其二

是智能家居等技术将在家庭中带来的全新媒介，其三是车联网技术带来的流动化、场景化的新媒介。泛媒化的另一个表现，是基于可穿戴设备及其他传感器应用的人体终端化，它意味着人体、人的行为甚至思维将被常态性数据化。在人体上的智能设备，既可能增强人们的某些能力又可能削弱人们的另一些能力，隐私保护问题也变得更为突出。在泛媒化时代，人与物的关系，将成为共生、协作的关系，甚至会进一步出现人机合一、人与机器共同进化的可能。

人机交互、自然语言处理和机器学习、语音识别和语音合成、计算机视觉是 1991 年微软研究院成立时最早的 5 个研究方向，也是今天人工智能的几个最重要的分支。目前，人工智能发展尚未进入高阶深度感知阶段，目前更侧重于"人工"塑造的智能，与其他技术手段的结合或有启动人工智能深度发展潜力的附加价值，与物联网的结合带来了无人驾驶技术的阶段化进展，与可穿戴设备的碰撞带来了移动场景的扩大、生理信息的收集，并因此促成了人工智能仿生学维度的延伸，与传感器技术的交叉接入了信息分析初始阶段节点，有助于形成容量更大、结果更真实的用户画像。

3. 仿真物理情景投射与再造，扩大虚拟环境体量

美国学者梅罗维茨在《消失的地域：电子媒介对社会行为的影响》中细化了戈夫曼提出的情境理论，将情境划分为物理情境和社会情境。

人工智能技术的发展阶段演进将对人类能力的模拟逐步推向深入，也将人类依靠外部环境和社会交往形成的情境打破、重建。对人类生理信息的收集、辨别和机器模拟人类思维的研究，将加深人类和机器的交互行为深度，构建仿真物理情景，拉大现实物理环境和仿真物理环境的间隔，形成李普曼所说的"两个世界"。"缸中大脑"的猜想不仅仅是黑科技为人类自身意识麻木写好的墓志铭，若失去对物理情景建构的控制力，将导致难以预料的灾难。

三、人工智能与媒体融合发展的趋势

我们所处的时代是互联网已渗入人们生活各个方面的时代，巨大的网民数量是中国互联网近 40 年来快速发展的基石。尽管如此，有研究也已显示中国互联网的人口红利亦正在逐渐消失，那么互联网以及移动互联网的产业发展速度都将面临放缓，产业整体将走向以内部结构调整和优化促发展的阶段。传媒产业是紧紧依托互联网的行业，在发展过程中亦是如此。但从传媒内容的发展来看，离不开与人工智能技术的融合，因此泛人工智能是人工智能在传媒内容领域的发展新方向。

对应人工智能发展的三个方向，人工智能 + 传媒也可以分为三个阶段，第一阶段是专门化的人工智能，比如机器写作、自然语言技术里面的应用、人脸识别技术。第二阶段是复合型的人工智能技术。第三阶段是有情感的人工智能，人工智能可以全真模仿人类的情感和思维，并完成拟真人类的行为。我们现在只是处于第一个阶段，单一的人工智能时代，也才刚刚入门，而且最近至少五六年人工智能技术并没有突破性的进展，技术几乎都只是在应用里面有一些突破，在基础技术上其实没有突破的，我们突破一点点是很难的。从技术上来说，我们远没有到第二个阶段。

目前，促成智能媒体成为一个大产业的宏观环境正在形成，从业者面临着巨大的机会与挑战。从基本层面上讲，我国大力投资人工智能、互联网、物联网等新型基础建设项目，并且积极推动人工智能等新技术与媒体的融合发展，还对智能媒体的发展给出了指导意见。2020 年 9 月 26 日，中共中央办公厅、国务院办公厅最新印发的《关于加快推进媒体深度融合发展的意见》中，专门强调要"尽快推动人工智能、5G、云计算等创新技术在视听、媒体领域的融合发展"。从技术层面上说，虽然目前基础技术上没有根本性突破，但在应用技术层面有一些突破，人工智能和媒体的融合目前只进入第二时期的入门阶段，随着技术的突破和应用技术的广泛场景应用，智能媒体未来发展的前景广阔。

1. 智媒技术推动生产关系新进阶

人工智能作为互联网产业之后的又一个新兴热点，无论科技界还是产业界，都拿出了最具想象力的词汇赋予未来最美好的期待。在传统媒体时代，传媒业主要由传统媒体机构构成，智媒体时代人工智能重塑了传媒业的生态，主流媒体和头部互联网媒体成为其核心力量，各种个性化的媒体生产与分发平台相继出现，信息传播机制也发生了变迁，现代传播体系立体化、多样性的样式开始形成。

未来，随着科学计算、类脑计算、量子计算等基础算法研究和脑机接口、复杂智能视觉、智能语音处理等前沿应用并驾齐驱的发展，智媒发展也将进入更高、更复杂人机协同发展的阶段。生产力必将得到极大的提高，有些改变甚至是革命性的，会极大地改变信息的传播规律，颠覆人们的生活方式和生产习惯，势必改变人与人、人与信息之间的生产关系。

人机交互历经文本交互、语音交互等阶段，脑机交互技术是下一步的重点。自然语言处理指计算机对语言符号的形、音、义等信息进行处理，可完成文本摘要、文本分类、文本校对等任务。语音识别技术让计算机识别和理解说话人类语音信号的内容，语音交互更是一种非常自然和有效的人机交流方式。脑机交互是通过计算机系统采集人类的脑信号，并将脑信号输入机器进行实时处理，理解和把握人脑的指挥意图，并将这些输入的信息变成指令从而控制外部设备，实现有效的人机交流。

如果人工智能将语言文本符号、语音、图像甚至脑电波等这些东西都能精准高效采集并数字化了之后，消费者与信息的交互形式将会发生翻天覆地的变化。也许在不久的将来，电影《阿凡达》呈现的靠辫子尾部的接触就可以产生心灵交流就会变成现实，甚至借助脑电波的形式，不需要有形的物质媒介。

2. 智媒服务的消费者转向

如果说前文中所述的人工智能与媒体融合的几个领域——生产、推送与分发等在传媒业价值链的全环节运用是基于媒体内容生产的视角，那么，当智能媒体发展到同质化阶段，"中央厨房""媒体大脑"等成为行业的标配，那么接下来智媒的发展势必将从"以生产为中心"演变为"以消费者为中心"，未来的趋势将不再是从生产为中心出发看待人工智能与媒体的融合，而是从消费者为中心来决定智媒的融合。

以消费者为中心的智媒发展，必须注意到消费者首先是作为"人"的存在，是感性和理性兼具的高级动物，有情感性、思想性的必然需求，完全靠技术决定的算法并不能满足人们的需要，必须同时深耕科学性与人文性。对人文性的忽视是以生产为中心阶段的重要不足之一，这导致了诸如算法价值观缺失、算法歧视、信息茧房、用户数据泄露、隐私权与知情权难以保障等问题与风险。这是未来发展必将重视和解决的问题。

以消费者为中心，智媒的发展势必注意到互联网服务三大特性情境化、随身性、参与力中的一个或多个。从深层的服务生态链角度，在解决消费者信息需求问题的服务中，需要把多个应用对接在一起，所需要的 APP 都能为同一个平台所接受，随用随有。在 5G 技术为基本背景的高速发展的当下，人工智能在用户信息使用中发挥了形形色色的功能，它为人们建构内容，带来定制型、个性化的体验，以用户需求为抓手细分媒体类型，可将媒介分为工具型媒介、内容型媒介、平台型媒介、交际型媒介、游戏型媒介等，比如随着智能语音技术发展诞生的智能音箱就是一种能和用户互动交往的陪伴型媒介，百度的"小度"、"小米"的小爱等能在联网的条件下满足用户天气咨询、问题搜索、简单游戏等需求；游戏型媒介则可以基于 VR/AR 技术满足用户感官需求，得到沉浸式的体验。

　　除了满足 B2C 层面的个体消费者需求，智媒的发展也将拓宽 B2B 层面的领域，"智能＋智慧＋智库"的职能拓展，可以满足组织机构纵深的信息需求，在 5G 技术、物联网、互联网等的赋能下，智媒与各行各业如政府部门、文化与旅游产业、会展行业等的融合创新应用，演化出无限的组合与可能，成为经济建设旋律中不可忽视的音符，扮演了社会黏合剂的重要角色。

第六章　中美媒体人工智能应用发展概况与特点

人工智能 (Artificial Intelligence, AI) 是什么？简单地说，就是让计算机像人脑一样具备思维能力，包括感知、决策以及相应的行动等。目前我们常接触到的是弱人工智能，这类智能以完成单个领域或特定任务为主要特征。2019年4月中国信息通信研究院发布的《全球人工智能产业数据报告》中显示，截止到2019年3月底全球活跃人工智能企业达到5386家，全球人工智能市场的收入规模持续增长到约6560亿美元，人工智能市场规模得到不断扩大，人工智能行业进入爆发式发展的阶段。我国的人工智能产业增长发展非常迅猛，预估到2030年，我国人工智能的核心产业规模能突破10000亿元[①]。

越来越多的行业借助人工智能技术转型升级，包括金融、安防、医疗、教育等领域。在媒体行业，人工智能也正推动着媒体行业向"智能媒体"转变。智能媒体是"媒体生产力从互联网技术驱动转向人工智能技术驱动，主要特征是媒体的终端载体从电脑、手机向泛物联网延伸，核心竞争力从比拼内容和获取用户变为争夺数据，媒体阵地从传统媒体、社交媒体、自媒体向新兴互联网智媒体迁移"。可以说，人工智能技术的发展促进了媒体行业的智慧融合，崭新的媒体融合时代正在向我们走来。

---

① 新浪财经头条,《人工智能行业数据分析》[EB/OL].https://t.cj.sina.com.cn/articles/view/1850460740/6e4bca4402000qwwn?from=tech（2021年1月搜索）

一、中国媒体人工智能应用发展概况

（一）政策层面：政府积极推动媒体人工智能应用

人工智能领域是国际竞争的重要环节，已然是兵家必争之地，其在国家的科技战略地位不言而喻。中国政府高度重视，正在积极推动人工智能领域的发展。在政策层面，人工智能自 2016 年起进入国家战略地位，相关政策进入爆发期。

我国人工智能道路开端于智能制造，2015 年 5 月《中国制造 2025》首次提及智能制造，之后国务院印发《关于积极推进"互联网＋"行动的指导意见》，指出要依托互联网平台提供人工智能公共创新服务，加快人工智能核心技术突破，促进人工智能在智能家居、智能终端、智能汽车、机器人等领域的推广应用；要进一步推进计算机视觉、智能语音处理、生物特征识别、自然语言理解、智能决策控制以及新型人机交互等关键技术的研发和产业化。

2016 年国务院发布的《"十三五"国家科技创新规划》，将智能制造和机器人列为"科技创新 2030 项目"重大工程之一。2016 年人工智能相关政策进入爆发期。3 月国务院《国民经济和社会发展第十三个五年规划纲要（草案）》，人工智能概念进入"十三五"重大工程；5 月《"互联网＋"人工智能三年行动实施方案》，明确提出到 2018 年国内要形成千亿元级的人工智能市场应用规模；7 月国务院《"十三五"国家科技创新规划》提出，促进信息技术向各行业广泛渗透与深度融合。同时，研发新一代互联网技术以及发展自然人机交互技术成首要目标；9 月国家发改委在《国家发展改革委办公厅关于请组织申报"互联网＋"领域创新能力建设专项的通知》中，提到了人工智能的发展应用问题，为构建"互联网＋"领域创新网络，促进人工智能技术的发展，应将人工智能技术纳入专项建设内容。

2017 年，人工智能成为国家战略规划内容之一。3 月在十二届全国人大五次会议的政府工作报告中，"人工智能"首次被写入政府工作报告，报告指出要加快人工智能等技术研发和转化，做大做强产业集群。7 月国务院发布《新一代人工智能发展规划》，明确指出新一代人工智能发展分三步走的战略目标，到 2030 年使中国人工智能理论、技术与应用总体达到世界领先水平，成为世界主要人工智能创新中心。10 月人工智能进入十九大报告，将推动互联网、大数据、人工智能和实体经济深度融合。12 月《促进新一代人工智能产业发展三年行动计划 (2018—2020 年)》发布，详细规划了人工智能在未来三年的重点发展方向和目标，每个方向的目标都做了非常细致的量化。

2018 年，人工智能再次被列入政府工作报告。3 月《2018 年政府工作报告》指出要加强新一代人工智能研发应用；在医疗、养老、教育、文化、体育等多领域推进"互联网 +"；发展智能产业，拓展智能生活。4 月《高等学校人工智能创新行动计划》发布，11 月《新一代人工智能产业创新重点任务揭榜工作方案》出台，进一步推动了我国人工智能技术的发展。

2019 年，人工智能升级为智能 +。《2019 年政府工作报告》明确，要推动传统产业改造提升，特别是要打造工业互联网平台，拓展"智能 +"，为制造业转型升级赋能。要促进新兴产业加快发展，深化大数据、人工智能等研发应用，培育新一代信息技术、高端装备、生物医药、新能源汽车、新材料等新兴产业集群，壮大数字经济。《关于促进人工智能和实体经济深度融合的指导意见》则提出把握新一代人工智能的发展特点，结合不同行业、不同区域特点，探索创新成果应用转化的路径和方法，构建数据驱动、人机协同、跨界融合、共创分享的智能经济形态。

从这些密集发布的政策不难看出，我国已经从国家顶层设计上高度重视人工智能的发展。人工智能正在也将会渗透到各行各业，逐步成为社会发展的新引擎。在媒体领域，人工智能也正在发挥着越来越重要的作用。2019 年

1月份中共中央政治局第十二次集体学习中指出，要探索将人工智能运用在新闻采集、生产、分发、接收、反馈中，全面提高舆论引导能力。8月份中宣部、国家广电总局等六部委印发了《关于促进文化和科技深度融合的指导意见》的通知，进一步指出，新闻传媒业与人工智能的结合使得更有价值的新闻传播资源被释放出来，人工智能不仅重塑新闻生产的整个流程，还将改变传媒业态。推动媒体融合发展、建设全媒体成为我国面临的一项紧迫课题。

（二）技术层面：技术不断发展，应用场景丰富

人工智能技术有多种分支技术，在我国的媒体应用中主要的分支技术有语音识别技术、语音转写技术、语音合成技术、图像识别技术、神经网络与深度学习技术等。语音识别技术是一种新型的信息录入技术，让计算机能够识别、提取人类语音中包含的文字和信息，即，将人类语音转换成对应的文字录入。语音识别包括三个步骤，一是检测音频端点，二是确定说话位置，三是进行识别处理。依据对对话语境的识别，智能地判断所录入信息的标点等相关信息。系统在录入的过程中通过识别用户自定义的词汇优先选择相对应的词汇。语音转写技术则是在识别、理解语音信号的基础上，将信号转换成文字内容。在语音转写阶段，大数据和用户历史数据起着重要作用，依托这些数据语音转写系统才能够提取识别语句的语义、语气等信息，进而划分句子、段落，处理远场噪音等。

语音合成技术在媒体人工智能应用中举足轻重，与语音转写技术的信号转文字功能不同，语音合成可将文字转换成语音输出。首先解析文字序列，其次参数化处理相应文本，形成语音波形信号输出。最后串联波形单元序列以输出完整信号。图像识别是人工智能又一项重要技术，它可对图像进行对象识别，是一种对不同模式、不同目标进行对象识别的技术。该技术能够调整系统内部大量节点的链接关系，以此进行信息处理。深度学习则通过对样

本数据内在规律以及表示层次的学习，让机器能够像人一样具有分析学习能力。

上述技术在媒体业的诸多场景中都体现了不菲的应用价值。如在媒体业的信息采集与线索发现环节，能够实现线索搜集、稿件校对、热点发现等功能，具体而言包括识别事件、利用机器学习技术实现稿件的智能校对、基于知识图谱技术进行新闻信息传播路径的分析以及对潜在爆款文章选题进行预测等。如新华社的新闻雷达（NewsRadar），能够实时追踪千万级数据，形成新闻线索、新闻热点、微博话题等提供给编辑、记者，还可对突发事件进行预警，甚至预测事件热度。在内容生成与编辑环节，可以利用 AI 算法为稿件自动打标签、根据内容自动生成图表、给视频追加字幕等；还可利用深度学习技术自动给新闻稿件配插图，通过新闻模板设计与智能语义分析等实现机器人写稿等，典型代表包括新华社的"快笔小新"、今日头条的"张小明"。在内容分发环节，可利用智能技术实现精准推送，如今日头条、一点资讯等均能实现精准推送功能。在用户反馈环节，可以利用深度学习技术审查稿件的用户评论，进行用户画像等。在新闻内容监管核查环节，可利用深度学习技术识别新闻真伪，打击假新闻，还可搭建内容防火墙，进行可疑文本或图片探测、预警等。

在技术不断革新与媒体转型的趋势下，人工智能成为媒体创新的重要动力与技术支撑。新华社的"媒体大脑"充分体现了人工智能的重要性。新华社媒体大脑具有八大功能，分别是"2410"（智能媒体生产平台）、新闻分发、采集、版权监测、人脸核查、用户画像、智能会话、语音合成。服务内容覆盖从线索、策划、采访、生产、分发、反馈等全新闻链路，让云计算、物联网、大数据、AI 等多项技术为媒体赋能。新的平台的应用，可让智能生成数据新闻及各类信息材料提供给记者，录音内容自动转为文字。人脸核查功能，给媒体核查事实提供方便，更有效避免错漏。用户画像功能，能通过判别用户对内容的兴趣，为用户提供精准的内容服务。

此外，人工智能技术在新闻播报环节的应用也大大提升智能化水平，各大媒体机构 AI 人工合成主播、AI 主持人的推出给媒体界带来了产品创新潮流。2018 年新华社推出全球首个 AI 合成主播。央视网 2019 年推出 AI 虚拟主持人团队，2020 年全国两会召开期间推出全国首个时事 AI 产品《对答如流·两会"智"通车》，该产品集合了智能对话＋语音交互＋社交分享等多项功能。特别是 AI 人"小智"，突破了传统的主播播报方式，凸显了人机互动的趣味性与价值性。其以精心的交互设计，吸引用户在游戏化场景中接收、感知信息，从而以创新的传播形态，传递主流声音。AI 主播不体现了人工智能技术下的新闻媒体业正在不断加速创新，迈向新阶段。

（三）实践层面：媒体人工智能发展势头迅猛

随着国家政策的推动、人工智能技术的发展，人工智能给媒体行业带来的利好逐步被发现、重视，各大媒体机构也纷纷入场，加快了人工智能与媒体的融合，相关的人工智能产品也进入用户眼帘。如由新华社和阿里巴巴集团共同投资成立的人工智能科技公司新华智云研发的突发识别机器人系统，能够自动识别突发新闻，提高突发事件报道时效。又如，科大讯飞利用人工智能技术，研发了一系列的相关产品，并在很多媒体业务场景中投入应用。面向采集环节，讯飞听见 APP 等产品可以实现采访的语音变成文字的功能；面向编辑环节，讯飞听见智能文稿唱词系统，能够快速实现音视频字幕生成，1 小时的音视频节目，5—10 分钟生成字幕出稿，经过简单人工校验，就可以生成相应的字幕文件。

再如，央视网携手百度智能云，推出全国首个集智能对话、语音交互、社交分享于一体的时事 AI 产品《对答如流·两会"智"通车》，产品运用语音识别、语义分析、机器学习、信息检索等技术，借助强大数据库，与用户语音交互，精准对答。AI 人小智源自 3D 高精度仿真人像，其模拟人脸肌肉组织，以算法驱动人像模型的唇形、表情和动作，兼备真实感与科技感。产品使用的动态标记语言能够灵活配置多媒体信息展示，当用户提供相近答案的时候，"小智"也能准确识别，让信息传递更高效，交互体验更过瘾。

（四）媒体类型层面：AI 广泛应用在不同类型媒体中

从媒体机构类型来看，人工智能技术在传统媒体与新媒体均有较为广泛的应用。传统媒体如报刊、户外、广播、电视等。以广电媒体为例，主要是将语音识别技术、语音转写技术、语音合成技术等运用在广电媒体的多个环节，包括文稿唱词、内容转写、虚拟播报、第三方服务以及会议系统。

文稿唱词指采编人员采用文稿唱词系统将音频文件或口述内容转为文稿。文稿唱词系统可对音频文件进行降噪处理，也能较好地识别方言。

内容转写主要是将未进入媒资库的视音频内容转写成语言内容，为媒体文件生成自己的"文字名片"，然后将媒体文件与名片一起提交审核，大大提高了编目人员的工作效率，也能降低编目工作的差错率。

虚拟播报则由虚拟主持人、智能语音机器人和主播音库共同组成，在使用的过程中将文稿导入就可进行配音工作，实现新闻的自动播报功能，在播报的过程中，能够实现对语速、响度、声音模板等的调控，以便适应特定场合的要求。

第三方服务主要指平台通过提供应用中的开发接口为第三方提供合成、语音识别等业务上的功能，其他的系统能够将数据资源接入到语音云平台中，利用智能融媒体实现对线索的分拣功能。通过融媒体线索汇聚的方式，可以将语音形成文字文件，将这些文字内容按照用户的需求进行分类，为用户提供订阅线索的服务，在内容的选题策划、生产发布等环节应用得较多。

会议系统，主要应用在广电媒体的会议记录中，在会议场景中根据采集信息实时转化为文字内容，用户根据需要整理出会议要点。同时还可以将已经录好的音频文件通过导入转写成文字内容，转写的过程中自动将会议的重点内容进行标记，能够通过双击文字回听与之相关的音频文件，使音频与文字相对应。通过对语气词的过滤、内容的分段还可以让记录人员更有效地理解音频文件，用户还可以通过检索等功能将会议模板导出，形成会议纪要内容。典型案例如合肥广播电视台。合肥广播电视台与科大讯飞公司合作，开展智能语音技术在广电媒体中的应用，改变了传统节目制作对音视频文件的处理方式，将人工智能语音技术应用到广播电视节目制作的全流程中，实现了智能文稿唱词系统、智能虚拟播报系统、智能编目检索系统和智能会议系统等功能。全新的人机交互机制，全面提升了广播电视节目制作的效率和质量。

新媒体是以数字技术为基础，以网络为载体进行信息传播的媒介。包括各种网络社区平台、短视频平台、直播平台、社交平台等。作为新闻传播的前沿行业，人工智能在新媒体中的应用领域包括机器写作、人工智能机器人以及新媒体社交平台等。"新媒体＋人工智能"的融合，展现出意想不到的新传媒方式，最为普及的是"个性化推荐"以及"智能化写作"两个主要作用。人工智能机器人则是运用计算机算法在大数据支持下与人脑紧密结合，通过模仿人的行为和思维，运用算法在计算机上输入程序，经过大数据的分析和数据处理做出反应。

新媒体社交平台的快速建设也得益于人工智能技术的发展。社交媒体平台如腾讯 QQ、新浪微博、微信、小红书等受众广泛，媒体平台系统通过用户设定的兴趣方向或者点击量进行针对性内容分类推送，实现个性化定制，如微信公众号、微博热门以及"感兴趣的人"等，通过计算机学习，利用大数据和互联网等将相关话题文章进行搜索，并通过数据处理和计算机写作给予用户感兴趣的文章推送或相关推荐。话题定制及开放式的讨论空间让用户感受到人工智能应用带来的独特性和交互性。

此外，随着 5G 行业的发展，直播与短视频行业正迎来变革期，视频营销具有直观全面、即时性、交互性强的特点，在大数据以及人工智能技术的背景下，直播与短视频营销已然成为新媒体营销的主流方式之一。

与此同时，数据分析过程也能够识别部分数据造假，促进市场健康发展。需要关注的是，技术的发展也带来了不利的方面。以手机新闻资讯平台今日头条为例，今日头条的算法推荐模式让资讯能够主动寻找用户，提升了人们获取新闻资讯的效率，节省了时间成本，但也暴露出诸多问题。如标题党、假新闻、信息茧房、算法推荐的广告效果等，这些问题对用户造成了一定程度的伤害也不利于平台发展。特别是在移动互联网野蛮生长的过程中，新闻资讯平台涌现出许多利用标题党、低俗内容、假新闻等低劣手段获取流量的现象，并在算法分发的模式下得到助长。未来，应该加强人工智能技术在新闻内容监管审核环节的应用研究。

二、美国媒体人工智能应用发展概况

（一）政策层面：高度重视人工智能战略地位

美国作为世界科技大国已然意识到人工智能的战略地位，自然也在加快抢占人工智能发展的制高点，采取了不少有力的举措试图把握全球竞争的战略主动性。

一是率先布置战略领域，优先发展人工智能。2016 年 10 月，美国国家科技技术委员会（NSTC）发布《国家人工智能研发战略计划》，全面布局并确定长期投资发展人工智能。同年 12 月，美国总统办公室先后发布了《为未来人工智能做好准备》《人工智能、自动化与经济报告》，强调人工智能对经济的影响力与重视人工智能的潜在风险。

二是持续加强战略性引导，巩固基础优势。2019 年美国总统签署《维护美国人工智能领域领导力的行政命令》，启动"美国人工智能计划"；同年 6 月，美国国家科技技术委员会（NSTC）发布新版《国家人工智能研发战略计划》，以此强调培养人工智能方面的人才的意愿。

三是美国各级机构团结统一，协调推动人工智能的发展。2018 年美国国防部发布《2018 年国防部人工智能战略摘要——利用人工智能促进安全与繁荣》，并成立联合人工智能中心（JAIC）；2019 年美国授权批准成立人工智能国家安全委员会，商务部成立白宫劳动委员会，国家科学基金会持续资助人工智能基础领域；国会研究处携手名校哈佛大学发布《人工智能与国家安全》报告。总体而言，美国依靠 20 世纪的资本，在这个世纪初抢先进入人工智能领域的研究中，重视人工智能方面的人才培养。

同时在大局观上，全面支持人工智能的发展，并形成了较为完善的政府数据开放政策体系与人才培养计划方案，以此推动美国人工智能的发展。美国媒体也纷纷在人工智能领域进行了诸多探索，美联社、路透社、《纽约时报》等世界强势主流媒体普遍将"采编流程智能化"作为新闻主业与人工智能技术结合的重要切口和聚焦点。2017 年末，哈佛尼曼新闻实验室在全球范围内请来了新闻媒体领域"最富有智慧"的人，让他们对 2018 年传媒业发展做出大胆预测，其中 5 位业界专家分别从不同角度对人工智能在新闻领域的应用前景做出了预测，人工智能在美国媒体业备受重视。

（二）技术层面：传媒业频繁应用人工智能技术

2017 年，美联社发布《人工智能工作手册》。该手册归纳总结了人工智能在传媒业应用最频繁的分支技术，包括机器学习、计算机视觉技术等。

机器学习技术，其核心是深度学习，是一种通过将终极任务拆分成一系列小任务的机器自主学习技术。机器学习涉及两个分支——监督学习和非监督学习。在新闻采编工作中，监督学习主要用于印证假设，非监督学习用于发现线索。监督学习是指在记者已有假设的前提下，让算法根据假设来搜索、收集和归纳可以印证假设的信息。2016 年，《华盛顿邮报》获得普利策新闻奖公共服务类大奖的新闻项目——警察持枪犯罪数据新闻就是通过监督学习系统建立了全美警察持枪犯罪数据库，并通过对数据的提炼和分析印证了该报长期以来的假设——"警察针对儿童和青少年的持枪犯罪率上升过快"。和监督学习不同，非监督学习是将非结构性数据作为输入数据，并得出非目标性的输出结果。非监督学习系统可以自由展示输入和输出数据之间的关系，这种关系往往可以帮助记者在短时间内发现新闻线索。如，美联社数据新闻团队运用非监督机器学习，从 14 万条人工输入的关于枪支泛滥的案件记录中找到了枪支滥用最典型的案件，还推算出如果案件涉及孩子或警察，那么犯罪人故意开枪的概率等线索。

语言技术，是人工智能另一个核心技术，包括 NLG（语言自动生成）和 NLP（语言自动处理）两项内容。《华盛顿邮报》的 Heliograf 以及《洛杉矶时报》的 Quakebot 等就是 NLG 技术的使用案例。而哥伦比亚大学研发的 Agolo 则是 NLP 技术的使用案例之一，Agolo 可将输入的大量信息进行实时总结，比如它可以把较长的新闻总结成较短的新闻信息直接用于社交媒体的推送。

语音技术，包括文本转语音和语音转文本两种技术方式。亚马逊的智能音箱 Amazon Echo，苹果的智能语音助手 Siri，以及谷歌的智能家居都是文本转语音的应用。而新媒体集团 Vox Media 的 Auto Edit 则是语音转文本的实际案例。研发人员还在致力于将此项技术运用到记者的采访内容整理环节，整理采访获取的资料是一项耗费时间精力的繁杂工作，此项技术会极大地提高新闻记者的工作效率。

计算机视觉技术也是目前一项核心智能技术。这种系统可以记录人眼能看到和不能看到的事物，能够帮助记者将大量的图片和视频信息进行分类整理，在调查性工作中作用较大。美联社在2016年揭露东南亚奴隶渔工报道的调查中就用到了美国数字地球公司 (Digital Globe) 通过这项技术获取的卫星映像。除了在调查性工作中的应用，计算机视觉也应用于其他领域，比如 Clarifi 公司就利用这项技术自动提取照片和视频中的描述性信息。美联社生产经理本·内德乐 (Ben Nadler) 表示图像识别和计算机视觉技术已经在信息采集和分发方面为他们的摄影记者和编辑提供了很大帮助。

机器人技术在美国新闻媒体中也有广泛应用。机器人本身是硬件，它带有的软件及算法可以具备前述一切人工智能的功能。《纽约时报》和《华盛顿邮报》在利用机器人辅助编辑部工作上有较为丰富的实践。如《华盛顿邮报》用于问卷调查的感觉机器人 (Feel Bot)，用于监测报道传播效果的"预测神器" (Virality Oracle) 以及专治记者拖延症的催稿机器人 (Marty Bot)；《纽约时报》新闻机器人研发则在重视功能和技术的同时，赋予它们更多人类的情绪化、幽默感、爱犯错、爱撒娇等特点。如《纽约时报》的聊天机器人有不同的"人名"，当读者和它在手机上聊天时可能完全感受不到是在和机器说话。

此外，人工智能技术和虚拟现实技术的紧密结合 (AI+VR) 也是未来新闻报道发展的重要方向之一。一方面，VR 技术可以用来"调教"人工智能。微软开源了名为 Air Sim 的高级虚拟现实训练系统——空中信息与机器人平台 (Aerial Informatics and Robotics Platform)，这个平台的主要目的是帮助开发者训练自己的人工智能适应各种现实环境中的场景。未来在新闻业的应用中则可以期待通过 VR 训练机器人记者来适应不同的现场报道环境。另一方面，人工智能可以赋予 VR 新闻更真实的体验感。哥伦比亚大学 Tow 数字新闻研究中心研究员艾米丽·贝尔认为，人工智能与 VR 报道的结合可以让机器人记者成为更"智慧"的报道工具,可以独立思考完成复杂的分析工作,并在 VR 新闻的虚拟现实中创造具有"智慧"的虚拟世界中的新闻现场。

(三)应用场景:应用环节多,场景丰富

人工智能技术在美国新闻业的应用涵盖了信息采集、内容生产、信息核查、信息推送与用户沟通等各个环节。

在信息采集阶段,人工智能技术主要用于助力记者收集和处理数据信息。如 Buzzfeed 的 Buzz Bot 机器人,可通过 Facebook Messenger 和用户沟通并收集用户信息;石英石的 IFTTT.com 能帮助记者保持对自己感兴趣的事物及话题的关注并实现网络信息的自动抓取;路透社的人工智能社交管理工具 News Tracer 可以识别 Twitter 上发生的事件,以 80% 的正确率分析数百万的推文;美联社的 Agolo NLP 可以分析处理大量信息并生成简单的文字总结。

内容生产环节主要体现在机器写作上,2014 年美联社利用 Automated Insights 的人工智能技术完成了数千篇财务季度收益报告,进行企业盈利报道。2016 年《华盛顿邮报》开始使用机器人记者 Heliograf,它可根据输入数据和人工编辑提供的报道模板来完成机器报道写作。《洛杉矶时报》则使用机器人 Quakebot 在地震发生后立即完成模式化的地震新闻报道。

在用户沟通和信息核查等环节,人工智能技术也有较为深入的应用。如 Buzz Bot 通过 Facebook Messenger 不仅能收集用户信息,还能给用户反馈一些基本信息。此外,Buzz Bot 还能帮助甄选可靠信息。如 2016 年希拉里胜过桑德斯获得提名时,桑德斯的支持者们发起了一项游行,当时就有各种消息称桑德斯本人在游行队伍中,短时间内记者很难对这一信息的真实性进行考证,而 Buzz Bot 却能通过与游行现场用户的沟通来进行信息收集和分析,帮助记者短时间内鉴别出信息的真伪。

在信息推送环节上,依靠大数据分析,人工智能能够很好地理解目标群

体的偏好，并生产出富有效用的内容。《纽约时报》机器人 Blossomblot 可通过对社交平台上推送的海量文章进行大数据分析，预测哪些内容更具有社交推广效应，并帮编辑挑选适合的文章与内容，甚至该机器通过学习可以独立制定标题，摘要文案、配图等。据《纽约时报》内部统计数据显示，经过该机器人筛选后自动化推荐的文章的点击量是普通文章的 38 倍。此外，Slack Bots 是一款大数据分析机器人，用于避开猜测性的工作，帮助企业预测不同内容受用户喜欢的程度，挑选出那些受欢迎可能性更高的内容。除此之外，该机器人还可以通过个人在社交平台上浏览的历史内容，计算分析该用户的个人偏好，并向他推送其喜欢的内容。

（四）媒体机构：不同媒体机构的应用各有特色

美国各大媒体机构对人工智能的研发与应用很是重视，且不同层次的媒体机构各有特色，可分成三种类型。第一种类型，诸如 IBM、谷歌、微软、Facebook、Twitter 和亚马逊等实力雄厚、技术领先的企业主导着人工智能的研发。这些公司在自主研发人工智能系统、算法、机器人上投入了大量资金，其中包括采用收购的方式，将那些在神经网络、自然语言与图像处理以及机器学习等领域有巨大潜力的公司纳入麾下。

如 Facebook 的人工智能实验室——应用机器学习事业群，其目标是为 Facebook 旗下各类产品提供人工智能技术支撑。第二类是实力强劲的主流媒体，如美联社、《纽约时报》、《华盛顿邮报》，他们非常重视推动人工智能在新闻业的研发和应用。第三种类型是比较小型的技术公司，本身缺乏研发的实力，但他们也希望在人工智能领域取得成就。因此，他们选择提供专业的人工智能新闻产品作为市场竞争的立足点。如 Graphiq 人工智能技术公司，它可以搜集海量数据并生成可视化报道，提供给新闻机构。

三、中美媒体人工智能应用特点对比分析

（一）相同点

1. 中美媒体均高度重视人工智能技术在媒体的应用与发展

随着人工智能技术在各个领域应用优势的凸显，写作机器人、智能新闻采编系统、AI 虚拟主播等研究成果在新闻生产制作的各个环节投入应用并得到了长足的发展。从中美媒体的发展现状来看，人工智能技术及其发展理念已然渗透到新闻传媒业的各个环节。中美媒体都看到了人工智能的价值，积极投入智能化创新的改革中。自 2009 年以来，美国一直在推进快速应对数字融合和智能媒体扩散这一广播通信市场的技术、经济变化的规制政策，特别是为了最大限度地扩大广播通信技术最佳发达国家和最大市场，增加美国的比较优势，一直维持了政策基调。

战略目标的修改和相应的详细政策目标或执行目标的重新设定也是为了最优化技术和市场变化而迅速进行的。在很多国家，制定规章的政策或战略方案要么只是一种宣示，要么落后于数字时代的快速变化探索智能化新闻传播生态链的改革之路，且颇有成效。

2. 人工智能技术在中美媒体新闻应用场景丰富且效果明显

从应用现状看，人工智能应用已广泛渗入到中美新闻工作的各业务环节中，应用场景非常丰富。在信息采集与线索发现、内容生成与编辑、内容分发、信息鉴别、监管核查、用户反馈等一系列环节均能看到人工智能技术的作用与应用效果。人工智能技术在美国新闻业的应用则基本涵盖了从信息采集、内容生产、产品分发到用户培养等全过程，并给美国新闻业带来了很大的优势。这些优势包括缩短记者生产新闻内容以及将新闻内容呈现给用户的时间；帮助记者实现高速准确的大规模或个性化新闻生产与发布；帮助记者

从繁杂海量的信息里筛选有用的新闻信息以及信息趋势；帮助记者更好地与用户进行沟通，为用户提供更加个性化的新闻内容等。

3. 中美媒体都重视对智能媒体从业人才的培养

随着人工智能技术在媒体业的广泛应用，中美媒体对人工智能人才的需求量也日益增大。培养相应的从业人才也受到了中美媒体业的重视。如何完善人才引进与培养规划，提升媒体从业人员的人工智能技能和素养成了众多媒体机构的工作重点之一。如新华社等国内媒体注重引进掌握传播理论基础，既懂媒体传播规律又懂大数据、人工智能的复合型人才。美国媒体为加强人工智能领域的发展积极调整岗位设置以及人才培养方式。如美联社新闻自动化编辑的职责包括开发软件来自动化新闻编辑部工作流程并生成内容；分析数据为美联社记者提供背景和深度分析；帮助美联社的领导者了解机器学习、自动化和其他相关技术的最新发展。在引进人才方面，数据科学家和计算记者（computational journalist）进入新闻编辑部，成为重要成员。数据科学家能够运用人工智能系统来增强新闻工作。而计算记者则对人工智能如何运作，以及如何增强新闻报道有着深刻的理解。《纽约时报》计划投入大量精力，让更多有编程技能的记者进入新闻编辑部。

（二）不同点

1. 美国媒体人工智能探索早，中国媒体顶层设计作用强

相对于国内媒体在人工智能领域的试水，美国媒体在研发应用人工智能技术上的探索时间更长且处于持续推进状态。如在 2013 年美联社新闻部门与自动洞察公司（Automated Insights）合作，首次使用人工智能制作新闻内容。可以说采用机器人制作新闻内容使得工作流程更简化，能完成更多繁重的任务，处理更多数据等。中国媒体在人工智能领域的探索时间虽然不长，但在政府顶层设计的助力下，媒体智能创新正在加速发展，凸显了我国顶层制度设计的优势。中国政府从 2016 年开始密集出台促进人工智能发展的政策文件，2019 年出台的《关于促进文化科技深度融合的指导意见》更是为媒体智能创新改革打开了大好局面，加速了中国媒体人工智能的研发与应用发展。

2. 中美媒体智能技术实现路径各有侧重

如何实现智能技术在媒体的研发与应用是媒体机构需要考虑的战略问题。由于人工智能技术大部分掌握在外部科技企业和研究机构手中，而基于新闻信息传播场景的智能技术研发又需要结合媒体应用发展的实际，因此中美媒体在智能技术实现路径上都很看重外部合作与自主研发相结合，但在具体实践中，中美媒体所选择的智能技术实现路径各有侧重。

中国主流媒体更多选择与领先的人工智能技术企业合作研发。如《人民日报》的"党媒算法"是与人工智能技术公司第四范式合作面世的；新华社与阿里巴巴联手打造的新华智云公司，则研发推出了"媒体大脑"，为内容生产者提供涉及内容采集、编辑、存储、分发等全生产链的专有技术；中央广播电视总台承担的超高清视音频制播呈现国家重点实验室则是与上海交通大学、国家广播电视总局广播电视规划院、腾讯、商汤科技、明略科技等研究机构和科技企业签订了合作协议。当然，国内主流媒体也开始重视智能技术应用的自主研发。如，新华社自主研发了微信小程序新闻雷达"NewsRadar"，实时追踪新闻热点及线索话题。此外，国内很多地方媒体因为技术力量相对薄弱多选择采购智能技术或者入驻大型平台。如，《人民日报》"中央厨房"与《河南日报》、《湖南日报》、《四川日报》、上海报业集团、《广州日报》、《深圳特区报》等地方媒体战略合作，围绕内容、技术和传播等开展一系列合作，加快融合进程。新华社"现场云"目前已有包括中央媒体、地方媒体、党政机关在内的 3600 多家机构入驻。

在技术实现路径上，美国媒体则多采用外部合作与自主研发相结合的模式。美联社是两种技术路径相结合的典型案例。在自主研发方面，美联社自主研发了一系列智能软硬件，以帮助记者满足新闻采集需求。2016年美联社的研发团队建立了自己的机器学习算法，可以帮助推算政治竞选结果的概率。在外部合作方面，美联社与自动洞察公司合作运用自然语言生成技术自动生产新闻内容；利用数字地球公司（Digital Globe）的卫星图像，为东南亚渔业公司奴役劳工的调查报道记录关键证据；与在线新闻机构 Spectee 进行内容合作。通过使用人工智能和专利技术，Spectee 能够大大减少分析和分类社交媒体用户生成视频和图像所花费的时间，加快了获取、验证和发布UGC 素材的速度。

第七章　中美媒体人工智能应用发展国际竞争力评价指标体系的构建

媒体产业的实力已经成为当前各国综合国力的重要组成部分,提升媒体产业的国际竞争力,不仅仅是发展综合国力的必然要求,也是当前国际传媒市场竞争的必然要求。因此,在这样的形势和背景下,应当注重提升媒体产业的国际竞争力;而发展媒体产业国际竞争力,首要问题就是建立科学、客观的产业国际竞争力衡量指标和体系,来充分、客观、合理地评价媒体产业国际竞争力发展的现实水平。在本研究为了客观评价中美媒体人工智能应用发展国际竞争力,将安全要素整合到波特钻石模型中。

一、设计评价指标的目标

指标体系是由一系列相互联系又相互制约的指标组合而成的总体，要求合理、科学、有效、完整。产业作为社会经济发展中的中观层面体系，因此，对产业国际竞争力的分析，既要对产业竞争力的显性指标进行分析，又要对产业竞争力的决定和影响因素进行研究。构建媒体产业国际竞争力评价指标体系关键在于从媒体产业纷繁复杂的影响因素中筛选出最能体现产业竞争力实质的评价指标。指标的筛选应遵守科学的构建原则，并要有科学的测评方法对指标进行测评。

本课题媒体产业国际竞争力评价指标的设计必须综合考虑相关的因素，指标体系的设计应该达到以下目标：

首先，从总体视角来评价产业体系的竞争力。要注重产业间的关联以及注重媒体与技术融合中影响因素关系是非线性的。

其次，指标体系的动态化。产业国际竞争力发展本身是一个动态的过程，因此要分析这样一个变化过程，需要在分析影响因素的基础上，用指标体系反映竞争力形成、变化的过程。

再次，指标体系的创新导向。在新一代信息技术的推动下，不管什么产业都要在不断学习、使用和应用新技术、新工具来革新自身，这时知识创新能力就在产业竞争力中占有重要权重，因此，我们在设计指标评价体系时，要从知识创新角度对产业国际竞争力进行评价。

二、构建指标评价体系的目的

首先，可以引导媒体产业进一步发展。构建媒体产业国际竞争力评价指标体系，考察产业竞争力情况，了解当前我国产业国际竞争力的现状和潜力，可以帮助产业通过自身的经济运行指标与国外产业先进水平进行比较，从而发现一些市场的潜力所在。今后注重引导产业在发展时，注重挖掘这些市场和生产的潜力，引导产业提升自身的管理水平和发展速度。

通过对这些指标的评价，还可以更清楚地了解产业在不断竞争过程中，有哪些竞争优势及竞争劣势，可以将评价的指标和结果提供给决策者，有意识地制定和采取改善媒体产业竞争力的措施，在保持自身产业竞争优势的基础上，加强对薄弱环节的建设，进而助力媒体产业竞争力的提高。

其次，可以规范媒体产业进一步发展。由于当前人工智能技术已经完全融入媒体产业中来，传媒的格局也与之前有了非常大的变化，其产业内容生产及运作机制等方面都需要有相应的政策、法规来加以规范。在这种状况下构建媒体产业国际竞争力评价指标体系，对产业竞争力进行评估可以为有关政策和法规的出台，提供实践经验和积累资料。

再次，可以激励媒体产业的进一步发展。构建产业评价指标体系是对现有产业发展及工作成效做出的较为客观的评价，是一种有力的激励，有助于推动媒体产业进一步向纵深发展。且在与国际先进竞争力进行比较时，能够找出自身短板，反思存在差距的原因，从而激励、鞭策产业不断调整发展策略，尽快缩小与竞争对手的差距，助力产业的进一步发展。

三、整体竞争力分析的思路

基于构建指标评价体系的目的，分析媒体人工智能应用发展国际竞争力的具体思路如下：第一阶段通过对传媒业国际竞争力的理论考察，选定媒体人工智能应用发展国际竞争力的评价模型。第二阶段根据评价模型来导出媒体人工智能应用发展国际竞争力的影响因素。第三阶段，通过各个国家统计部门资料或国际机构对影响并决定着国际竞争力的因素进行实证分析。第四阶段基于实证分析的结果，得出结论并提出启示建议。

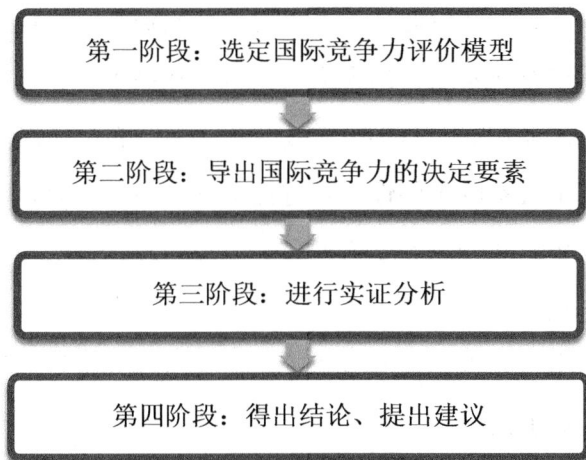

图 7-1 整体竞争力分析的思路

四、构建指标评价体系的理论模型

一般来说，针对某个社会经济现象进行构建的指标评价体系，需要建立在特定的理论模型基础之上。基于一个针对特定研究对象、具有内在逻辑结构理论模型，来把众多评价指标组建成一个有机整体，才能形成真正意义上的科学评价体系。参照国外的相关竞争力研究理论，我们经过对传媒经济理论、传媒业竞争力的具体表现形式，以及对影响传媒业竞争力的诸多因素进行综合分析后，提出一个由生产要素、需求条件、相关支撑产业、企业结构/竞争/战略、安全条件这五大要素构成的传媒业国际竞争力的理论模型，其主要内容如下：

1. 生产要素

生产要素条件包括天然优势和人为优势。其中天然优势包括自然资源、气候、半熟练劳动力等；而人才优势则包括高科技、熟练劳动力等。具体到传媒业生产要素包括文化资源、人力资源、基础资源等，这些要素又可分成基本要素（天然拥有或不用付出太多代价就能获得）和高级要素（需要经过长期投资和培育才能形成）两类。需要指出的是，在日益激烈的国际传媒市场的竞争中，基本要素的重要性正在逐渐下降，而高级要素的重要性日益凸显，且已经成为传媒业国际竞争力的核心要素。在传媒业中具有高知识、有创意的人才优势很大程度上影响着其竞争力。因此在本模型的要素条件中选取了基本要素、高级要素作为测量指标，通过指标的具体数据来反映各国广播电视业的基础竞争优势。

2. 需求条件

需求条件指的是有关产业的产品和服务的需求特性。市场需求规模的大小直接影响着国家的产业国际竞争力，是一个产业取得竞争优势的基础条件。市场需求大会促使企业加大投资，扩大生产规模从而形成规模经济，使得企业获得低成本的竞争优势，提高该产业的国际竞争力。具体到传媒业来说，用户、消费者对媒体产品和服务的需求，是传媒业不断发展的原动力。需求导致供给的产生，适应媒体产品和服务的供给，又会促进媒体产品和服务的不断更新，促进传媒业的结构升级，进而不断扩大传媒业的规模。一般来说，需求条件决定着传媒业的发展状况，也决定着传媒业国际竞争力的状况。因此，本模型将市场需求作为测量指标，之后通过指标的具体数据来反映各国传媒业在需求要素上的竞争优势。

3. 相关支撑产业

对一国某一产业的国际竞争力有着重要影响的另一个因素是该国该产业的上游产业及其相关产业的国际竞争力。如果一国存在着具有国际竞争力的供应商、完善的相关产业和支持产业，则能够使该国的主导产业降低生产成本，提高产品质量，交流产品信息，从而建立起自己的竞争力优势[1]。传媒业是由一系列产业链条构成的，从上游产业一直延伸到下游产业，而且产业关联度较大。传媒业竞争力的形成还需要相关辅助产业作为强有力的支撑，产业间通过信息、技术、资本、人力的相互融通、双向互动，形成一个产业群后，才能形成传媒业的真正竞争优势。因此，本模型中选取与传媒业紧密相关的、具有代表性质的产业，如电影业、ICT 产业、VR 视频等作为测量指标，通过指标的具体数据来反映各国传媒业在相关和支撑产业条件上的竞争优势。

4. 企业结构 / 竞争 / 战略

企业的战略 / 结构 / 竞争是指企业如何进行组织、管理从而创出利润，反映一国内竞争的特性。企业组织制度是否合理从根本上影响着企业的竞争效率，而企业战略也不可避免地要影响到企业的竞争优势。不同国家不同产业中，其企业的战略、组织形式都存在很大差异，正是因为这种差异才在很大程度上影响着一国或一个产业的国际竞争力。传媒企业是媒体产品和服务的具体提供方，一个国家的传媒企业的竞争力状况直接影响着该国的传媒业竞争力状况。在影响企业竞争力的因素，大致包括企业经营战略、创新战略、治理结构及竞争状况。企业的战略与结构常常受到社会、文化、历史因素的影响，而有不同的做法，进而形成不同的竞争形态。如果传媒市场竞争程度越高，表示竞争对手能够给予产业内厂商直接而明显的压力，淘汰效能低的厂商，因此可有助于传媒业国际竞争力的提升。因此，本模型中选取了，新产品创业活动、知识产权保护、公司采用颠覆性想法、创新公司的成长、文化创意服务出口占贸易总额的百分比作为测量指标，然后透过指标的具体数

---

[1]　Michael E. Porter.*The Competitive Advantage of Nation*, London :Macmillan Press,1990 , p.71-107.

据来反映各国在企业战略／结构／竞争这一要素上的竞争优势。

5. 安全及政府条件

一个国家或地区的政府对于提升传媒业国际竞争力发挥着重要的作用，尤其是政府政策的合理性和稳定性对产业的发展有着基础且关键性的作用。人工智能技术与传媒业的方方面面日益融合，形成了新的传媒产业格局。大规模网络攻击对信息基础设施造成了较大的破坏，因此，网络安全对于传媒业的发展成了基本保障及重要影响因素。此外，在资本安全、社会安全等方面也会对产业竞争力产生重要影响。

综上所述，媒体人工智能应用发展的国际竞争力评价的逻辑结构可用下面的模型来表述：

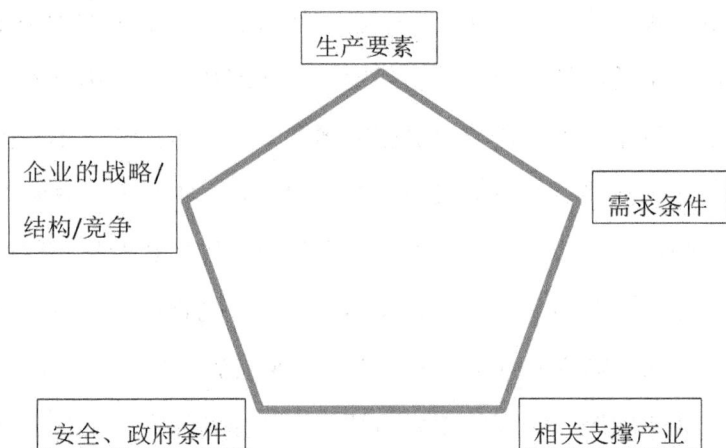

图 7-2 媒体人工智能应用国际竞争力评价的模型

五、构建指标评价体系的基本原则

在国家的选择上，我们基本遵循两个原则：代表性和可比性。按照这两个原则，我们选取日本为对标的国家，对中美两国的媒体产业国际竞争力进行分析。

构建媒体产业国际竞争力的最根本原则就是要客观、科学、准确、全面地反映产业竞争力的基本特征和主要内容。构建评价指标体系，要最大限度地利用好现有的统计资料，同时指标不能太少也不能太多，那样都难以准确、恰当、综合地反映出评价对象的基本特征。因此，构建媒体产业国际竞争力评价指标体系是系统而复杂的工程。在构建评价指标时，必须遵循以下构建原则：

第一，科学性原则。指标评价体系应该科学地反映媒体人工智能应用的国际竞争力的实力，揭示新型传媒业态的竞争本质特点。在指标的选择和体系的构建上，需要相应的理论支持和解释，不能凭空而来。

第二，可操作性原则。要在明确产业含义和构建体系目的的基础上，选取适合产业发展和实用性的指标及，同时也要充分考虑数据的可获得性。因为，当构建指标评价体系时要收集相关数据，再进行统计分析。如果选取的指标的数据在实际过程中是难以获取的，那么就会给后续客观评价带来极大的困难。因此，我们在选取指标时应充分考虑数据的可获得、可计算、可换算的可行性，尽量避免选择对策性、措施性的评价指标。

第三，系统性原则。构建指标评价体系是一个总体系，其不仅要求对产业总体评价与结构评价结合，还要与下面的子体系有着紧密的联系。因此，构建评价体系时，应将产业竞争力作为一个总体、系统来考察，要明细要素间的界限和层次性，要让其内部指标形成有机且有序的联系。

第四，动态和静态结合原则。产业竞争力是一个不断发展的动态过程，因此指标体系也应随着产业的发展而不断更新，但同时要考虑在一定期间要保持产业的相对稳定性。因此，我们构建媒体产业评价指标体系要动态和静态相结合。过程指标即动态指标，状态指标即静态指标，其中过程指标指那些提升产业竞争力提升过程的指标，比如技术研发和企业管理能力，状态指标指哪些反映产业竞争能力和竞争结果的指标，比如销售规模、盈利情况等。因此，我们在构建媒体产业国际竞争力评价指标体系时候，要将反映提高产业状态指标和反映产业发展能力的过程指标相结合来更科学、客观地评价产业竞争力。

第五，产业特性原则。 由于产业间存在着产业特性、独特属性、产品生产与销售方式等方面的差异，因此构建评价指标体系时也应充分考虑和尊重各产业间的理论依据、评估方法和评价指标的差异。尤其媒体产业不仅具有经济属性还具有文化属性，要体现其产业特性。同时，因本课题研究人工智能技术融入和应用于媒体产业的竞争力情况，所以技术作为主要生产要素就成了一个要重点考虑的因素，相对地以资源作为生产要素的其他产业，则要注重考虑资源竞争力。我们在构建媒体产业国际竞争力评价指标体系时，要充分考虑当前媒体产业特性，构建具有独特性、针对性的评价指标体系。

六、评价指标数据的采集及处理方法

1. 评价指标数据的采集

在研究过程中考虑到评价的广泛性和客观性，以及所选择的评价指标数据来源的不同，本书国际竞争力评价指标设定为硬指标和软指标两种。硬指标主要来源于客观指标，数据来源于联合国贸易数据库（UN Comtrade）、联合国教科文组织数据库（UNESCO Institute for Statistics）、世界银行数据库

（World Bank）、世界货币组织（IMF）、国际电信联盟 (ITU)、中国统计年鉴、日本统计局数据库等。软指标主要来源于主观指标，是各大机构和组织发布的关于各国某一指标的评价，主要来源于 WEF 发布的《全球竞争力报告》、INSEAD 发布的《全球创新指数报告》、中国广播电视总局、韩国文化体育观光部、韩国文化内容振兴院等机构发布的文件。本研究选用数据来源的报告为 2019 年版，其数据值为 2018 年各国的数据。

2. 评价指标数据值的无量钢化处理

由于社会经济指标数据大多带有不同的量纲（计量单位），给综合评估或建立数学模型带来一定的困难，也使本课题研究工作受到一定的限制。因此，需要针对综合评价的目的和所建立模型的类别，对原始数据进行变换。根据测量指标的具体数据，我们将对数据做标准化，即统一变量间的量纲（无量纲化）。数据标准化的几何意义是将数据按比例缩放，使之落入一个小的特定区间。去除数据的单位限制，将其转化为无量纲的纯数值，也就是将原始数据转化为评价指标评价值，以便于不同单位或量级的指标能够进行综合（加、减、乘、除）和加权。

在多元统计分析中，无量纲化的方法较多，原则上要求根据数学模型的要求，按照客观性、简易性和可行性原则进行有选择转换。此处，仅介绍与本研究相关的标准化方法，即离差标准化方法 (Min-max normalization)，数据进行归一化处理，即将数据统一映射到 [0,1] 区间上。计算公式如下：

$$Y_i = \frac{Xi - \min(X)}{\max(X) - \min(X)}$$

其中 xi 表示原始数据，Y_i 表示经转换形成的评价数据，$\max(X)$ 表示原始数据中所有样本中的最大值，$\min(X)$ 表示原始数据中所有样本中的最小值。变换后的数据有统一的量纲，其最大值为 1，最小值为 0，所有数据在 0—1 之间变动，几何意义是把坐标原点移动到最小（大）值，其变量间的相关程度不变。

3.评价指标体系的权重确认及竞争力值的计算

计算竞争力指标系数的时候，因为每个测量指标与同一类别中的其他指标相比，其作用、地位和影响力不尽相同，必须根据每个指标的重要性程度赋予不同的权重。如果采用数据包络 DEA 法多用来评价一个区域或产业在技术创新方面的效率，不适合本研究，因此本研究将使用熵值赋权法作为媒体人工智能应用国际竞争力指标体系确定指标权重的方法。根据熵值赋权法的基本原理如下：

假设研究对象有 n 个样本单位组成，反映样本质量的评价指标有 m 个，设实际测出的原始数据矩阵为：$R=(X_{ij})_{m\times n}$ i=1,$\cdots$,m j=1,$\cdots$, n。其中 X_i 是第 j 个样本在第 i 个指标上的得分。另外，因为指标间不同单位、不同度量的影响，要对各测量指标进行标准化，其标准化的公式为：

$$R=\begin{vmatrix} X_{11} & X_{12} & \cdots\cdots & X_{1n} \\ X_{21} & X_{22} & \cdots\cdots & X_{2n} \\ \cdot & \cdot & \ddots & \cdot \\ X_{m1} & X_{m2} & \cdots\cdots & X_{mn} \end{vmatrix}$$

然后根据标准化后的矩阵数据可计算各指标的信息熵。第 i 个指标的熵 H_i 可定义为：

$$H_i = -k\bullet\sum_{j=1}^{n} P_{ij}\bullet l_n P_{ij},\ k>0\ k=\frac{1}{ln^n},\ if:\ P_{ij}=0,\ P_{ij}\bullet l_n P_{ij}=0$$

这里取负号是因为保证熵值为正，归一化系数定义为

其中 P_j 可定义为：

$$P_{ij} = \frac{X_{ij}}{\sum_{i=1}^{n} X_{ij}},\ (P_{ij},\ i=1,2,\ldots\ldots\ldots n),$$

在指标熵值确定后就可以根据公式来确定第 i 个指标的熵权 W_i 如下所示：

$$W_i = \frac{1-H_i}{m - \sum\limits_{i=1}^{m} H_i}, \quad 0 \leq W_i \leq 1, \quad \sum\limits_{i=1}^{m} W_i = 1$$

由上述基本原理可看出，如果某个指标的信息熵越小，就表明其指标值的变异程度越大，提供的信息量也越大，在综合评价中所起的作用也越大，其权重也应越大。

本书将日本的相关指标给予数值较大的"100"做标准化处理，即消除量纲，使各指标具备比较分析的基础，中国和美国数据根据相对率则能进行较好的横向比较。再与测量指标的权重相乘，根据模型便可得到各个国家的一级指标数值也就是广播电视业国际竞争力的数值。

七、媒体人工智能应用发展国际竞争力指标体系构建

要对媒体人工智能应用发展国际竞争力进行实际监测，对竞争力提升战略的效果进行检验，就必须有一种监测度量的有效方法，建立一套比较完整的评价指标体系。综合考虑前面所讨论的内容，初步构建媒体人工智能应用发展国际竞争力评价的指标体系。

1. 模型总体介绍

本模型的建立是基于传媒业国际竞争力评价理论框架及中韩日三国的具体国情，结合波特钻石模型，构建中美日媒体人工智能应用发展国际竞争力的评价指标体系。体系中提出了生产要素、需求条件、相关产业情况、企业的战略 / 结构 / 竞争、安全条件作为一级指标，每个一级指标下面由若干个

二级指标构成，二级指标下面有若干的三级指标构成，最终构成中美日媒体人工智能应用发展国际竞争力的国际竞争力模型。

2. 模型要素

国际竞争力的评价是一种量化的概念，由若干个指标组成通过测量指标的计算结果，来反映一个国家或地区的国际竞争力。传媒业国际竞争力的评价指标，是用来评价传媒在实现一定目标（中长期或短期）过程中拥有的竞争优势所采用的标准和尺度。指标体系是一系列指标的构成体，这些指标间存在有机的联系和规律，指标体系就是通过揭示这种联系和规律来反映当前传媒业国际竞争力的状况。本书基于钻石模型理论及传媒经济、文化产业理论而建立了评价中美日 媒体人工智能应用发展的国际竞争力模型，其具体分类以及各个指标的如下：

（1）生产要素

传媒业的发展必须有一定的基础设施作为保障，且需要通过不懈的研究、开发、制作出优质的媒体产品及内容。因此，不断开发能够降低生产成本、收视成本的新方法来提高效率就显得尤为重要。信息通信基础、媒体产业基础、人才资源是媒体产品及内容生产所必需的，因此，本研究选取这三个方面来构成生产要素的内容。

在媒体内容开发的过程中，信息通信技术的发展，尤其是移动通信网络及互联网络对于媒体内容的开发方式及质量起到关键作用。比较各国的互联网和移动互联网的普及率，即以"每百位居民活跃移动宽带签约用户数、个人使用互联网的比例"作为三级指标可以确认新的三网融合能否创造出新的竞争优势来。

已经形成的传媒业规模是今后传媒业竞争力的基本要素。电视是以电波为媒介通过视频内容传达的工具。电视拥有数量越多的国家，接收广播内容的环境就越高。因此，本研究将传媒业的产业基础确认为"电视收信率、

Smart TV\4k TV 普及率"。电视收信率是指在一定时间内至少使用一台广播或电视接收机观看的广播、电视拥有家庭的比例。

在多媒体多频道时代，多元化内容的供应是必不可少的。这需要从根本上培养更多创作媒体内容的高级人力。为了开发创造性的媒体内容，知识密集型人力资源需求变得越来越多，因此，本研究为了了解各国高级人力的现状，将"受过高等教育的人口、人才的创新产出"选定为指标变量。

基于此，本研究的生产要素的测量指标如下：

表 7-1 中美日 生产要素测量指标

一级指标	二级指标	三级指标
生产 要素	信息通信基础	每百位居民活跃移动宽带签约用户数
		个人使用互联网的比例
	产业基础	TV 收信率
		SmartTV 保有台数
		4K TV 保有台数
	人才资源	受过高等教育的人口
		人才的创新产出

（2）需求条件

Porter（1990）表示，国内需求条件是影响行业发展初期的变量，特别是与提升竞争力非常相关的三个指标（需求倾向、需求规模以及国内需求的国际化倾向）非常重要。在一个国家内，国内企业应该比外国竞争企业提供更清晰的需求蓝图，这样才能获得产业的竞争优势。该国的国内企业还要从该国所具有的国内需求条件开始，不断提升产品质量、提供最新服务功能。

在产业中需求作为企业行为的刺激剂，非常重要。需求要素是反映国内市场对产品和服务的需求特性，分为市场的大小和质量。因此，构成产业需求要素的因素虽然很多，但本研究将需求条件以媒体内容扩张相关需求的

"量和质"来分析。

在传媒业中的需求条件，主要是指本国媒体受众的需求以及国外受众对本国媒体产品的文化认同度；通过媒体市场规模这一指标可以确认相关媒体内容及产品的应用程度和接受程度。因此，本研究为了了解各国传媒业的市场规模，将"付费电视市场规模、OTT 视频市场规模、电视广告市场规模"列为市场需求的量的测量指标。

出口可以说是企业国际化的第一步，测定广播电视市场占世界市场的比重有助于理解各国在国际传媒竞争中的市场行为。朴慧英（2007）在分析韩国电影产业国际竞争力时，将平均出口量占总出口量的百分比（Average offexport as a percentage of total export volume）选定为国际需求市场的变量指标。因此，本研究将"免费卫星的收视用户比重、广播电视市场占世界市场的比重、OTT 销售额占广播电视收费市场的比重"为市场需求的质的测量指标。

基于此，本研究的需求条件的测量指标如下：

表 7-2 中美日 需求条件测量指标

一级指标	二级指标	三级指标
需求条件	广电市场需求的量	付费电视市场规模
		OTT 视频市场规模
		电视广告市场规模
	广电市场需求的质	免费卫星的收视用户比重
		广播电视市场占世界市场的比重
		OTT 销售额占广播电视收费市场的比重

（3）相关支撑产业

Porter（1990）认为相关支撑产业所产生的效益科研波及其他产业，而在国际上具有竞争力的供货产业和相关产业能帮助国内某一行业在国际市场上确立竞争地位。从传媒业的结构特点来看，媒体内容具有多元性，因此，需要通过多种价值链传播到各种相关产业，才能具备提高生产力和先进化的战略。就像互联网在使得世界融为一体方面起着中枢的作用，它同时将会对提升传媒业的国际竞争力起到重要作用。

ICT 发 展 指 数（ICT development index）是 指 ITU（International Telecommunication Union）中 159 综合评价国家对 ICT 的可靠性、利用度、应用能力等，综合反映一个国家的信息通信发展程度和国家之间的信息差距的指数。ICT 发展指数中包含的指标，基于国际机构的公信力，国际信任度高，因此本研究也将 ICT 发展指数作为 ICT 产业的变量。

电影产业是与广播内容产业紧密相关的产业，美国电视节目是综合媒体公司的作品，包括广播事业和电影产业在内的所有内容。朴慧英（2007）分析韩国电影产业的国际竞争力，将媒体产业选定为相关及支撑产业的变量。据此，本研究将电影产业选定为相关支撑产业的变量。

基于此，本研究的相关支撑产业的测量指标如下：

表 7-3 中美日 相关支撑产业测量指标

一级指标	二级指标	三级指标
相关产业情况	传统相关产业	游戏
		电影
	转型升级产业	知识信息
		VR 视频
		ICT 产业

（4）企业战略／结构／竞争

波特认为各个公司有不同管理理念与策略，公司的行为特点会影响国家竞争的类型和持久性。企业的战略、结构、竞争等企业经营是左右产业全球竞争力的重要变量。也就是说，各相关产业展开激烈的竞争，通过既有的战略和必要的投资，在整个社会营造竞争的氛围，会促进公司提高生产效率、加大创新力度，降低成本，改进质量和服务，寻求海外销售，并有助于创建世界级的竞争者。这种竞争能够促使企业不断创造竞争优势，甚至创新提升竞争优势的方法。因此，本书将新产品创业活动、公司采用颠覆性想法、创新公司的成长作为测量指标。

知识产权是指对人的精神创作活动的财产权，主要分为著作权（也称为版权、文学产权）和工业产权（也称为产业产权，包括专利权、实用新型权、外观设计权、商标权）。这是对人类原创作品的保护，不仅对学科发展有贡献，而且对企业战略也有重要影响和作用。因此，本书也是基于先行研究，将知识产权的保护作为企业战略、结构及竞争的测量指标之一。

市场份额通常被用来衡量某个行业垄断程度的有力指标。在市场营销中，市场份额意味着特定产业或企业在整个市场规模中所占的比例，反映特定产业在市场上的评价。而国际市场份额是指特定企业在国际市场上从事特定行业的交易量中所占的比例。如果企业结构得到优化，在国际市场上的占有能力就会增强，从而特定产业的国际市场占有率就会提高。因此本研究将"文化创意服务出口占贸易总额的百分比"作为测量的指标之一。

基于此，本研究的企业战略／结构／竞争的测量指标如下：

表 7-4 中美日 企业战略 / 结构 / 竞争测量指标

一级指标	二级指标	三级指标
企业的战略 / 结构 / 竞争要素	企业产品	新产品创业活动
		知识产权保护
	企业创新性	公司采用颠覆性想法
		创新公司的成长
	企业国际化战略	文化创意服务出口占贸易总额的百分比

（5）安全条件

政府制定并出台的相关规定和政策作为辅助因素之一，对传媒业的国际竞争力影响不可忽略，各国的传媒业保护政策，成为影响传媒业贸易的重要因素。机会作为一个动态因素，也影响着一个国家传媒业的国际竞争力。基于此，本研究的安全条件的测量指标如下：

表 7-5 中美日 安全条件测量指标

一级指标	二级指标	三级指标
安全条件	网络安全	网络安全指数
	社会安全	恐怖主义发生率
		警察服务的可靠性 1-7（最佳）
	资本安全	风险资本可用性 1-7（最佳）
	政策环境安全	政府确保政策稳定

表 7-6 本研究中各国的基本概况

	年度	单位	中国	美国	日本
人口	2018	millions	1,386.40	325.72	126.79
人均国内生产总值	2018	GDP per capita (PPP US$)	16,806.74	59,531.66	43,875.75
GDP	2018	GDP (US$ billions)	12,237.70	19,390.60	4,872.14

数据来源：INSEAD (2019): The Global Talent Competitiveness Index 2019,Fontainebleau, France，p126 p.157 p.223.

综上所述，本研究选定的媒体人工智能应用发展国际竞争力指标体系如下：

表 7-7 媒体人工智能应用发展国际竞争力指标体系

	一级指标	二级指标	三级指标
媒体人工智能应用发展国际竞争力指标体系	生产要素	信息通信基础	每百位居民活跃移动宽带签约用户数
			个人使用互联网的比例
		产业基础	TV 收信率
			SmartTV 保有台数
			4K TV 保有台数
		人才资源	受过高等教育的人口
			人才的创新产出
	需求条件	广电市场需求的量	付费电视市场规模
			OTT 视频市场规模
			电视广告市场规模
		广电市场需求的质	免费卫星的收视用户比重
			广播电视市场占世界市场的比重
			OTT 销售额占广播电视收费市场的比重
	相关产业情况	传统相关产业	游戏
			电影
		转型升级产业	知识信息
			VR 视频
			ICT 产业
	企业战略 / 结构 / 竞争	企业产品	新产品创业活动
			知识产权保护
		企业创新性	公司采用颠覆性想法
			创新公司的成长
		企业国际化战略	文化创意服务出口占贸易总额的百分比
	安全条件	网络安全	网络安全指数
		社会安全	恐怖主义发生率
			警察服务的可靠性 1-7（最佳）
		资本安全	风险资本可用性 1-7（最佳）
		政策环境安全	政府确保政策稳定

第八章　中美媒体人工智能应用发展国际竞争力实证分析

本章根据传媒业的国际竞争力模式，来分析传媒业的国际竞争力决定因素及测量变量。研究所运用的统计资料包括国际调查（统计）机关、国家统计机关、著名社会研究机构等发布的数据和报告。

资料收集的报告大多为2019年版，其报告中的数据为2018年，因此本研究测量指标的数据基准年度是2018年，特殊情况下利用2019年的统计资料，目的是尽量减少调查时间的误差。

如前文所述，在本课题所研究的媒体人工智能应用产业的国际竞争力主要指一国的智能化媒体产业在国际智媒市场竞争中所具有的能够持续地比其他国家的智媒化产业更有效地向全球目标受众提供产品和服务，并获得盈利和持续发展的综合能力。

对于参与国际竞争的传媒业来说，国际竞争力受到生产要素和需求要素的制约。一方面，要拥有量与质均良好的生产要素，才能生产出高质量的媒体产品。另一方面，按照市场经济发展规律，企业要按需生产，充分发挥自身竞争优势向国际市场提供质量高且精的产品，同时还要不断研发、挖掘潜在用户的消费需求。一般来说，需求条件决定着传媒业的发展状况，也决定着传媒业国际竞争力的状况。

传媒业的发展还受到相关行业和支持行业等产业族群的发展的影响。对于传媒业来讲，如果与之紧密相关产业的价值链发展良好，通过信息、技术、资本、人力的相互融通、双向互动，与传媒业形成一个产业群，就能够更好地促进传媒业的发展。

传媒业的竞争最终还是通过产业内的企业的表现来体现。产业内企业的产权结构、经营战略、创新战略、管理模式及竞争状况等都影响着传媒业的国际竞争力。同时，企业的战略与结构又常常受到社会、文化、历史因素的影响，而有不同的做法，进而形成不同的竞争形态。此外，具有意识形态属性，又积极利用人工智能技术的传媒业还收到政府、法律、社会安全、网络安全等社会环境的影响。

　　按照以上思考框架，本书在波特教授的钻石模型基础上，增设安全要素构成如下的国际竞争力分析模型，从生产要素、需求要素、相关支撑产业要素、企业的战略/结构/竞争要素、安全条件这五个方面来分析传媒业的国际竞争力。

一、生产要素

波特教授在他的竞争优势理论中把生产要素划分为初级生产要素和高级生产要素。初级生产要素一般包括资金、地理位置、气候及体力劳动者；高级生产要素包括信息、通信及脑力劳动者等。随着科学技术及全球化发展，初级生产要素在产业发展过程中地位逐渐下降，高级生产要素则越来越成为影响竞争力的主要因素，因此，本书中生产要素主要选取了信息通信基础（每百位居民活跃移动宽带签约用户数、个人使用互联网的比例）、产业基础（TV 收信率、SmartTV 保有台数、4K TV 保有台数）和人才资源（受过高等教育的人口、人才的创新产出）作为衡量指标，来探究中美日三国在传媒业发展过程中生产要素的竞争情况。

表 8-1 生产要素的构成指标

一级指标	二级指标	三级指标
生产要素	信息通信基础	每百位居民活跃移动宽带签约用户数
		个人使用互联网的比例
	产业基础	TV 收信率
		SmartTV 保有台数
		4K TV 保有台数
	人才资源	受过高等教育的人口
		人才的创新产出

1. 信息通信基础

信息通信基础设施是生产要素里最为重要的一种因素，一国的互联网使用比例越高、覆盖率越高就说明与传媒产业息息相关的基础通信设施和环境越完备，对传媒产业的发展越有利。为了解各国信息通信基础设施的情况提供相应数据，本书选取国际电信联盟（ITU）发布的《衡量信息社会报告

2018》中的"每百位居民活跃移动宽带签约用户数"和"个人使用互联网的比例"这两个三级指标作为二级指标"信息通信基础"的测量变量指标。

《2018年衡量信息社会报告》(Measuring the Information Society Report 2018，MIS) 是国际电信联盟（International Telecommunication Union，以下简称ITU）的旗舰出版物，被公认为世界上有关全球ICT发展状况数据和分析最可靠和最公正的资料库，为各国政府、国际组织、发展银行及全球私营部门分析师和投资者广泛采用。

2018国际电联信息通信技术发展数据显示[①]，信息通信技术的连通性和使用不断提高。十年来，由于蜂窝移动电话，特别是近来移动宽带的发展，通信普及率持续增长。固定和移动宽带基础设施的发展促进了互联网的接入和使用。据《2018年衡量信息社会报告》显示，中国"每百位居民活跃移动宽带签约用户数"为83.6，个人使用互联网的比例为54.3%。

就移动、固定电话，固定宽带和移动宽带签约用户数量而言，中国是全球最大的电信市场，也是ICT产品的主要出口国。中国有三大移动运营商（中国电信、中国移动和中国联通）正在试验5G技术，逐渐推广、实现商用。电信基础设施完备，ICT行业得到整合，数字型创业者的基础不断扩大，数字政府战略在国际上受到肯定。因此，政府主导、私营部门运营和大型ICT制造基地的结合，促使中国电信迅速发展，成为世界上最大的电信市场。

日本一直以来都有制定多年计划的传统，例如2001年的e-Japan计划，2005年的u-Japan计划和2009年的i-Japan计划，以指导行业发展并确保日本在ICT领域保持领先地位。2017年总务省制定了称为"物联网（IoT）综合战略"的基本战略，预见了基于物联网的社会。据《2018年衡量信息社会报告》显示，日本"每百位居民活跃移动宽带签约用户数"为133.2，个人

---

① 国际电信联盟：《2018年衡量信息社会报告》，Switzerland Geneva : Place des Na-tionsCH-1211，p.50.

使用互联网的比例为 90.9%。可以看到，政府规划、研发投资和成熟的消费者推动日本迅速采用最新技术，实现广泛的高速 ICT 覆盖。无论是在开发、试验和采用最新技术方面，还是在积极参与国际标准制定机构的工作方面，日本都是 ICT 领域的领导者。

美国的电信业的历史由来已久，各行业分支均存在竞争且电信业在各类服务中的普及水平最高。美国的电信业务定价极具竞争力，仅是区域和全球平均值的几分之一。移动业务的市场已经成熟但近年来发展出现了停滞，话音业务的收入正让位于数据业务收入，因为从服务推广角度来看移动宽带与移动蜂窝业务用户的数量几乎相同。据《2018 年衡量信息社会报告》显示，日本"每百位居民活跃移动宽带签约用户数"为 132.9，个人使用互联网的比例为 75.2%。

美国电信业的投资和基础设施发展依然稳定，AT & T 和 Verizon 是当前固定宽带市场内的两家运营，它们正积极更新技术，开展 5G 试验，力求采用新的电信技术尽早地向公众提供服务。除传统公私合作伙伴关系之外，技术公司也参与了最先进网络的布设，例如脸谱和微软公司就合力建设了跨大西洋海底电缆 MAREA[1]。

2. 产业基础

在美国电视收视率中，四大民营地面广播网络（ABC、FOX、NBC、CBS）占据优势。以 2019 年 3 季度为准，美国付费点播运营商中，Comcast 用户数最高，其次是 AT & T，Charter，DISH Network，Verizon，Cox 所拥有的用户人数也较高。以 2018 年为准，美国的电视接收家庭为 1.2822 亿户，电视接收率持续减少，但还保持在 91.6% 左右。美国的智能电视接收机拥有率在其他主要国家中处于最高水平，以 2018 年为准，在美国拥有智能电视[2]

---

① Ofcom. "The Communications Market Report – Interactive data", 2019, p.6.
② "智能电视"是指可以连接互联网，可以访问在线服务和其间共享内容的电视接收器。

接收器的家庭占全体电视接收家庭的 61.1%，自 2017 年普及率超过 50% 后一直保持着增加趋势。

当前全球影像产业开始导向全面 4K 化趋势，4K UHD，就是指显示器材或影像内容的水平分辨率达到 4000 像素（pixel）的水准。以 2018 年为准，美国的 4K UHD 电视拥有率虽然低于法国（30.5%），但与其他国家相比，美国拥有 4K UHD 电视接收器的家庭比电视接收家庭的 27.9%，比前一年增加 10.9 个百分点。

以 2018 年为准，中国的电视接收家庭为 3.9095 亿户，电视接收率约为 84.9%，自 2014 年以来呈小幅减少趋势。以 2018 年为准，在中国拥有智能电视接收器的家庭占全体电视接收家庭的 51.4%，比前一年增加了约 7.2 个百分点。中国的智能电视接收机拥有率低于美国（61.1%）和日本（59.5%）仅高于德国（50.4%）、法国（44.2%）、英国（42.2%）。以 2018 年为准，在中国拥有 4K UHD[①] 电视接收器的家庭占全体电视接收家庭的 26.2%，比前一年增加 8.1 个百分点。

以 2018 年为准，日本的电视接收家庭为 4619 万户，电视接收率约为 98.7%，自 2015 年以来呈小幅减少趋势。以 2018 年为准，在日本拥有智能电视接收器的家庭占全体电视接收家庭的 59.5%，比前一年增加了约 2.3 个百分点。日本的智能电视接收机拥有率虽然低于美国（61.1%），但高于中国（51.4%）、德国（50.4%）、法国（44.2%）和英国（42.2%）。以 2018 年为准，在日本拥有 4K UHD 电视接收机的家庭占全部电视接收家庭的 8.5%，比前一年增加 3 个百分点。日本的 4K UHD 电视拥有率明显低于法国（30.5%）、美国（27.9%）、中国（26.2%）、英国（22.7%）、德国（16.4%）。

---

① 4K 分辨率即 4096×2160 的像素分辨率，它是 2K 投影机和高清电视分辨率的 4 倍，属于超高清分辨率。UHD 是"超高清"的意思，在数字技术领域，一般用构成图像的像素数描述数字图像的大小。由于像素数量往往非常大，通常以 K 为单位表示，如 1K=1024，2K=2048，UHD=4096，UHD 图像即水平方向上有 4096 个像素的图像。

3. 人才资源

由德科集团（Adecco）、欧洲工商管理学院（INSEAD）和塔塔通信公司（Tata Communications）联合发布了《2019年全球人才竞争力指数》（The Global Talent Competitiveness Index: Entrepreneurial Talent and Global Competitiveness 2019）。该年度报告聚焦创业人才对不同经济体竞争力的影响，通过68项指标来衡量全球人才竞争力水平，本书选取了"受过高等教育的人口""人才的创新产出"作为生产要素条件中人才资源的衡量指标。

创新是促进经济发展的核心竞争力，《2019年全球人才竞争力指数》（GTCI）中"人才创新产出"指标，旨在捕捉人才在社会创新中所表现出来的能力。人才创新产出是通过综合知识创造、影响和传播的要素，和创造性无形资产、创造性商品和服务以及在线创造的要素而得出。以2018年为基准，美国的人才创新指数为80.91、中国的人才创新指数为81.26、日本的人才创新指数为66.37。

《2019年全球人才竞争力指数》中"受过高等教育的人口"是指受教育程度最高的人口（25岁以上）达到高等教育水平。以2018年为基准，瑞士、新加坡和美国在人才竞争力方面继续领先，中国则排名较低，具体为美国受过高等教育的人口数值为69.72、中国受过高等教育的人口数值12.69、日本受过高等教育的人口数54.74。

4. 数据分析

将上述生产要素的各子要素测量指标进行数据收集整理，结果如下表所示：

表 8-2 生产要素的子要素测量指标数据结果

一级指标	二级指标	三级指标	出处	单位	年度	中国	美国	日本
生产要素	信息通信基础	每百位居民活跃移动宽带签约用户数	衡量信息社会报告 2019（国际电信联盟 ITU）	用户数/每百位	2018	83.6	132.9	133.2
		个人使用互联网的比例	衡量信息社会报告 2019（国际电信联盟 ITU）	%	2018	54.3	75.2	90.9
	产业基础	TV 收信率	Ovum(2019.8)	%	2018	84.9	91.6	98.7
		SmartTV 保有台数	Ovum(2019.8)	%	2018	51.4	61.1	59.5
		4K TV 保有台数	Ovum(2019.8)	%	2018	26.2	27.9	8.5
	人才资源	受过高等教育的人口	GTCI（2019）	Value	2018	12.69	69.72	54.74
		人才的创新产出	GTCI（2019）	Value	2018	81.26	80.91	66.37

表 8-3 生产要素竞争力指数

三级指标	权重 1.0	中国 标准值	中国 得分	美国 标准值	美国 得分	日本 标准值	日本 得分
每百位居民活跃移动宽带签约用户数	0.14	62.8	8.8	99.8	14	100	14
个人使用互联网的比例	0.15	59.7	9.0	82.7	12.4	100	15

续表

三级指标	权重	中国		美国		日本	
	1.0	标准值	得分	标准值	得分	标准值	得分
TV 收信率	0.17	86	14.6	92.8	15.8	100	17
SmartTV 保有台数	0.14	86.4	12.1	102.7	14.4	100	14
4K TV 保有台数	0.13	308.2	40.1	328.2	42.7	100	13
受过高等教育的人口	0.13	23.2	3	127.4	16.6	100	13
人才的创新产出	0.14	122.4	17.1	121.9	17.1	100	14
总计		104.7		132.8		100	

二、需求要素

在波特教授的钻石模型中，需求要素对产业竞争力的提升起着举足轻重的作用，产业的发展最根本在于不断满足市场需求。在市场竞争条件下，市场需求总是不断挑战企业的生产极限，迫使企业不断通过技术革新来提高生产效率及创造自身产品的竞争优势来寻找差异化，进而形成企业核心竞争力。波特的需求要素包括需求结构、规模、成长率及高级购买者压力等，本文将付费电视市场规模、OTT视频市场规模、电视广告市场规模、免费卫星的收视用户比重、广播电视市场占世界市场的比重、OTT销售额占广播电视收费市场的比重为衡量指标，探究中美日三国传媒业在需求要素方面的竞争情况。

表 8-4 需求要素的构成指标

一级指标	二级指标	三级指标
需求条件	广电市场需求的量	付费电视市场规模
		OTT 视频市场规模
		电视广告市场规模

续表

一级指标	二级指标	三级指标
需求条件	广电市场需求的质	免费卫星的收视用户比重
		广播电视市场占世界市场的比重
		OTT 销售额占广播电视收费市场的比重

1. 广电市场需求的量

普华永道咨询业务公司（PricewaterhouseCoopers，简称 PWC）在 2019 年发布《Global Entertainment & Media Outlook 2019 ～ 2023》中显示，2018 年全球广播电视市场的规模（综合电视收视费和电视广告市场规模）约为 408，588 亿美元，同比小幅减少，其中全球电视收视费市场 2018 年约为 2439 亿美元，年均增长约 1.4%。法国和英国的数字地面电视的直接接收比率为 46% 和 39%，属于较高水平。日本、德国、美国在电视接收家庭中有线电视的比重分别为 60%、43% 和 42%，英国的付费数字卫星广播比重为 33%，中国、法国的 IPTV 比重为 40%、21% 左右，均显示出较好的发展态势[①]。

这里的电视收视费（TV Subscriptions and License Fee），包括收费广播收视费（Subscription Fee）和公营广播收视费（包括 Public TV License Fee）。收费广播收视费指的是收费广播（有线、卫星、IPTV 及收费地面电视）运营商从用户那里收取的费用，包括运营商提供的收费 VOD 和 PPV。公营广播收视费指的是观众支付给各个国家公营广播的费用。

（1）付费广播电视市场规模

美国 2018 年广播电视市场销售额规模约为 1655 亿美元，比上年增加约 13 亿美元。其中付费广播电视收视费销售额约为 946 亿美元，比 2017 年减少约 40 亿美元。公营广播 PBS（Public Broadcasting Services）不收取收视费，因此美国的广播电视收视费只由收费广播电视收视费组成。

---

① PWC.《Global Entertainment & Media Outlook 2019 ～ 2023》, 2019, p.50.

中国 2018 年广播电视市场整体销售额为 319 亿美元，2015—2018 年年均增长约 2%。其中付费广播电视收视费销售额约为 176 亿美元，比 2017 年减少约 831 亿美元，年平均增长率为 4.81%。中国的公共广播不收取收视费。

日本 2018 年广播电视市场总销售额为 242.94 亿美元，2015—2018 年年均约 3% 的持续增长。其中付费广播电视的收视费销售额约为 108.08 亿美元，约占整个广播电视市场销售额的 45%。在收视费销售额中，公营广播的比重占全体收视费销售额的 57%。

（2）OTT 视频市场规模

"OTT（Over-the-top）"指提供通过互联网传输的视频内容服务。"OTT 销售额"包括 TVOD（transactional video on demand）[①] 销售额和 SVOD（subscription video on demand）销售额。

美国 2018 年 OTT 市场规模约为 145 亿美元，从 2015 年开始年均增长率为 21.2%。其中 SVOD（Subscription Video on Demand）市场规模约为 100 亿美元，占 OTT 销售额的 69%，年均增长率为 26.6%，与 TVOD 市场相比增长速度较快。TVOD（Transactional Video on Demand）市场规模约为 45 亿美元，虽然不及 SVOD 市场，但年均增长率为 12%。

表 8-5 2018 年美国 OTT 服务销售额

（单位：百万 美元）

区分		2018
OTT	全部	14，493
	SVOD	9，964
	TVOD	4，530

［备注：OTT 市场规模不包括向付费广播用户提供的附加服务（N 屏等）销售额］

资料来源：PWC(2019)《Global Entertainment & Media Outlook 2019 ~ 2023》

---

① "TVOD"是通过开放平台购买的基于交易的定制服务，"SVOD"是指的是月定额制以加入为基础的订购型服务

中国OTT市场规模持续呈现上升曲线，2018年OTT市场规模超过58亿美元，2015—2018年年均增长率约为126%。SVOD服务约55亿，占整个OTT市场的94%，2015—2018年年均增长约150%。TVOD服务价值3亿美元，约占整个OTT市场的6%。

表 8-6 2018 年中国 OTT 服务销售额

（单位：百万 美元）

区分		2018
OTT	全部	5，799
	SVOD	5，477
	TVOD	322

（备注：OTT 市场规模不包括向付费广播用户提供的附加服务［N 屏等］销售额）

资料来源：PWC(2019)《Global Entertainment & Media Outlook 2019 ～ 2023》

日本 2018 年 OTT 市场规模约为 29 亿美元，2015—2018 年年均增长率约为 15%。2018 年 SVOD（Subscription Video On Demand）市场规模达26.35 亿美元，约为 OTT 市场规模的 90%，2015—2018 年年均增长约 15%。TVOD（Transactional Video On Demand）市场规模约为 2.89 亿美元，虽然只有 OTT 市场规模的 10%，但 2015—2018 年年均增长约 12%。

表 8-7 2018 年日本 OTT 服务销售额

（单位：百万 美元）

区分		2018
OTT	全部	2，925
	SVOD	2，635
	TVOD	289

（3）电视广告市场规模

"电视广告"是包括地面电视（Terrestrial）广告、多频道节目运营商

(Program Provider，简称 PP)广告、在线电视（Online TV）广告。地面电视广告是通过传播以传统方式传送的频道上刊登的广告，PP 广告是指在 PP 频道上刊登的广告收益，其中包括传送到地面广播的，还包括付费频道。在线电视广告栏，与在线内容一起传送的（in-stream）广告中的内容，由开始前广告（pre-roll）和结束后广告（post-roll）组成，显示在画面上方，不包括屏幕上方显示的广告（overlay）。世界电视广告市场 2018 年约为 1647 亿美元，年均增长率为 0.1%。2018 年广播广告市场规模为 1568 亿美元，到 2016 年为止，经济一直在增长，但 2017 年以后有所减少。

美国主要媒体的广告市场以 2018 年为准的销售额规模约为 2415 亿美元，比 2017 年增加约 8.4%。具体来说，网络广告营收的规模保持上升势头，2018 年以约 1075 亿美元的广告营收占比最高（约 44.5%）。2018 年电视广告费约为 710 亿美元（比 2017 年增加约 10 亿美元），比前一年增加 1.4%，在所有广告媒体中排名第二（约 29.4%）。2018 年报纸广告的销售额约为 157 亿美元正持续减少，与电视及网络广告费相比，比重大幅下降（约 6.5%）。杂志广告、电子游戏广告、电影院广告等的销售额约占整体广告市场销售额的 19.6%。

表 8-8 2018 年美国主要媒体的广告市场情况

（单位：百万 美元）

区分		2018 年
整体电视广告		70，980
	地面电视广播广告	40，053（56.4%）
	多频道节目运营商广告	26，258（37.0%）
	网络电视广告	4，670（6.6%）

资料来源：PWC(2019)《Global Entertainment & Media Outlook 2019 ～ 2023》

中国 2018 年整体媒体广告市场销售额约为 789 亿美元，在 2015—2018 年年均增长率约为 14%。2018 年中国电视广告销售额规模约为 143 亿美元，占整体广告市场的 18%，2015—2018 年年均减少约 0.4%。网络广告市场规模约为 567 亿美元，约占整体广告市场的 72%，2015—2018 年年均增长率约为 25%。新闻出版广告营收约 30 亿美元，约占 2018 年整个广告市场的 4%。报纸出版广告市场规模在 2015—2018 年年均减少约 18%。报纸和电视的广告比重正在逐年减少，合计比率仅占 2018 年整个广告市场的 22% 左右，而网络广告市场每年都在大幅增长。

中国 2018 年电视广告费约为 143 亿美元，其中地面电视广播广告费约为 135 亿美元，2015—2018 年年均减少约 0.6%，但仍占全体电视广告费的 95% 左右。多频道节目运营商广告费约为 7 亿美元，约占电视广告市场的 5%，而网络电视广告费仅占 0.4%，占很小的比重。

表 8-9 2018 年中国主要媒体的广告市场情况

（单位：百万 美元）

区分		2018 年
整体电视广告		14，253
	地面电视广播广告	13，527（95.0%）
	多频道节目运营商广告	657 （4.6%）
	网络电视广告	59（0.4%）

资料来源：PWC(2019.6)《Global Entertainment & Media Outlook 2019—2023》

日本以 2018 年为准，整体媒体广告市场销售额规模约为 373 亿美元，2015—2018 年年均增长率为 4.48%。2018 年各媒体广告市场比重中，网络广告占比最大约占 39%，电视广告约占 36%，报纸、出版广告的比例约为 12%，每年在市场上的影响力都在减少。

其中日本 2018 年电视广告总销售额为 134.86 亿美元，2015—2018 年年均增长率约为 1.31%，其大部分由地面电视广播广告占据（90.9%），具有压倒性优势和较强影响力。与之相反，网络电视广告占全体电视广告市场的3.1%，比重较小，但 2015—2018 年年均增长率约为 50.23%。

表 8-10 2018 年日本主要媒体的广告市场情况

（单位：百万 美元）

区分		2018 年
整体电视广告		13，486
	地面电视广播广告	12，264（90.94%）
	多频道节目运营商广告	805（5.97%）
	网络电视广告	417（3.09%）

资料来源：PWC(2019.6)《Global Entertainment & Media Outlook 2019—2023》

2018 年多频道节目运营商的广告营收为 8.05 亿美元，占整个广告市场营收的约为 6%，2015—2018 年年均约为 2.66%，正在持续增长。以 2018 年为准，网络电视在整个电视广告市场中的比重约为 3% 左右，但首次创下了4 亿美元以上的销售额，2015—2018 年的年均增长率约为 50.23%。

2. 广电市场需求的质

（1）免费卫星的收视用户比重

美国 2018 年电视观众家庭比 2017 年小幅增加，达到 1.1744 亿户，其中约 76.4%（2017 年为 80%）是使用付费电视频道的付费电视用户，收费电视事业中卫星电视的占有率有所减少，而有线电视和 IPTV 的占有率有所增加。当前付费电视的用户家庭数和占有率呈减少趋势，而地面电视直接接收和免费卫星用户数则呈稳步增长趋势。

美国最具代表性的付费广播运营商的用户数量最多（以 2019 年第三季度为准）的是 Comcast，随后依次为 AT & T、Charter、DISH Network、Verizon 和 Cox。具体来说，Comcast 拥有约 2，140 万用户，AT & T 拥有约 2，038 万用户，Charter Communications 拥有约 21，625 万用户，DISH Network 拥有约 949 万用户，Verizon 拥有约 428 万用户。

表 8-11 2018 年美国广播电视用户现状

（单位：千）

	2018
地面电视直接接收	22，616（19.3%）
免费卫星	5，153（4.4%）
付费电视	89，667（76.4%）

资料来源：Ovum(2019. 8)

中国 2018 年免费数字卫星广播约有 7664 万人收看，4 年间年均增长率为 15%，2018 年地面电视直接接收约有 4840 万人使用，呈逐年减少的趋势。2018 年付费电视用户约为 2.6590 亿人，4 年间年均增长率约为 4%，IPTV 2018 年约有 1.5534 亿人收看，2015—2018 年年均增长率为 50%，创下了非常高的增长率。中国的收费广播市场一直由廉价提供多种广播频道的有线事业主导，但随着最近 IPTV 用户数的剧增，也呈现出快速增长的趋势。

表 8-12 2018 年中国广播电视用户现状

（单位：千）

	2018
地面电视直接接收	48，401（12.4%）
免费卫星	76，644（19.6%）
付费电视	265，900（68%）

资料来源：Ovum(2019. 8)

日本以 2018 年为准，拥有电视机的用户 4619 万人，其中地面电视收视用户占 3.6%（165 万），免费卫星收看电视用户占 7.5%（348 万），付费电视用户占 88.9%（4106 万）。在所有付费电视用户中有线电视用户的比率最高（60.2%），IPTV 用户呈持续增长趋势（747 万；16.2%）。

表 8-13 2018 年日本广播电视用户现状

（单位：千）

	2018
地面电视直接接收	1，646（3.6%）
免费卫星	3，483（7.5%）
付费电视	41，064（88.9%）

资料来源：Ovum(2019. 8)

（2）广播电视市场占世界市场的比重

美国的广播电视市场规模约为 1655 亿美元，约占世界广播市场的 41.3%，中国和日本的广播电视市场分别约占世界广播电视市场的 8% 和 6.1%。广播电视市场规模最小的国家是法国，仅为美国的 7% 左右。

表 8-14 2018 年世界主要国家的广播电视市场的规模

（单位：百万美元）

	中国	美国	日本
电视收视费	17，648	94，561	10，808
电视广告费	14，253	70，980	13，486
总计	31，901	165，541	24，294
占世界市场的比重	8%	41.3%	6.1%

资料来源：PWC(2019)《Global Entertainment & Media Outlook 2019— 2023》

（3）OTT销售额占广播电视收费市场的比重

美国2018年OTT服务销售额与收费广播收视费销售额的比重为15.3%，相关比率每年都在不断提高。因为收费广播收视费的销售额在减少，而OTT市场却在持续增长。美国全部OTT用户约为1.8369亿人，以年均28.5%的增长率持续增长。在美国SVOD市场上，Netflix的销量最大，其次是Amazon，Hulu。2018年Netflix在美国的用户数约为6055万人，各种运营商进入OTT市场后，运营商之间的虽然竞争变得激烈，但约5年时间Netflix稳居第一。

Amazon为增加Amazon OTT的服务用户，不仅对Amazon Prime的付费用户免费提供Amazon Prime Video（2018年用户约4590万），还实行月定额服务等，因此，Amazon SVOD在2018年拥有约311万名订阅者。Hulu为了确保用户，不仅提供SVOD服务，还提供直播服务（Hulu with Live电视已经于2017年上市），2018年订阅Hulu的OTT服务的用户数有2520万人。

美国广播电视市场中，广播电视收视费、电视广告、广播等一直依赖于传统媒体的市场规模将减少或停滞。特别是广播电视收视费的销售额预计将与地面电视广告和家庭视频一起减少，主要原因是可以收看实时广播和点播的OTT用户在不断增长，而不是付费广播服务的用户在扩大。

美国OTT视频市场到2023年将年均增长10.35%，今后将成为主导广播电视市场增长的核心领域，特别是SVOD服务方式的OTT视频市场，预计年均增长12.35%。在美国媒体、娱乐市场中，与OTT服务一起备受关注的部分是播客（podcast）和广播等音频服务，它们将持续地向上增长。播客广告领域的年均增长率预计为23.12%，在所有领域中最高。卫星广播市场也将以年均4.13%的速度增长。可以说，在付费广播和电视广告市场逆势增长的情况下，对音频内容的需求和相关服务也仍将持续存在，这一点值得关注。

美国电视广播市场在平台方面，正在从现有的付费广播转变为数字平台主导增长的市场，但在内容消费方面，传统的地面波广播和人气高端频道提供的内容依然保持着强势。可以说，从卫星、有线到以 SVoD 为中心的 OTT、以多频道视频内容传输商 (MVPD) 为中心的平台正在发生变化，但对高端内容的需求依然很高。

中国 2018 年付费广播收视费市场规模比 2017 年小幅减少，但 OTT 市场规模持续呈现上升曲线。2014 年 OTT 市场规模仅占付费广播收视费市场规模的 2%，以 2017 年为起点就突破了 20%，2018 年占到付费广播收视费市场的 32.86% 的水平。

中国 2018 年的 OTT 用户数约为 2.4448 亿人，从 2015 年开始以年均约 129% 的高增长率快速增长[①]。SLIN 服务用户数约为 1.7690 亿人，高于 SVOD 服务用户（约 6758 万人），在 2015—2018 年年均增长率方面，SLIN 服务（155.55%）也高于 SVOD 服务（90.68%）。

中国主要的 OTT 服务由百度、Alibaba 和腾讯提供，称为 BAT。Baidu 的 iQiyi、Tencent 的 Tencent Video、Alibaba 为最大股东的 Youku 是代表性的服务。具体来说，iQiyi 提供 AVOD，SVOD，TVOD 服务。SVOD 根据提供的服务种类不同，包月价格也不同，每月订阅费为 19.80 元，年 178—198 元。TVOD 每部售价 5 元起。Youku 提供 AVOD、SVOD 服务，SVOD 订阅费包月 15—49 元，198—479 元。Tencent Video 也提供 AVOD、SVOD 服务，但与其他 OTT 服务不同的是，并没有将服务等级进行划分来决定包月价格，Tencent Video 的 SVOD 服务使用费是每月 20 元。Sina Video 和 CCTV、CBox 服务都只提供免费的 AVOD 服务。

---

① Ovum. *OTT video subscription service provider forecast: Asia & Oceania*，2019, p.24.

2018 年中国 OTT 服务用户数约为 2.4448 亿，同比增长约 56%。以 2018 年为准，iQiyi 在中国 OTT 服务中拥有最多的用户（8740 万人），在 2015—2018 年的平均增长率约为 160%，成为中国国内最具影响力的 OTT 运营商。腾讯拥有 8200 万用户，市场占有率约 34%，2015—2018 年均增长率约 201%。Youku Tudou 的用户数为 5100 万，约占整个市场的 21%。iQiyi、Tencent 和 Youku Tudou 拥有中国整个 OTT 市场的近 90% 用户，呈现主导中国 OTT 市场的景象。

日本 2018 年 OTT 服务的销售额与收费广播收视费销售额相比达 62.7%。日本 2015—2016 年收费广播收视费与 OTT 市场销售额的比重为 50%，出现了停滞的现象。但此后在 2017 年上升到 57.67% 后，2018 年整个收费广播收视费与 OTT 服务销售额的比重约占 62.7%，呈现出上升的趋势。

日本 2018 年的整体 OTT 用户数约为 2519 万人，从 2015 年开始年均增长率约为 13%，呈现持续增长太少。SVOD 服务用户数约 1293 万名，SLIN 服务用户数约 1226 万名，在 2015—2018 年年均增长率方面，SLIN 服务（16.40%）要高于 SVOD 服务（10.08%）。

3. 数据分析

将上述需求要素的各子要素测量指标进行数据收集整理，结果如下表所示：

表 8-15 需求要素的子要素测量指标数据结果

一级指标	二级指标	三级指标	出处	单位	年度	中国	美国	日本
需求要素	广电市场需求的量	付费广播电视市场规模	国际广播电视市场调查（2019）	百万美元	2018	17,648	94,561	10,808
		OTT 视频市场规模	国际广播电视市场调查（2019）	百万美元	2018	5,799	14,493	2,925
		电视广告市场规模	国际广播电视市场调查（2019）	百万美元	2018	14,253	70,980	13,486
	广电市场需求的质	免费卫星的收视用户比重	国际广播电视市场调查（2019）	%	2018	19.6	4.4	7.5
		广播电视市场占世界市场的比重	国际广播电视市场调查（2019）	%	2018	8	41.3	6.1
		OTT 销售额占广播电视收费市场的比重	国际广播电视市场调查（2019）	%	2018	32.9	15.3	62.7

表 8-16 需求要素竞争力指数

三级指标	权重	中国		美国		日本	
	1.0	标准值	得分	标准值	得分	标准值	得分
付费电视市场规模	0.18	163.29	29.4	874.92	157.5	100	18
OTT 视频市场规模	0.13	198.26	25.8	495.49	64.4	100	13
电视广告市场规模	0.23	105.69	24.3	526.32	121.1	100	23

三级指标	权重	中国		美国		日本	
	1.0	标准值	得分	标准值	得分	标准值	得分
免费卫星的收视用户比重	0.14	261.33	36.6	58.67	8.2	100	14
广播电视市场占世界市场的比重	0.20	131.15	26.2	677.05	135.4	100	20
OTT 销售额占广播电视收费市场的比重	0.12	52.47	6.3	24.4	2.9	100	12
总计		148.6		489.5		100	

三、相关支撑产业

产业的竞争力不仅体现在其自身的能力上，还来源于与其相关的产业。在全球化经济发展的今天，单独一个产业很难保持竞争优势，一个产业要想良性循环向上发展势必需要相关支撑产业的发展支持。只有形成有效的"产业集群"，形成良好的内外部效应，才能使产业竞争优势更加持久得以发展。

表 8-17 相关支撑产业的构成指标

一级指标	二级指标	三级指标
相关支撑产业	传统相关	游戏产业
		电影产业
	技术升级	知识信息
		VR 视频
		ICT 产业

1. 传统相关

（1）电影产业

美国电影以好莱坞大型大片为主要武器，占据全球票房排行榜，主导着世界电影市场。美国的电影产业在细节上分为以"好莱坞"为代表的大型工作室和以独立电影公司为中心的多样性电影以及以内需为中心的独立电影界。据统计，2018 年美国电影市场规模达 120.3 亿美元，同比增长约 7.2%。

美国电影产业市场的发行可以分为传统的多厅影院和根据最近变化的内容消费形态而受到关注的 OTT 服务等。美国电影市场在其整个市场结构中占据了相当大的份额，包括所谓的六大主要电影公司（华特迪士尼、20 世纪福克斯、华纳兄弟、环球影业、索尼 / 哥伦比亚和派拉蒙），占美国整个电影业销售额的 4/5 以上。美国电影市场被以环球传媒集团为母公司的大型资本所垄断，除"放映"单元之外的制作和发行部分，即电影产业大部分价值链结构，构建了一种从制作到发行的垂直系列化的价值链结构。为了警惕这种垄断性的美国电影产业的所有权结构，美国州政府采取了多种方式间接限制。但尽管如此，短期内以大规模特许经营为中心、以优秀的专业电影公司为中心的坚固的产业结构不会发生太大的变化。

此外，在电影发行方面，针对不断变化的媒体特性，OTT 流媒体服务运营商也开始强势崛起。Netflix、亚马逊工作室 /Amazon Prime 视频、迪士尼 Plus 等都在努力通过自身内容制作和发行来确保竞争优势。

中国电影市场在 2015 年成长为全球最大的电影市场后，仍呈现快速增长态势。得益于好莱坞电影的票房和中国自制电影的良好表现，中国电影市场年均增长率为 9.4%。值得一提的是，仅 2018 年，票房收入就同比增长 9.1%，银幕数同比增长 60079 块，中国电影市场 2018 年同比增长 10.0%，规模达 98.8 亿美元。另外，随着电影产业的自身复兴和中国政府扩大并支持电影产业发展的政策，目前注册的电影相关企业超过 2.7 万家。以中国自制电影为例，在中国共产党成立 70 周年之际，上映了多部能够鼓舞中国人自豪感的电影，具有代表性的科幻类型电影《流浪地球》（Wandering Earth）还获得了历史上票房最高的电影。

中国电影网的数据显示，2018 年中国观影人次为 17.6 亿，同比增长5.93%，呈现继续保持增长的态势。同时，近年来中国电影观众分布的地域范围和年龄段持续扩大，其中 30 岁以上年龄段的贡献增长了 3.4%。 这种倾向表明，中国电影市场正在进入成熟期。

中国电影市场的旺季大致可分为春节档、暑期档、国庆档和年末 4 个时段，电影票房收入较高的电影大片主要集中在四大旺季期间上映。2018 年中国四大旺季电影票房收入占整个电影市场票房收入的一半以上，特别是 2018年，电影市场旺季更集中在 2 月、7—8 月。

此外，2018 年中国电影票房收入划分为 1—4 线城市进行分析：一线城市票房收入占整体的 19%，二线城市票房收入占整体的 40%，三线城市票房收入占整体的 19%，四线城市票房收入占整体的 22%。 也就是说，二线城市的销售收益在整体销售收益中占比最高，三四线城市的销售收益也占据了稳定的比重。从地域维度看，2018 年中国电影各城市票房收入排名前四位的分别是：北京、上海、广州、深圳，其中上海 35.71 亿元、北京 34.31 亿元、深圳 22.5 亿元，分列前三位。

在中国市场取得最大成功的好莱坞大片是《复仇者联盟：无限战争》，尽管该片在 2018 年的票房排名仅为第五位，但仍获得了约 3.47 亿美元的票房收入。因此，好莱坞电影制作公司今后会更加积极应对内容方面的限制，并持续尝试尽可能在中国上映。由于中国政府的配额限制，可以上映的电影数量受到限制，为了绕过这些限制来解决问题，好莱坞电影制作公司还与中国发行商签订了不分配上映收益，只出售发行权的合同。

日本 2018 年的电影市场占据了世界第 3 位，电影市场规模为 20.01 亿美元,同比减少 2.5%。日本的电影公开数量从 2009 年的 762 部开始,到 2017 年的 1187 部,到 2019 年的 1192 部,10 年间一直在增加。 从占有率来看,日本国内本国电影的比重略高于海外电影,虽然没有太大变动,但 2017 年和 2018 年海外电影的比重分别为 45.1% 和 45.2%,还是稍有所上升 [1]。

10 年来,电影门票价格一直在稳步上升,2018 年平均票价为 1315 日元。 4D 和 IMAX、杜比阿特莫斯(Dolby Atmos)等受到热捧,10 年来票价一直以不断上涨的形式呈现,整体银幕数及复合影院的银幕数自 2012 年以来也呈稳步增长趋势,为电影票价上涨做出了贡献。 另外,入场人数在 2016 年达到 180189 人的顶峰后,2017 年为 174483 人,2018 年为 169210 人,呈减少趋势。对于从 2016 年开始后电影市场持续低迷,有多种解读,有分析认为,老龄化导致的影院观影人次减少、票价相对较高等是主要原因。

但电影观众取向正在多元化(以动画片为基础的电影、海外电影节获奖作品、好莱坞超级英雄电影等)也是影响电视市场的一个积极因素,今后日本电影市场将因日本本地电影制作增加和观众取向多元化带来的市场多样性而增长。

(2)游戏产业

据美国市场调查机构普华永道(PriceWaterhoseCoopers,以下简称 PwC)发布的《Global Entertainment & Media Outlook 2019—2023》报告显示,美国游戏和电子竞技(e-Sprots)市场规模为 249.66 亿美元,预计到 2023 年将达到 311.44 亿美元,年均增长 4.98%。

从视频游戏和电子竞技的划分来看,2018 年纯视频游戏市场规模为 242 亿美元,电子竞技市场规模为 2.22 亿美元,视频游戏市场占绝对优势,但以截至 2023 年的增长率来看,纯游戏市场将年均增长 4.83%,而电子竞技市场将增长 18.4%,从增长率角度来看,电子竞技市场将实现快速增长。

---

[1]　日本映画产业统计网,《日本映画一览表》[EB/OL].http://www.eiren.org/toukei/data.html

单从视频游戏市场来看，将控制台游戏和 PC 游戏合二为一的传统游戏市场规模为 129 亿美元。从占整体市场的比重来看，2018 年传统游戏市场的比重为 52.8%，占整体市场的一半以上。但是随着游戏市场以移动游戏为中心成长，传统游戏市场相对萎缩或规模缩小。

值得关注的是，在尼尔森（Nielsen）2019 年 4 月发布的美国游戏报告中[①]，以 2018 年为基准，在所有美国人口中，使用和消费游戏的 13 岁以上人口的比重在 2018 年为 66%，且每年都在逐渐持续增长。在传统上以单机游戏为主流的美国市场，2018 年手机游戏市场规模首次超过单机游戏规模，开始主导市场。

中国 2018 年游戏市场规模达 250.03 亿美元，同比增长 24.6%。中国是全球最大的游戏市场，中国游戏出版协会 GPC（Game Publishing Committee）曾发布报告称，2018 年中国游戏用户数达到 6.26 亿，同比增长 7.3%。中国开发的游戏用户数从 2009 年的 1.15 亿增加到 2018 年的 6.26 亿，增长了 5 倍以上。

从 2018 年中国游戏市场实际营收的各平台份额来看，移动游戏市场实际销售为 1339.6 亿元人民币，占中国游戏市场整体实际销售的 62.5%。客户端游戏市场实际销售收入 619.6 亿元人民币，占中国游戏市场整体实际销售收入的 28.9%。网页游戏市场实际销售收入 126.5 亿元人民币，占中国游戏市场整体实际销售收入的 5.9%。家用游戏机游戏市场实际销售收入为 10.5 亿元人民币，占中国游戏市场整体实际销售收入的 0.5%。

中国游戏市场是一个寡头垄断的市场，腾讯（Tencent）和网易（Netease）两家企业占据了整个游戏市场约 70% 的份额，但随着阿里巴巴（Alibaba）集团 2017 年进军游戏市场，现有的两强格局正在发生变化。此外，中国企业通过收购海外优秀游戏公司，小米（Xiaomi）、华为（Huawei）

---

① Nielsen. *GAMES 360 U.S. REPORT 2019*, p.45.

等智能手机制造商的预先安装战略,加强与Facebook(Facedbook)和谷歌(Google)的合作等方式,中国游戏公司正在以手机游戏为中心向海外加速进军。

中国的游戏用户正在快速向手游转移,但以MOBA、FPS类型为主的PC游戏平台中,忠诚度较高的游戏用户依然存在。特别是以Steam、Wegame等在线平台为中心,特别针对中国市场进行了便利性改善,为中国用户安装结算系统,因此,预计中国的PC游戏市场将有所增加。

手游方面,MOBA、动作RPG题材表现强势,女性游戏用户也在不断增加。面向年轻用户,以动漫/漫画等日本文化的粉丝为目标的游戏也正形成稳定的市场。此外,因为有中国最大的即时通信应用程序微信(WeChat)可以提供手机游戏的连接服务等利好因素存在,预计中国手机游戏用户有望进一步增加。

日本游戏市场是仅次于美国、中国的全球第三大规模市场。根据普华永道分析和多数市场调查公司的分析,以2018年末为准,日本游戏及e-Sprots市场规模为164.47亿美元,预计到2023年将达到209.12亿美元,年均增长4.92%。如果将视频游戏和电子竞技区分开来,2018年纯视频游戏市场规模为164.34亿美元,电子竞技市场规模为1600万美元,可见视频游戏市场规模占绝对优势。以截至2023年的增长率为基准,纯游戏市场将以年均4.89%的速度增长,而电子竞技将以26.2%的速度增长,从增长率的角度来看,电子竞技市场将主导整个市场的增长。

仅从视频游戏市场来看,将控制台游戏和PC游戏合二为一的传统游戏市场(traditional game)以数字和在线部分付费市场为中心,预计仍将保持稳健的增长势头。2018年社交/休闲游戏占2018年整体游戏市场销售比重的60.4%,传统游戏市场占37.6%。预计2018年传统游戏市场规模将从61.71亿美元增长至2023年的81.26亿美元,年均增长5.66%,而包含移动应用游戏市场（年均增长 6.4%）的社交／休闲游戏市场到 2023 年将年均增长 4.32%。

另外，日本游戏市场的特点是实物游戏比重较高。2018 年控制台游戏市场中，实物游戏的占比达到 65%，通过 CD、DVD、蓝光等物理储存媒体的游戏流通形态仍将保持相当大的比重。

2019 年 1 月发布的媒体创新实验室（Media Innovation Lab）的报告显示，2017 年日本消费者在控制台游戏硬件采购上的支出金额规模为 1920 亿日元，在软件采购上的支出金额为 1940 亿日元，控制台游戏总支出为 3870 亿日元。以任天堂 Switch 为契机，2010 年以来被智能手机的发展和以智能手机为基础的手机游戏发展所挤压的控制台游戏市场，在 2017 年时隔 10 年再次恢复了同比增长的势头。街机游戏也从 2015 年开始复苏，相比之下，基于 PC 的网络游戏在 2012 年达到顶峰，并呈逐年下降趋势。日本游戏用户对 PC 游戏的支出额减少主要是因为基于智能手机的手机游戏支出额的激增。日本基于智能手机的手机游戏支出规模自 2015 年超过 5000 亿日元后，2017 年持续增加至 13630 亿日元。

Media Innovation Lab 的报告还显示，手游消费额从 2013 年的 1000 亿日元增加到 2017 年的 100 亿日元，如今已基本维持这一状态，日本消费者支出的手游消费额几乎大部分都是针对通过智能手机 APP 玩的游戏，这也意味着手游 "APP" 已经成为手游市场的核心分销方式和使用形式。

综合来看，从传统游戏市场的地位和比重依然存在这一点来看，日本游戏市场与全球市场相比存在差异，但从以手机游戏市场为中心实现增长的这一点来看，日本游戏市场与全球市场趋势又如出一辙。

2. 技术升级

（1）知识信息

从 2015 年到 2018 年，全球文化内容市场平均增长率约为 6.0%。其中所占比重最大的知识信息和广告领域主导着整个市场的增长趋势。

美国拥有世界最大文化信息市场，广告、知识信息、广播电视所占比重最大，其中广告、音乐、知识信息市场正在快速增长，预计将带动整个市场的增长。以 2018 年为准，美国知识信息市场规模为 2,492 亿美元。

中国仅次于美国的中国文化内容市场，除了印度、印度尼西亚、土耳其等，在主要的文化内容市场中是增长率最快的市场。与其他主要国家一样，广告、知识信息所占的比重最大，在增长率方面，广告、音乐、电影、动画片呈现出快速增长的趋势。以 2018 年为准，中国知识信息市场规模为 1,537 亿美元。

在日本，文化产业正式开始被提及是从 2000 年开始，政府通过制定多种形式的支持政策和出台法律来培育文化内容产业。在整个市场中，知识信息、广告、广播电视、出版市场所占比重最大，其中广告、知识信息、广播电视市场呈现出增长趋势，并主导了市场。以 2018 年为基准，日本知识信息市场规模达 698 亿美元。

（2）VR 视频

一直以来，虚拟现实（VR①）视频市场由于穿戴设备及技术上的局限原因，面临着高昂的成本、缺乏有吸引力的内容、硬件的体验感不佳（例如头脑眩晕）等问题，使得其成长速度慢于预期。不过，随着 5G 的普及，网络成本的减少和独立 VR 设备的推出，VR 视频市场未来将因 5G 服务的普及而有望增加增长机会，进一步发展扩大。特别是，虚拟现实（VR）的应用领域很有可能从游戏、电影、体育、主题公园等娱乐市场中摆脱出来，扩大到教育、电子商务、健康管理等多数产业，因此未来扩散到相关市场所带来的

---

① 虚拟现实（Virtual Reality；VR）是利用人工技术刺激人类五感，使人像真实一样体验不存在的现实的技术；增强现实（Augmented Reality；AR）是在真实环境中合成虚拟事物或信息，使其看起来像存在于原始环境中的事物的技术。

波及效果将非常大。据普华永道（2019）数据显示，"18 年全球 VR（Virtual reality）市场约 22.4 亿美元，同比增长 56.1%，以每年 22.2% 的速度增长，分领域来看，VR 游戏市场约 11.8 亿美元，占 52.9%；其次是 VR 视频为 8.7 亿美元，占 38.8%"。具体从国家来看，2018 年美国 VR 视频市场约为 3.14 亿美元，中国 VR 视频市场约为 1.76 亿美元，日本 VR 视频市场约为 1.15 亿美元。

与此同时，硬件设备 VR 头戴式耳机的市场也预计会进一步增长。代表性的 VR 头戴式耳机不仅有需要连接 PC 或控制台游戏机使用的 HTC Vive、Sony PS VR，还有无须连接 PC 或控制台，只通过耳机就能享受 VR 内容的 Oculus Quest、Lenovo Mirage Solo 等。据 IDC（2019.6）预测，2020 年全球 VR 耳麦出货量将增长 58.2%，达到 1250 万台，随着 5G 普及的扩大和高配置内容的提供，到 2023 年出货量将达到 3670 万台[1]。

（3）ICT 产业

ICT 行业的特点是巨额基础设施投资，电信资本支出的增长主要是由发展中经济体的数据需求驱动的。欧盟执委会（European Commission，简称 EC）每年评选 2500 家跨国企业作为调查对象，分析每年度的 R&D 投资规模和活动等，并通过《欧盟 R&D Scoreboard》报告来公布结果。本课题也以该资料的 2018—2019 年数据为基础，分析中美日 ICT 企业的 R&D 投资动向。在过去的 10 年里，各地区（国家）的 R&D 投资排名没有太大变动，但投资比率有较大变化。按地区（国家）分析投资规模变动，美国（36%→39%）和中国（2%→6%）的投资比率均有所上升，而欧洲（28%→26%）、日本（22%→16%）和其他（14%→13%）则呈现出投资比率减少的倾向。

欧盟企业共有 551 家企业在 R&D 领域投资预算约为 272 万亿元，其中

---

[1] IDC. "Global Augmented and Virtual Reality Headset Shipment forecast2019-2023"，*Statista Published*,2019,p.67.

在 ICT 制造领域投资了 35 万亿元（12.9%）、ICT 服务企业投资了 19 万亿元（7.1%）。美国 769 家企业的 R & D 投资预算约为 407 万亿元，其中 ICT 制造领域约为 104 万亿元（25.5%），在 ICT 服务领域投资约 111 万亿元（27.3%）。日本 318 家企业的 R&D 投资预算约为 143 万亿元。其中，ICT 制造领域约 28 万亿元（19.8%），ICT 服务业约 6.8 万亿元（4.8%）。中国有 507 家企业被调查，这些企业的 R & D 投资预算约为 126 万亿元。其中，ICT 制造领域投入约 37 万亿元（29.4%），ICT 服务领域投入约 22 万亿元（17.7%）[①]。

3. 数据分析

将上述相关支撑产业要素的各子要素测量指标进行数据收集整理，结果如下表所示：

表 8-18 相关支撑产业的子要素测量指标数据结果

一级指标	二级指标	三级指标	出处	单位	年度	中国	美国	日本
相关支撑产业	传统相关	游戏产业	国际广播电视市场调查（2019）	百万美元	2018	25,003	24,966	16,569
		电影	国际广播电视市场调查（2019）	百万美元	2018	9,880	12,030	2,001
	技术升级	知识信息	国际广播电视市场调查（2019）	百万美元	2018	153,754	249,213	69,839
		VR 视频	国际广播电视市场调查（2019）	百万美元	2018	176	314	115
		ICT 制造业投资集中度	全球 ICT 企业的投资现状	%	2019	29.4	25.5	19.8

[①] 欧盟委员会 (EU). "The 2018 EU Industrial R & D Investment Scoreboard",2019，p.57.

表 8-19 相关支撑产业竞争力指数

三级指标	权重	中国		美国		日本	
	1.0	标准值	得分	标准值	得分	标准值	得分
游戏产业	0.18	150.9	27.2	150.7	27.1	100	18
电影产业	0.18	493.8	88.9	601.2	108.2	100	18
知识信息	0.21	220.2	46.2	356.8	74.9	100	21
VR 视频	0.24	153	36.7	273	65.5	100	24
ICT 产业	0.19	148.5	28.2	128.8	24.5	100	19
总计		227.2		300.3		100	

四、企业结构、战略与竞争

根据波特（1990）的理论，激烈的竞争给创新和改进带来了压力。竞争关系越深化，竞争力就越高，这样的高竞争力自然就能确保国际竞争力。传媒企业要充分利用自身竞争优势，采用先进管理模式，优化组织结构来形成产业的竞争力。同时企业提升竞争力的动力还来自竞争对手给予的压力，这种强大的竞争压力会迫使企业采取产品差异化、进行产品创新，落后的企业更是要进行创新才能防止自己的市场份额萎缩甚至是破产，因此企业的创新性也就显得格外重要。

经历了国内激烈竞争而生存的企业，还需要有积极稳健的国际化发展战略，还需在海外市场上与国外企业进行抗衡，进而取得一席之地。因此，本文选取新产品创业活动、知识产权保护、公司采用颠覆性想法、创新公司的成长、文化创意服务出口占贸易总额的百分比作为衡量指标来探究中美日三国传媒业在企业结构、战略及竞争方面的竞争情况。

表 8-20 企业结构、战略及竞争的构成指标

一级指标	二级指标	三级指标
企业的战略 / 结构 / 竞争要素	企业产品	新产品创业活动
		知识产权保护
	企业创新性	公司采用颠覆性想法
		创新公司的成长
	企业国际化战略	文化创意服务出口占贸易总额的百分比

1. 企业产品

（1）新产品创业动态

全球人力资源竞争力指数（Global Talent Competitiveness Index，简称 GTCI）[1] 报告由法国商学院 INSEAD 从 2013 年开始发行，以全世界 132 个国家为对象，反映了与人力资源力量相关的 70 多个变数。人力资源竞争力全球排名前 20 位的国家中，除了美国（第 2 位）、新加坡（第 3 位）、澳大利亚（第 10 位）、加拿大（第 13 位）、日本（第 19 位）等 7 个国家之外，大部分都是欧洲国家。韩国排在第 27 位，中国排在第 42 位，与这些知识水平和市场增长的较好的国家相比，中国当前要能够吸引全球人才还需克服社会魅力水平这一劣势。

GTCI 的人力资源竞争力评价主要围绕实现条件（Enable）、魅力度（Attract）、成长性（Grow）、持续性（Retain）、职业技术（Vocational and technical skills）、全球知识（Global knowledge skills）等 6 项展开。其中"新产品创业动态"[2] 指标数据，来源于全球企业家研究协会创业监测数据库[3]

---

[1]　INSEAD. "The Global Talent Competitiveness Index 2019 Report", 2019, p.157.

[2]　新产品创业动态指的是对广泛国家的早期创业者创业活动、愿望和态度的年度评估，新产品即他们所提供的产品或服务至少对一些客户来说是新的，并且很少 / 没有其他企业提供相同的产品。

[3]　全球企业家研究协会创业监测数据库网，[EB/OL].www.gemconsortium.com.

的组织 / 数据，以 2018 年的数据为基准，全球企业家研究协会创业监测评估的结果为中国为 66.36 分、美国为 68.46 分、日本为 54.33 分。

（2）知识产权保护

根据 WIPO(2019) 年度报告显示[1]，全球知识产权申报活动继续快速增长，2018 年创下新纪录。全球专利申请量超过 330 万件，较 2017 年增长 5.2%。工业设计备案活动达 130 万件，商标备案活动累计 1430 万件，比 2017 年增长 15.5%，实用新型申请量增长 21.8%，达到 210 万件。

近年来，中国一直是全球知识产权申请增长的主要驱动力，并在 2018 年再次成为全球知识产权申请增长的主要来源。中国的专利申请量增长了 11.6%，商标申请量增长了 28.3%，工业设计申请量增长了 12.7%。目前中国知识产权局的申请占全球专利申请的 46.4%，占全球商标（51.4%）和工业设计（54%）申请活动的一半以上。美国在 2018 年的专利申请量下跌了 1.6%，这是自 2009 年以来的首次下降。不过，美国的商标申请活动增长了 4.3%——实现连续第九年增长。日本的专利申请和商标申请活动分别下降了 1.5% 和 8.6%。

世界经济论坛（WEF）于 2019 年 12 月发布了《2019 全球竞争力报告》，其评估的基础是全球竞争力指数（GCI），该指数通过 12 项支柱下的 103 项指标，对 141 个经济体的竞争力状况进行了分析。在"知识产权保护"[2] 这一指标中，世界经济论坛执行意见调查的问题为"在你的国家，对知识产权的保护程度如何？回答的分数在 1—7 分之间 [1= 完全没有；7= 到很大程度上]。基于 114 个恒定样本的平均值，中国获得 4.6 分、美国获得 5.6 分、日

① WIPO . "World Intellectual PropertyIndicators". Geneva: World Intellectual PropertyOrganization,2019,p.164.

② 知识产权产品（例如软件、数据库和研发）的资产贬值速度要快于实物资本的投资。当一个经济体在生产中使用更多的无形资本时，总资本比率会增加，因为总资本（折旧前所有类型资本的总和）中的较大份额需要被替换，因此总资本份额会增加。

本获得 6.2 分。

2. 企业创新性

（1）公司采用颠覆性想法

《全球竞争力报告》系列于 1979 年首次推出，以全球竞争力指数（GCI）最为特色。在 141 个经济体中，GCI 展开了对经济前景的洞察。GCI 是在 12 项支柱下 103 个单项指标的综合结果，这些指标是经过综合了国际组织的数据以及世界经济论坛执行意见调查的数据而得出。其中 12 项"支柱"，包含机构、基础设施、信息和通信技术采用、宏观经济稳定、市场规模、业务活力和创新能力等指标。

全球的创意平均水平正在不断上升，在"公司采用颠覆性想法"这一指标中，世界经济论坛执行意见调查的问题"在你的国家，到什么程度公司接受有风险或破坏性的商业想法？"回答的分数在 1—7 分之间，[1= 一点也不；7= 在很大程度上]。基于 114 个恒定样本的平均值，中国获得 4.4 分、美国获得 5.1 分、日本获得 3.9 分。

（2）创新型公司的成长

世界经济论坛（WEF）发布的 2019 全球竞争力指数，通过 12 项支柱下的 103 项指标，对 141 个经济体的竞争力状况进行了分析。在"创新型公司的成长"这一指标中，世界经济论坛执行意见调查的问题"在你的国家，对有创新想法的新公司在多大程度上给予快速成长？"回答的分数在 1—7 分之间，[1= 完全没有；7= 很大程度上]。基于 114 个恒定样本的平均值，中国获得 4.2 分、美国获得 5.6 分、日本获得 4.6 分。

3. 企业国际化战略

世界知识产权组织 (WIPO) 在印度新德里发布 2019 年全球创新指数（GII）。GII 由 WIPO、美国康奈尔大学和欧洲工商管理学院联合发布，旨在通过量化指标帮助全球决策者更好地制定政策促进创新。GII 报告对各国政府的技术政策进行了评估，包括受调查国家的基础架构、创新技术能力的质量和能力，以及相关法律制度和整体商业环境，一直被广泛用作规划本国技术开发和创新政策的基础资料。

全球创新指数基于80项指标对129个经济体进行排名，这些指标既有研发投资、专利和商标国际申请量等传统衡量指标，也有移动应用开发和高科技出口等较新指标。指数显示，在中等收入经济体在这些创新质量指标中的排名保持稳定，中国、印度和俄罗斯联邦位居前三。

在"文化创意服务出口占贸易总额的百分比"这一指标中，根据世界贸易组织的商业贸易服务数据库的数据进行测量评估，以2018年为基准，中国文化创意服务出口占贸易总额的百分比为0.5、美国文化创意服务出口占贸易总额的百分比2.5、日本文化创意服务出口占贸易总额的百分比为0.4。

4. 数据分析

将上述企业竞争、结构与战略要素的各子要素测量指标进行数据收集整理，结果如下表所示：

表 8-21 企业竞争、结构与战略的子要素测量指标数据结果

一级指标	二级指标	三级指标	出处	单位	年度	中国	美国	日本
企业竞争、结构与战略	企业产品	新产品创业动态	GTCI (2019)	Value	2018	66.36	68.46	54.33
		知识产权保护	GCI(2019)	Value	2018	4.6	5.6	6.2
	企业创新性	公司采用颠覆性想法	GCI(2019)	Value	2018	4.4	5.1	3.9
		创新型公司的成长	GCI(2019)	Value	2018	4.2	5.6	4.6
	企业国际化战略	文化创意服务出口占贸易总额的百分比	GII(2019)	% total trade	2018	0.5	2.5	0.4

表 8-22 企业竞争、结构与战略 竞争力指数

三级指标	权重	中国		美国		日本	
	1.0	标准值	得分	标准值	得分	标准值	得分
新产品创业动态	0.15	122.1	18.3	126	18.9	100	15
知识产权保护	0.16	74.2	11.9	90.3	14.5	100	16
公司采用颠覆性想法	0.17	112.8	19.2176	130.8	22.2	100	17
创新型公司的成长	0.2	91.3	18.3	121.7	24.3	100	20
文化创意服务出口占贸易总额的百分比	0.32	125	40	625	200	100	32
总计		107.7		279.9		100	

五、安全条件

安全条件是本文在波特教授的钻石模型基础上新增的一个衡量条件，因为随着传媒业应用人工智能技术后，其新闻内容生产的流程、传输、反馈等环节全部被重构。人工智能技术的革新与应用可能会给产业带来新发展和新机会，但同时也带来了全新的安全挑战。

表 8-23 安全条件的构成指标

一级指标	二级指标	三级指标
安全条件	网络安全	网络安全指数
	社会安全	恐怖主义发生率
		警察服务的可靠性 1—7（最佳）
	资本安全	风险资本可用性 1—7（最佳）
	政策环境安全	政府确保政策稳定

1. 网络安全

机器学习或人工智能（AI）正变得越来越重要、复杂和流行，特别是通过互联网连接了数十亿台的设备，有越来越大的潜力扩大现有的风险或产生新的风险。我们在拥抱技术的同时也要将网络安全置入科技进步的进程中，其中全球网络安全指数（GCI Global Cyber-security Index，GCI）就是衡量各国网络安全发展程度的一个手段，以此确保技术和基于互联网的创新能够在安全和保密的条件下得以实现。根植于国际电联全球网络安全议程，GCI考察各国在五个领域的参与程度：立法措施、技术措施、组织措施、能力建设和国际合作。由此得出各国的就绪程度指数以及全球各国在网络安全就绪度方面的排名。根据2019全球网络安全指数报告的数据，中国的网络安全指数为0.83、美国的网络安全指数为0.93、日本的网络安全指数为0.89。

2. 社会安全

喻国明教授也曾指出"社会的安全状况是让传媒业的逻辑、目标、机制、布局等发生深刻改变的重要因素之一。非常态下的社会与常态发展的社会无论其政治、经济、管理，还是人们的日常生活交往，都有着很大的不同，其对于传播的要求也有着极大的区别。"可见，社会安全对传媒业发展起着重要影响，正成为需要进一步研究的重要课题。本文将选取"恐怖主义发生率""警察服务的可靠性"作为社会安全的三级指标。

"恐怖主义发生率"这一指标，在GCI报告中指评估恐怖袭击的频率和严重性，是世界经济论坛基于国家恐怖主义与反恐研究协会[①]计算得出。范围从0（最高发生率）到100（无发生率），其中100表示"没有人员伤亡"和"无攻击"。经过计算，中国得到96.4分，美国得到83.3分，日本得到99.6分。

---

① 反恐研究协会, [EB/OL].https://www.start.umd.edu.

在"警察服务的可靠性"这一指标中，世界经济论坛执行意见调查的问题"在你的国家，警察部门在多大程度上可以依靠执法和执法命令？"回答的分数在1—7分之间，[1= 完全没有；7= 很大程度上]。基于114个恒定样本的平均值，中国获得4.6分，美国获得5.7分，日本获得6.2分。

3. 资本安全

在"风险资本可用性"这一指标中，世界经济论坛执行意见调查的问题"在你的国家，对于具有创新但有风险的项目，创业企业家获得股权融资有多容易？"[1= 极其困难；7= 极其困难]，基于114个恒定样本的平均值，中国获得4.4分，美国获得5.2分，日本获得4.3分。

另外在税收优惠方面，相比于美国，中国传媒产业税收优惠上的问题在于项目覆盖面较少，未能形成引导整体产业链有序发展的税收优惠体系，往往还是局限在传统的制作播放等领域，对创意开发，品牌营销和衍生品等方面的支持不够。

4. 政策环境安全

在"政府确保政策稳定"这一指标中，世界经济论坛执行意见调查的问题"在你的国家，政府在多大程度上确保了稳定的营商政策环境？"，回答的分数在1—7分之间，[1= 完全没有；7= 很大程度上]。基于114个恒定样本的平均值，中国获得4.5分，美国获得5.3分，日本获得5.2分。

5. 数据分析

将上述安全条件的各子要素测量指标进行数据收集整理，结果如下表所示：

表 8-24 安全条件的子要素测量指标数据结果

一级指标	二级指标	三级指标	出处	单位	年度	中国	美国	日本
安全条件	网络安全	网络安全 GCI 2018	GCI Global Cyber-security Index（2019）	Value	2018	0.83	0.93	0.89
	社会安全	恐怖主义发生率 0（非常高）—100（未发生）	GCI(2019) Global Competitiveness Index 4.0 2019 edition	Value	2018	96.4	83.3	99.6
		警察服务的可靠性 1—7（最佳）	GCI(2019)	Value	2018	4.6	5.7	6.2
	资本安全	风险资本可用性 1—7（最佳）	GCI (2019)	Value	2018	4.4	5.2	4.3
	政策环境安全	政府确保政策稳定 1—7（最佳）	GCI (2019)	Value	2018	4.5	5.3	5.2

表 8-25 安全条件竞争力指数

三级指标	权重	中国		美国		日本	
	1.0	标准值	得分	标准值	得分	标准值	得分
网络安全	0.17	93.3	15.9	104.5	17.8	100	17
恐怖主义发生率	0.17	96.8	16.5	83.6	14.2	100	17
警察服务的可靠	0.17	74.2	12.6	91.9	15.6	100	17
风险资本可用性	0.32	102.3	17.4	120.9	20.6	100	32
政府确保政策稳	0.17	86.5	14.7	101.9	17.3	100	17
总计		77		85.5		100	

小结

首先，本文考察了中美日三国传媒业当前发展现状，结合媒体应用人工智能技术的发展特性，构建了媒体应用人工智能技术融合发展的国际竞争力评价理论模型。其次，通过以波特教授的钻石模型为基础、熵值法确定权重，构建媒体应用人工智能技术融合发展的国际竞争力评价指标体系。再次，综合比较三国传媒业当前所处的优劣势，根据国际竞争力指数评价结果，对三国的传媒业国际竞争力进行了有益的探索。基于上述生产要素、需求要素、相关支撑产业、企业竞争、结构与战略、安全条件的竞争力指数结果，我们将分别描绘中美日媒体应用人工智能技术融合发展国际竞争力，如下图所示：

表 8-26 中美日媒体应用人工智能技术融合发展国际竞争力指数结果

要素条件	中国	美国	日本
生产要素	104.7	132.8	100
需求要素	148.6	489.5	100
相关支撑产业	227.2	300.3	100
企业结构、战略与竞争	107.7	279.9	100
安全条件	77	85.5	100

根据网络分析理论，我们可以将整个竞争力指标体系视为一个网络，每个竞争力指标都是网络中的节点，各个指标间相互连接，要素条件、需求条件、相关支撑产业及企业的结构、战略及竞争、安全条件这五大要素条件构成影响产业国际竞争力网络中的中心节点。

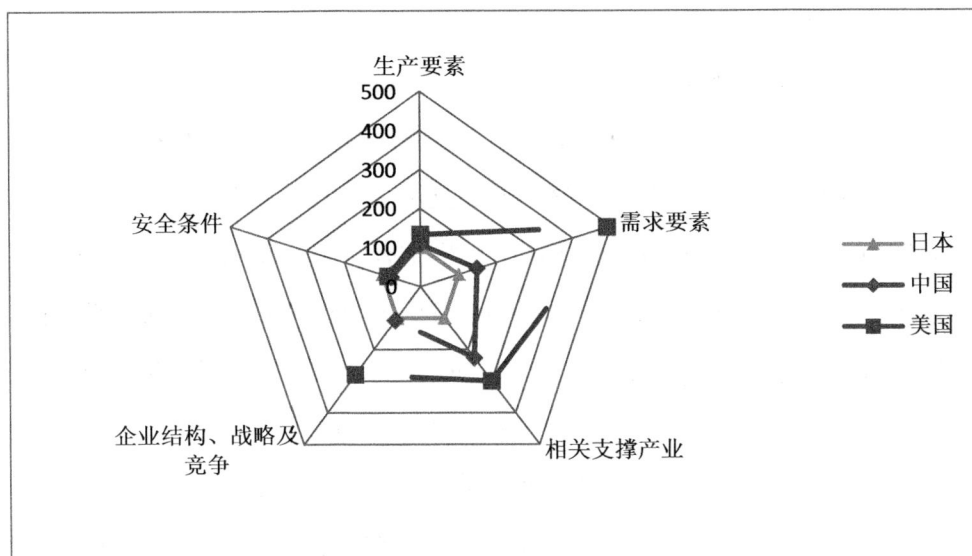

图 8-1 中美日媒体应用人工智能技术融合发展国际竞争力指数

　　从上图中我们可以看到中美日三国传媒业国际竞争力指数情况，第一，中国和美国整体来说在生产要素条件、需求条件、相关和支持产业、企业的结构、战略及竞争方面要有一定竞争优势，但在安全条件要素中相比于日本的国际竞争力是较弱的。第二，将日本的相关要素指标作为一个对标，中国在生产要素和企业结构、战略及竞争要素方面略高于日本，在需求要素和相关支撑产业方面较高于日本，显示出较明显的竞争优势。这与中国政府正在积极加强对核心技术和面向未来高技术的研究，实施重大产业创新发展项目，构建产业创新支撑体系紧密相关，即通过技术革新带来传媒业发展的新需求和新机遇。但从竞争力指数整体来说，中国与美国相比还有较大差距，尤其在需求要素及企业结构、战略与竞争方面相对处于劣势。第三，美国整体来说，相比于日本和中国目前呈现出较明显的竞争优势，但是在安全条件方面较日本来说，还处于劣势，仍有进一步提升的空间。

　　相比于美日两国，中国的传媒业在参与国际竞争中呈现出：

1. 要素条件方面

信息通信基础还是明显与美国有所差距，今后应加大宽带及移动通信基础设施的建设尤其是 5G 建设，增加有线用户、数字电视用户、互联网用户、手机用户的人数。ICT 可以减少国际交易中的通讯费用（communication cost），可以促进媒体的创意与技术的有机结合，因此我国加快建设 ICT 基础设施势在必行。同时，我国受过高等教育的人口比重明显低于美、日两国，今后在新文科建设背景下仍需要进一步加大对高级研究人员及传媒业相关人员的培养力度和资金支持。此外，我国传媒业的融资方式较单一，尽管已经有国家政策的扶持，民营资本和境外资本可以有条件地被允许参与广电节目的投资制作领域，但有些投资仍旧不稳定。传媒业在产业化运作的时候存在着产业体制与市场本身的结构性矛盾，造成资本与产业有时很难有效对接。

2. 需求要素条件方面

我国在付费电视市场规模、OTT 视频市场规模、电视广告市场规模方面明显低于美国。随着 Netflix、YouTube 等全球 OTT 视频服务运营商的快速发展，不仅是在付费网络视频市场，连付费广播电视市场也发生了翻天覆地的变化，今后付费广播电视服务和 OTT 服务之间竞争关系的变化也将会越来越大。像 Netflix、YouTube 等运营商在扩展海外市场时，常常通过与国内制作人的共同制作（自行制作）来确保其独家内容，同时通过与国内付费广播运营商合作来扩展优质内容的购买、制作及供应等广泛的业务活动。因此，会在付费广播电视市场中呈现出加大 OTT 视频服务利用的趋势。

在广播电视市场占世界市场的比重方面，我国也呈现出与美国的差距，今后应多参加国际展会、积极开拓海外市场、注重支援国内广播电视节目在海外的上映、加强国际交流积极促进海外推广，最终得以有效地满足海外市场需求。当然，完成文化价值的传达是传媒产业其文化属性的表现之一，我国传媒业在承载着我国优秀文化价值向海外市场传播的这一环节仍较薄弱，有待进一步提升。

3. 相关支撑产业方面

中国的电影产业近些年来一直在蓬勃发展，行业规模不断扩大，资本市场参与电影产业的程度也在不断加深，金融资本的进入一定程度推动了我国电影产业的发展。美国电影以好莱坞大型大片电影为主要武器占据了全球票房排行榜，主导着世界电影市场。但美国电影产业拥有巨大的行业规模的另一面就是增速平缓，缺少新的增长亮点。在知识信息及 VR 视频方面，我国与美国仍存在差距，今后更应该注重内容生产的专业化，形成知识信息服务的针对性和独特性，在细分市场的基础上，通过业务协作和完善的利益分配机制，从而确保专业化服务的顺利实施。

随着媒体和 ICT 产业的结合，智能媒体产业成了新的增长动力。因此，从国家战略角度提出"智能媒体产业培育计划"，制定相关支持政策，积极培育媒体和 ICT 融合发展将是大势所趋。虽然在 ICT 制造业投资集中度这一指标上我国略高于美国，但集成电路和软件目前仍是 ICT 产业的软肋，缺乏对核心技术的掌握、自主创新及品牌建设已经成为 ICT 产业成长的核心问题。今后要在国际市场的激烈竞争中占有一席之地，应该通过强有力的政策、税收优惠来支持企业扩大技术研发的投入、增强技术创新能力，积极争取国际质量技术标准体系认可。总之，今后传媒业要作为主轴向相关产业扩散，通过生产—消费、技术—文化、投入—产出等多渠道将产业价值传递到其他产业，进而形成集群效应带动自身的长远发展。

4. 企业战略、结构及竞争方面

中国传媒企业要不断加强与 ICT 技术企业的合作，在创造新产业的战略目标下，为构建智能媒体来积极培育产业基础。要积极改善媒体创新创业企业的经营环境，加强技术竞争力，要想继续在全球媒体市场上生存和成长，建议应选择从本土化战略向全球化战略逐步推进的路径，在企划和调查研究方面仍需加大支持力度。在海外建立市场调查制度、运用广播电视的资料室、增加对海外广播电视文化基础的调查、鼓励投资组合共同制作，进而实现中国智能媒体产品的全球化。与此同时，著作权相关问题应该向美、日等国学习，进一步修订《著作权法》，延长著作权保护期间，加强技术保护措施，明确法定损害赔偿责任和赔偿额等。

第九章　媒体人工智能应用协同创新
生态体系

随着无线数据流量的增加和物联网（IoT）服务的活跃，5G 已成为能够支持多种设备间数据高速传输的一项核心技术。与之前专注于提高传输速度的无线技术不同，5G 已被开发为不仅具有超高速性能，还同时具有超链接性、超低延迟和大容量的性能。与此同时，5G 时代背景下媒体应用人工智能技术后，全球传媒市场以及媒体环境均发生了变化，不仅整个宏观方面的生产流程和技术架构面临着重新洗牌，而且传媒产业生态链的各个环节（传播的对象、传播模型及传播效果）都发生了变化，传播形态呈现出与以往不同的超链接、非线性、去中心化、交互性、智能性、共享性等特征。

为了应对以上变化，非常有必要提出以媒体人工智能应用平台为核心的协同创新生态体系（由要素层、产业层、平台层、政策层构成，如图 9-1）来为我国未来媒体的发展提供一定价值思考。同时，本文尝试将政策的眼光提高到全球水平，通过营造相辅相成、协同创新的生态系统，加强智能媒体产业的国际竞争力，培养能够引领全球传媒市场的创新型传媒企业来有效激活产业活力，以期将我国智媒产业打造成能够引领世界市场的智能媒体产业。

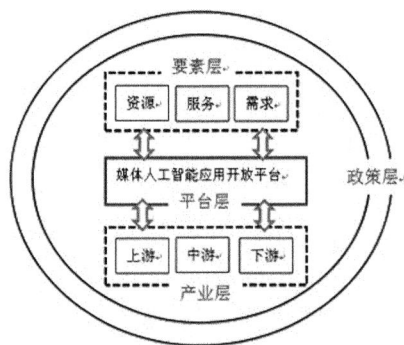

图 9-1 媒体人工智能应用协同创新生态系统

需要指出的是，本文所提出的媒体人工智能应用平台为核心的协同创新生态体系是指，在传媒业生态内各主体间，打造立体化、智能化、共享化的可以连接、整合各方力量的开放平台，该平台层向上连接资源、需求、服务等各类要素层，向下连接媒体人工智能应用的产业层（产业链的上、中、下游），并与政策层四周建立紧密联系，从而形成融合共生、协同创新的传媒生态系统。

一、要素层

1. 对媒体内容创作的支持

在 5G 时代下要想激活智能媒体产业的活力，最直接的方式就是支持和鼓励智能媒体内容制作，并以此为基础来培育智能媒体产业。对于媒体内容的制作支持，具体来说，可以直接加大对内容创作、宣传推广媒体内容的资金投入、举办征集优质媒体内容活动、对不同类型的媒体内容进行均衡的资金支持等方式来进行。

在征集优质媒体内容方面，以优质媒体内容为征集对象，其评选标准不仅要求内容本身具有独创性和优越性，还需同时适用 5G 人工智能技术的领先可能性（实用性）和市场竞争力（用户影响力），这样才能最大化支持先进智能技术下媒体内容制作的波及效果。

基于 5G 网络的超高速、超低延迟、超链接性，智能媒体内容大致有实感内容、基于云的内容、场景识别内容等类型[①]。但当前在智能媒体内容领域的投资倾向于只集中在实感内容，今后非常有必要针对不同内容类型进行均衡支持，特别加强对基于云的内容和场景识别内容的投入和支持。具体来说，可以在以上这三个内容领域设定单独的经费预算和扶持对象企业的规模，通过各个内容类型指定具体的内容形式分开进行支持。

期待通过加大对智能媒体内容制作的直接支持（不仅是对媒体内容的直接制作费，还包括传输媒体内容费用和数据分析费用），可以营造一个让有能力的作家、导演（PD）、演员均投入其中创作的环境，增加开发"杀手级媒体内容"的可能性，进而来激活智能媒体产业及相关产业。

---

① 本书所指的实感内容包括 VR、AR、MR、XR、3D、全息图内容等；基于云的内容包括云游戏、基于云的实时交互内容等；场景识别内容包括交互广告、个性化场景内容等。

2. 降低中小企业应用 AI 技术的成本

由于智能媒体具有快速的更新演进、广泛的类别、巨大的规模等特点，不仅会造成政府扶持的死角和重复区域，还会增加中小企业应用人工智能机技术的成本。能为因高成本而无法在制作过程中应用人工智能技术的传媒企业，特别是中小企业提供利用人工智能技术制作媒体内容的机会势在必行。因此，本书提出为在内容制作过程中应用人工智能技术的企业提供数据支持、设备支持、数据存储支持，鼓励其积极制作智能媒体内容。

数据支持是指通过与通信公司的合作，支持免费或低廉地使用内容制作所需的 5G 通信网（5G 调制解调器或 5G 数据等）。设备支持是指免费或低价租赁媒体内容制作所需的 360 度摄像头、VR 及 AR 拍摄设备、360 度客体摄影棚、3D 立体内容渲染系统等。数据存储支持是指支持公共云计算，通过搜索和利用视频高效制作媒体内容。

期待通过以上支持数据、计算、设备、存储等对中小型传媒企业的帮扶，能够激活 5G 时代下智能媒体内容产业的发展，为人工智能技术早日在媒体内容制作的全流程做出贡献，并为人工智能技术以多种方式在制作现场进行实验而创造条件。

3. 普及 5G 及 VR 相关设备

在第四次产业革命时代，所有事物之间都连接起来（hyper-connected），所有服务通过 5G 网络进行着有机联动。而当前 5G 网络建设大多集中在大中型城市，呈现出了区域间不均衡的现象，因此，应加强以弱势群体及地区为中心，普及可以使用 5G 及 VR 相关设备，为 5G 智能媒体内容的早期传播做出贡献，并体现出 5G 时代用户应有的福利。

5G 及 VR 相关设备的推广应以弱势群体及地区为对象，通过免费或低廉的价格普及 5G 通信设备、HMD(Head Mounted Device) 及 VR 相关设备；面向偏远地区播放 VR 电影、开设 5G 展馆；在全国小学、初中、高中、居民中心等普及 VR 相关设备；在老年福利院、公立图书馆等建设公共基础设施，免费或低廉租赁 5G 设备及通信网络。

通过这项以用户为中心的扶持政策，可以为偏远地区及弱势群体的用户创造条件让他们同样可以享受到智能媒体内容，为实现用户福利做出贡献。与此同时，通过面向普通人的租赁 5G、VR 相关设备及数据存储，还能够为现场媒体内容等智能媒体内容的制作及向大众传播做出贡献。

4. 扶持区域特色（当地）原创者的内容创作

5G 技术应用后，任何人都可以轻松制作视频内容并实时共享。这样的条件对区域（当地）原创者来说是一个很好的机会，当然如果区域媒体内容的制作活跃起来，也会对当地的媒体产业发展做出相应的贡献。对区域原创者的扶持可以通过多种方式来开展，为了让区域原创者和制作现场内容的原创者积极利用 5G 及人工智能技术，可以为他们提供媒体内容制作所需的媒体基础设施，例如为他们提供免费或低廉地租赁 5G 设备及提供 5G 通信数据支持等。

扶持以区域特色或区域特殊性为内容的"当地原创者"，旨在通过激活当地原创者的媒体内容制作的同时，实现各区域的均衡发展。

二、产业层

1. 促进与相关产业的合作

随着媒体的领域扩展到日常的所有领域，在开发媒体内容方面，与相关产业的紧密联系和合作也非常重要。媒体内容今后会超越电视机，计算机，平板电脑和移动电话等传统媒体平台，并在日常生活的各个领域以各种方式被接受。因此，需要有长期的帮扶计划，探索与汽车工业（自动驾驶车辆），音乐产业、家电产品产业、游戏产业、电影产业、家庭自动化服务等相关产业的各种合作方式来扩展媒体内容的服务范围。例如，与电影产业结合时候，可以尝试开发没有大屏幕、随处可欣赏的 VR 电影内容，在没有大屏幕的偏远地区（山区海岛等）提供 VR 电影放映服务（通过 5G 技术实现流媒体播放 VR 电影，解决版权［盗版］问题，在没有影院的地区提供尽可能的影院体验）。还可以考虑建立 5G 人工智能合作园区（Complex Park），为各领域的企业参与和合作创造条件

促进与相关支撑行业合作的目的是拓展提供媒体内容的平台多元化、媒体内容消费空间以及扩大媒体内容影响的范围。通过积极利用智能媒体内容，期待能够改变音乐产业及电影产业等现有媒体产业的生态系统，引领新的文化现象。

2. 实施严格的知识产权保护制度

我国已经将创新驱动作为一项核心国策，将其视为经济高质量发展的途径，而知识产权制度是保护、激励创新投入的重要制度。首先，建议我国要加快完善智能媒体产业相关应用领域的知识产权保护，对专利侵权行为要严厉打击，营造鼓励科研创新的良好氛围，进而促进智媒产业技术创新和研发能力提升。

其次，要重视专利质量，有效加强专利布局。在我国重视高质量发展、强调高价值专利的背景下，在评价专利价值时，仅从数量上进行衡量并不全面，专利价值应通过市场来体现。因此，重视技术专利的质量，有效加强技术的专利布局，是我国提升人工智能技术相关产业创新实力、实现智能媒体相关产业健康高效发展的一大方向。

再次，建议我国可以建立与媒体智能应用及服务的相关专利交易和许可平台，为相关技术的转让和许可提供便利。通过对核心技术授权等有效激励手段，可以挖掘智能媒体应用领域技术创新者最大创新潜能，提升对先进技

术引进吸收消化再创新的能力，进而保障内容消费者和 5G 商业用户及时获得最先进的技术应用。

3. 挖掘 AI 时代的主要议程促进研发与创新

通过挖掘 5G 及人工智能时代的主要议题，提出媒体内容产业的培育方向、开发 5G 及人工智能商用技术、高度重视智能媒体产品的研发创新，对达到相关要求的研发创新企业给予相应资金支持，并提出未来愿景，可以作为制定人工智能时代下，智能媒体内容活性化政策的有效依据。另外，随着智能媒体内容的传播过程中出现的内容接收效果（积极／消极）及伦理、法律（规制），可以通过研究热点等提出公益层面的政策热点。因此，这项建议既是从产业层面提出也是从公共政策层面提出，需要中长期得出结果再应用于政策。

建议研究和开发的议题中，主要但不仅限于以下问题：支持 5G 智能媒体内容基础及商用技术的研发、智能媒体内容产业和版权、因云＼场景识别内容的传播而提出的个人信息保护问题、5G 技术和媒体生态变革、自动驾驶车辆和媒体内容的融合发展、虚拟现实的伦理道德＼法律问题（规制）、虚拟现实对身体和精神效果（积极＼消极的方面）、人工智能技术的引入和智能媒体内容制作方式＼流通过程的改变、媒体内容接收方式的变化、解决地区不平衡的基础设施建设方案等。

4. 制作人媒介素养教育

在 5G 环境下，媒体内容制作者不仅需要拥有内容制作的能力，还需要对 5G 及人工智能技术有深入的理解能力。制作人媒介素养教育，旨在培养和提升在 5G 环境下制作媒体内容的从业者能够正确理解新技术的正面、负面影响力，并将其应用于媒体内容制作的相关工作。

从 5G 及人工智能技术引入初期就需要开始激活媒体内容制作的活力，因此建议制作人媒介素养教育需要有中长期的规划和实施，最好在 5G 及人工智能技术引入之初就开始实施。建议可以与电视台、广播电视协会、高校等合作，共同开发要开发有别于现有制作人媒介素养教育的课程内容，建立理论＋实践教育的人才培养体系。

制作人媒介素养教育的具体内容主要有：对 5G 及人工智能技术的批评性理解；想象和洞察 5G 时代人类所需要的、前所未有的新事物的能力；对智能媒体技术伦理的理解和判断能力；虚拟现实的负面影响、云内容和用户权力、情境感知内容中的个人信息保护问题及版权问题；对制作现场变化（自由视角媒体内容、无线转播）的理解；智能媒体内容制作现场的案例分析与分享等。

为了提高制作人的智能媒体内容制作速度，可以考虑建立"智能媒体内容联盟平台"。 如果考虑到制作人忙于日常工作的现实，可以通过平台的网站广泛提供与智能媒体内容制作相关的知识、信息、案例、伦理问题等内容，共享实用信息和经验，发展智能媒体制作系统，提高制作人对智能媒体环境的批判性理解能力，将智能媒体内容可能带来的负面作用降到最低。

三、平台层

1. 建立开放的媒体生态对接平台

建立媒体生态对接平台，首先要促进相关主体间的交流和深度合作。平台围绕媒体业务需求、媒体技术服务、应用产品的孵化、资金扶持等发展的关键环节，统筹智能媒体产业相关企业通过与现有媒体企事业单位、5G 网络运营企业、媒体产品相关的制造企业、互联网企业、应用开发企业、金融投资服务机构及行业相关联盟及创新中心，相关研究机构、高等院校等单位和机构的联系、融合，引导相关产业生态界的进化，促进供需对接、技术革新、知识共享，形成优势互补，为创造新的附加价值做出贡献。对接供需各方需求，深度挖掘市场需求，全面促进媒体人工智能应用创新，并加强应用推广，进而有效推进智能媒体产业的发展。

2. 建立服务智能媒体产业的公共服务智库。

公共服务智库可以建立以一种生态圈，开放式的研究网络来进行资源的共享和共通，与此同时加强与其他技术机构、专业智库间的合作。技术公司的技术可以弥补公共服务媒体智库的技术短板，而媒体也具备技术公司所不具备的新闻内容生产、舆论引导优势，二者可以在共同的企愿目标下共同合作。择优尽快确定本行业重点发展的主要媒体智库，对目前已经取得良好成效的智库可给予项目资助和资金扶持。

3. 对用户进行升级教育

通过对用户进行升级培训，可以让用户正确理解 5G 及人工智能技术，正确接受智能媒体内容，进而具备利用 5G 及人工智能技术制作个人媒体内容的能力。同时，还可以让用户理解 5G 及人工智能技术的正面和负面的影响，具备对与智能媒体内容相关的法律、伦理问题进行理解和判断的能力。

建议对用户进行的升级教育最好在 5G 技术引入之初就实施，但也需要从中长期的角度来规划和实施此项教育项目。最重要的是，通过用户直接参与的培训，为用户提供亲身体验智能媒体内容制作过程的机会。

智能媒介素养教育要开发的主要议题和教育内容需有别于现有的媒介素养教育，也可将其应用于现有的学校教育或相关培训项目。智能媒体素养教育中涉及的主要内容有：想象和洞察 5G 时代下，人类所需要的、前所未有的新事物的能力；培养对虚拟现实、云内容、场景识别等新类型智能媒体内容本质的理解力；培养对 5G 内容伦理的理解和判断能力，包括虚拟现实的负面影响、云内容和用户权力、情境（场景）感知内容中的个人信息保护问题、版权问题等。

为了让教育项目顺利运行，需要对现有的媒体教育和智能媒体教育的差别化部分进行系统的研究开发。还可以采用多种方式，如与大学建立合作机制，邀请社区图书馆、居民中心、受众媒体基金会等公共机构，共同开发一种多元化融合的教育项目。另外，为了提高教育效率，可以考虑将智能媒介素养教育的内容，通过制作成短视频等形式投放在各公共机构的网站及各大门户媒体网站等进行科普，让更多人接触到这样一种利用智能媒体内容及制作智能媒体内容的教育。期待通过用户媒介素养教育，越来越多的用户能够正确接受智能媒体内容。

四、政策层

1. 引导推进媒体基础设施的建设

首先，政府需要加强统筹指导和规划引领，有序推进媒体网络基础设施建设，推动 5G 网络与 4G 网络的协调发展，实现城市、乡镇的连续覆盖以及农村热点区域的有效覆盖。考虑到 5G 网络建设大多集中在首都圈及大城市，区域间不均衡现象日益严重的现实，应加强区域或个别地区的基础设施建设。

5G 网络的建设主要是由通信运营商来完成的，因此政府非常有必要制定鼓励区域 5G 基础设施建设的扶持方案。为了使通信网在各区域间均衡，可以尝试指定能够体验 5G 高速率的区域或地区为据点，积极引导移动通信公司自发投资来建设的方式来实施。例如，政府相关部门可以考虑指定车站为据点，与智慧城市联动开展相关工作来引导通信运营商积极构建能够保障当地媒体内容产业的网络基础设施。这样通过构建稳定的 5G 通信网络，为在全国提供高质量稳定的 5G 智能媒体内容就奠定了基础，为消除区域间通信网络不均衡做出了贡献。

其次，政府还可通过支持开放式媒体应用技术开发，来提升研发能力不足的媒体生态系统的力量。例如可以通过投资以物联网为基础的"媒体互联网"、利用多种立体空间屏幕的空间媒体、与使用者交流感情的感性媒体、利用人类的五感使投入感最大化的实感媒体等基础技术开发，来帮助实现智能媒体的活用及商用化。

最后，要使智能媒体产业培育政策的目标体系和成果管理体系保持一致，既要接受市场环境的变化，又要有一贯性、持续性地给予智能媒体产业政策支持，基本原则和推进体系不能动摇。

2. 营造产业融合创新环境

政府积极引导媒体、信息通信行业等相关行业的合作交流，统筹科研机构、高校、运营商、设备制造商、终端厂商、互联网企业和行业企业等产学研用力量，协同开展 5G 信息通信技术研究、智能媒体设备开发与行业应用，加快推动智能媒体与相关行业应用融合发展。

与此同时，还要加快融合应用领域法规制度的建设。因为未来媒体融合现象将超越目前我们所关注的广播电视与信息通信的融合，还包括新闻和出版等印刷媒体，电影、游戏、动漫、音乐等现有产业，自媒体创作物等，是所有媒体与 ICT 技术、人工智能技术相结合，部分融合或再分化结合的现象。因此，营造媒体产业融合政策不能只限于广播电视和信息通信的融合，在制定和推出相关规制及法律制度的时候，要消除行业政策壁垒，鼓励支持多元市场主体平等进入，培育壮大智能媒体相关新技术、新产业、新业态，从而促进智能媒体产业生态体系更加健康。

3. 提升未来相关人才的培养

以人机协作为特征、以提升内容生产传播效率为目标的智能化形态，是媒体面向未来的一种思维方式和发展方式。对于人工智能技术可能诱发的某些问题，需要媒体人进行价值干预，这也是未来媒体人的核心价值所在。但目前的问题是媒体在协同创新方面、发掘技术、人才培养层面的能量还有待加强。

对于技术型人才，在现有高端人才的优惠条件基础上，需注重对 5G 及人工智能人才的遴选支持。将 5G 通信行业专家、数据科学家、AI 工程师纳入高层次人才分类认定目录。对认定的高层次技术人才团队，给予项目资助。对顶尖技术人才和团队的重大项目实行"一事一议"。对获风险投资的人才创业企业，通过政策性担保公司给予积极支持。

对于智能媒体方向的人才培养，尝试构建 5G\AI+ 产业人才体系。在学校的正规教育项目中引入之前，应该优先考虑通过课后怎样的产业活动来支持正规教育项目。比起向他们单纯展示和演示智能媒体内容的教育，更应该向他们展示和教育媒体内容制作的过程。通过产业业务深化课程、实感内容专项培养夏令营课程及创新成长青年人才特别讲座（智能工厂、自动驾驶汽车、无人机、VR、AR 等八大领域）等，来加强智能媒体行业及开发者的力量，进而提升智能媒体人才培养的质量。

4. 构建网络防御机制保障数据安全

虽然 5G 网络的防御机制较 4G 网络得到增强，具备统一的认证架构、多样的安全凭证管理、更强的隐私保护等优势，然而，网络功能虚拟化（NFV）、边缘计算（MEC）和网络切片等新技术的引入给 5G 网络带来多种风险。特别是，不同业务对安全能力要求不同，安全能力较弱的某个切片被攻陷可能影响别的切片，而且安全责任的归属难以划分。同时，5G 开放的网络架构也会增加个人信息或者关键数据被泄露的风险。

这就需要政府积极构建 5G 网络的主动防御机制和加强数据欺诈的检测与开发，从而让 5G 网络具有更好的私密性和更灵活的网络安全能力。在数据传输时，可尝试在数据生成点、数据服务器都进行加密，然后在中央控制中心解密出来，5G 仅作为通道化的传输网络，在通道里面的任何一个节点对数据都是不可见的，这样即使网络存在不可靠的问题，也不会影响数据安全。

5. 加大海外传媒市场进军的步伐

为了有效加强智能媒体内容的国内外流通，营造国际合法、公正的内容交易环境，需制定政府层面的政策。可在媒体内容境外合法流通环境、营造公平的内容交易基础、支持利用广播电视元数据建立广播电视的数字生态系统、对以 HTML5 为代表的开放型电视平台进行标准化等方面加大支持力度。在涉及人工智能的国际参与方面，制作需要国际参与和监督的人工智能热点领域的清单。政府应加深与国际利益相关者的合作，以促进人工智能研发的信息交流与合作。

同时，推进智能媒体产品向海外市场进军时，可适当采取"先易后难"的市场拓展战略。面向对 5G 及人工智能技术接受度较高的市场，内容提供商、运营商、设备提供商、技术服务商可共同研讨市场需求，先制定一个基础版本推进方案，形成单点解决方案，再采用全面铺开的方式，最后推向全球市场，很难在 5G 及人工智能技术投入传媒市场之初找到一个普适各国传媒市场的解决方案。

6. 培养和扩大引入民间投资

通过投资研发，政府在推动媒体人工智能技术应用发展的过程中发挥着重要作用。政府在智能媒体领域中，对媒体产业从业者、内容开发者、平台型企业、技术支持型企业的资金支持制度大部分是政策资金或 R & D 补贴等资金投入形式，而且也取得了一定的效果，因此在今后的政策方向上大概率资金支援等直接的资金支援政策将继续延续下去。但我们同时也担忧这样资金支持政策的另外一面影响，如果政府的资金支持突然被中断，有部分企业就会因失去自生能力而陷入困境。媒体产业的基本是内容，从长远的观点来看，以源泉内容或内容生态系统为中心进行企业支持是正确的。因此，建议今后以内容创作者、媒体生态体系为中心进行支持，除了政府的资金支持外，还需要加大引入民间投资或间接支援的方式，为今后企业能够具备自生能力并良好发展提供一定制度基础。

7. 支持中小型企业的创业全周期

智能媒体产业领域不是一个可以在短期内创造商业成果的市场，因此，不仅是对企业创业初期的支持，重要的是在成长阶段到事业进入稳定阶段为止，政府都要制定可以持续、系统地支持的推进体系。针对中小型企业的创意开发到商业化，提供了创业全周期的智能媒体基础设施。即，为中小型企业创业提供"创业及创意提议阶段 → 开发阶段 → 商用化阶段"的创业全周期支援。同时，智能媒体产业是以互联网为基础，可以有多种形式的服务及媒体延伸和进化，可以创造新的产业和市场，具有较高的增长潜力的产业。可以针对有创意的中小型内容开发公司、门户网站等平台公司进行咨询和匹配，并对他们所提供的优质服务进行直接性的政府资金补贴，帮助其更顺利实现商业化。

展望

在第四次工业革命时代里，5G 作为能够实现超高容量的内容传输、超链接、超低延迟服务的技术，呈现出融合化、多样化、智能化的特点。5G 网络今后将根据多种服务利用类型，利用必要的资源，使所有服务提供都能在一个网络上实现，超越移动通信成为下一代网络的核心基础设施。预计未来作为第四次产业革命时代的融合网络 5G 商用后，以其为基础的第四次工业革命生态系统（ecosystem）的抢占和竞争将全面展开。

同时除 5G 以外，以 LPWAN（Low Power Wide Area Network）为基础的物联网（IoT）网络及 WiFi 等 IEEE 802.11 系列技术也在不断探索进化。

今后为应对物联网市场的迅猛增长，使得超高速数据传输通过不同网络资源的多种服务成为可能，需要以软件为基础的网络结构和以 AI 为基础的智能化网络运营。未来如果需要不间断地提供基于超链接的多种服务，则要开发新技术在单一网络上全部实现，或者解决异种网络之间完美的相互兼容性以满足这一目标。

伴随着人们在社会上继续保持竞争力所需要的工作技能的转变，以及社会经济的结构性转变，5G 和人工智能技术在带给人们诸多裨益的同时，也需要我们付出一定的代价。例如，高清视频和云游戏服务本是奢侈品，而 5G 网络的高速连接使得此项服务迅速普及，人们足不出户就能有优质的服务体验。但也正是这样极致体验，容易让人们大量的时间消耗在网络中，造成了网络成瘾、游戏成瘾等健康问题。另一方面，当前 5G 网络大多建设在大中型城市，边远地区和农村在数字基础设施、数字技术应用水平和能力等方面与大城市仍存在一定差距，"数字鸿沟"也客观存在，由此引发的各类经济社会问题也在日益凸显。因此，需要相应的国家政策来帮助因这些变化而导致的弱势群体，确保 5G 和人工智能所带来的裨益能够服务于整个社会。

智能信息化时代至少是产业和文化共存共生的社会，媒体产业与 5G、AI 等 ICT 相关产业的融合正在编排新的媒体秩序，依托新的商业模式正实现着多方合作、共同成长。新技术带来了新型服务，新型服务可能超出行业原有定义的范畴，相关行业的从业者需要与时俱进，更新标准，加速成长。面对可能出现的职业挑战甚至替代，行业从业者应要积极自我调整，积极拥抱变化，主动应对挑战。政策的制定者也要跟上技术不断创新的节奏，在制定未来的媒体政策时应考虑到不断开发文化多元主义与公平竞争之间共生的逻辑，考虑到政策最终服务的是以人为本。

附录 1——直播平台 NextVR 运营策略的案例分析

全世界与 VR 相关的产业从缓慢探索逐步到快速发展，其中 VR 直播及其应用备受关注，国内外的知名企业比如微软、Facebook、谷歌、HTC、网易、腾讯等纷纷关注并大量投资。中国在 VR 产业中不断更新、崭露头角，是发展潜力巨大的国家之一。现在的技术人工智能、5G、大数据、虚拟现实等迅猛成长并与制造业深透交融，推进了中国经济高质量发展。在《中国虚拟现实应用状况白皮书（2018）》中可以看到，虚拟现实已经被列入"十三五"信息化规划、互联网＋等多项国家重大文件当中[①]，工信部、发改委、科技部、文化部、商务部都出台了相关的政策，各省市地方政府也都从政策方面踊跃推动产业的布局。

2019 年 6 月 6 日，工信部颁发了 5G 许可证，这意味着中国正式地进入 5G 时代。5G 与 VR 相互增进、协调发展，宽阔了市场空间。在 5G 技术的加持下，VR 直播的观看体验将会更加流畅。据 VR 行业著名咨询公司高盛的报告预计：游戏、直播和视频娱乐将占 VR/AR 总收入的 60%；2020 年全世界 VR 直播用户数将达到 2800 万，市场总收入将达到 7.5 亿美元，而到 2025 年，用户数将增至 9500 万，总收入将达到 41 亿美元[②]。

一、VR 直播的产生背景、定义、特点

1. 背景

随着信息技术的持续更进，伴随着手机的智能化与 WIFI 遍及的环境，网络直播因其突破空间的限制而受到网民的拥护爱戴，用户可以随时随地地

---

① 中国信通院：《中国虚拟现实应用状况白皮书（2018）》，[EB/OL].http://www.199it.com/archives/780276.html，2018 年 9 月，第 2 页。

② 陈静，黄慧：《虚拟现实技术在视频直播中的应用分析》，《新闻研究导刊》,2016 年，第 7 卷第 18 期，第 8 页。

观看直播，比图片文字更具有感染力，拉近了人的距离。直到现在，网络直播的范围也在不停扩大，其火爆程度也在持续增长着。北京师范大学新闻与传播学院执行院长喻国明教授说过，一种新的技术或者新的媒介的产生并且判断它是否是具有发展潜力的判定标准有两个，第一个是顺应时代的发展而产生的新技术或新媒介是否有增加社会信息的可流动性，另一个就是这个新技术或新媒介是否让人能有行动表达的自由度以及对信息的控制力。网络直播从现阶段来看正是满足了这两点。

随着国内外 VR 技术的发展进步，越来越多的软件技术公司，开始利用 VR 独有的临场感和沉浸感的优点，将 VR 与网络直播相结合，创造出新的媒介传播形态。VR 的发展对于网络直播来说是具有革命性的意义，它重塑了传统网络直播的表达和外延，从本质性上改变媒体与用户之间的关系，全息身临其境的体验以及高维拓展的现实场景，让用户从以往的旁观者变为目击者与参与者，让一切事物皆能读能视能感。从感官刺激到体验刺激、从单向传递到多向传递、从媒介倚赖到设备倚赖，VR 直播所带来的沉浸式全景观感体验必然成为未来媒体的主流方式。

2. 定义

VR 直播，即虚拟现实（Virtual Reality，简称 VR）和直播的结合，是利用 VR 技术将传统的二维平面直播通过特定的全景拍摄设备以及相关的软件系统，模仿构造出一个三维虚拟环境，提供给用户视、听、触等感官感受，让用户可以在这个虚拟环境中通过 VR 传感设备进行交互，用户能够及时且没有限度地观察三维虚拟环境内的事物，给予用户产生有如身临其境般的沉浸感、临场感的直播体验，是一种全新的视频内容展示方式。

3. 特点

第一，全景大视角的沉浸体验。VR 是通过计算机特定算法结合传感、人工智能等一系列技术手段构建三维空间的虚拟世界，它颠覆了原有的视觉体验，在视觉的基础上再模拟出听觉、触觉等，以达到让用户有全感官沉浸般的感受。而 VR 直播是在 VR 技术的基础上与现实直播活动结合，可以解决传统二维平面直播的临场感不足、交互单一这些最大的不足，让用户看到的直播影像更加立体化更接近真实世界，能够给用户带来既真实又及时的沉浸体验。

VR 直播通过 360 度全方位的全景大视角的展示效果，缩短用户与平台间的距离。通过 VR 传感设备，用户可以真情实感地感受到所展示场景的各个细节，比如环境、人、物等。在虚拟场景中，用户可以根据喜好随意切换视觉角度融入场景中得到临场般体验。这种高度自由的互动传播，可以应用在各类体育赛事、演唱会、大型晚会、新闻事件以及其他领域中，能给用户带来全新的全景大视角的沉浸体验。

第二，打破时间和空间的限制。在 VR 直播中，用户在虚拟三维空间里可以通过视、听、触等感受进行交互，它没有以往线性传播价值的限制以及在空间上的局限，注重于用户的交互性和整体感受，用户可以根据自己的想法选择不同时间、空间的场景并进入体验。

比如，在电商上，VR 直播可以让用户在家或是其他任意场景中就可以查看并试穿商品，这不但可以刺激用户的消费需求，也可以让用户更细节的观察了解商品以减少图片视频上存在的信息误差等问题；在旅游业上，VR 直播可以让用户置入于旅游目的地，更直观真切的感受当地的风光，提前了解当地的相关信息，做好充足的准备，消除用户对旅游目的地的未知与不安心理，增加旅游乐趣，也可以让用户足不出户就可以旅游一趟，保护自然景区的同时带来创收；在电视节目、网络综艺、演唱会和赛事上，VR 直播可以让用户无须在现场就能感受到现场才有的气氛，同时，用户进行互动，这也打破了用户与媒体之间的界限。虽然 VR 直播与现场还是有一定差别，但是对于大多用户来说，它的突出点在于其便捷性，这比传统的网络直播更多了份直观的感触。

二、当前国内 VR 直播的发展现状

赛迪顾问于 2019 年 10 月发布的《2018 年 VR/AR 市场数据》中显示，2018 年中国 VR/AR 市场规模为 80.1 亿元，增长率为 76.5%，其中直播行业应用市场规模为 9 亿元，占比 11.2%，仅次于游戏和视频，预计到 2021 年，VR 直播的市场规模将达到 64.3 亿元，市场占比为 11.8%[1]。现在国内许多传统的网络直播平台都开始增设 VR 直播频道以及 VR 直播间，目前中国有 20 多家 VR 直播平台，传统的 200 多家 OTT 直播平台也慢慢开通 VR 直播功能。VR 直播的巨大潜力吸引了资本方的投资，国内不少直播平台也趁机提前在 VR 直播领域占据市场。目前国内涉足 VR 直播平台有多家企业如微鲸科技、斗鱼、佳创视讯、花椒、虎牙等，并且国内视频网站优酷、爱奇艺、搜狐也相继布局了 VR 视频领域的相关战略，相对来说国内 VR 直播市场潜力巨大[2]。而国外的 VR 直播起步要比国内早，知名企业诸如 Facebook、谷歌、微软等都关注 VR 直播行业并大量的投资，现有 NextVR、JanutVR、Hulu VR、Netflix VR、YouTube VR、HBO VR 等多个 VR 直播平台。

从内容生产方式看，VR 直播大致分为两类，一类是专业生产内容（Professional Generated Content，简称 PGC），比如各类体育赛事、综艺节目、新闻事件、教育培训、产品营销等；另一类是用户生产内容（User Generate Content，简称 UGC），比如网红直播、户外直播、生活直播等。近

---

① 中国联通网络技术研究院：《VR 直播白皮书》，[EB/OL].http://www.7tin.cn/news/137268.html,2019 年，第 4 页。

② 中国信通院：《中国虚拟现实应用状况白皮书（2018）》，[EB/OL].http://www.199it.com/archives/780276.html, 2018 年，第 2 页。

几年来 VR 直播在各类体育赛事、新闻事件、综艺节目等应用场景中不断试验，得到了飞速发展。这些应用场景都有一定的用户群并且愿意消费，这使得商业易于变现。在 2019 赛季 CBA 决赛的 VR 直播调研中，93.98% 的用户愿意为优质 VR 直播业务升级网络套餐，48.8% 的用户愿意接受 VR 直播 30 元以上的单独付费[①]。这也为 VR 直播规模化商用的发展前景给了借鉴。

当前发展也存在一定不足，具体表现在：

其一，VR 直播技术不成熟。技术可以说是所有科技产品的根本。VR 直播所要求的技术性因素是非常重要的，360 度全景拍摄、画面拼接、编码、传输和终端播放这五个环节环环相扣，只有每个环节做到位，这样整体才能有好的呈现效果。由于在 VR 技术上的不成熟以至于国内 VR 直播无法供给流畅高清完整的内容，使得用户所感受到的氛围效果远没有现场观众所感受到的好，用户体验感不佳。目前国内涉足 VR 直播的都是一些网络直播平台，各个平台都没有能够支撑 VR 直播的技术储备，在分辨率、刷新率和码率上都远远不够，而且大部分用户是使用手机直接观看 VR 直播，而不是 VR 传感设备，手机本身的低分辨率、低刷新率是达不到 VR 直播应有的条件，在使用手机 VR 传感设备时，观看时间稍长就会使用户出现眩晕感，而且手机需要长时间渲染 VR 视频，这也会导致严重的手机发热耗电问题。而且 VR 直播需要同时支持大量的在线收看用户，在网络环境较差时出现卡顿需要维持相对高稳的网络传输速度也需处理。

综上，除了画面分辨率低、画质差、镜头不流畅、网络延时明显所产生的晕眩感等，用户同时还受到网络带宽、手机配套的硬件性能不一、VR 头显设备佩戴不适等限制，这一系列问题都导致了用户的低临场感。如何平衡数据传输和宽带速率的问题、如何改善画面的清晰度和压缩比率的问题、如

① 中国联通网络技术研究院：《VR 直播白皮书》，[EB/OL].http://www.7tin.cn/news/137268.html,2019 年，第 33 页。

何协调手机和 VR 设备的匹配问题、如何改良 VR 传感设备佩戴舒适度问题等等，这些问题都是 VR 直播需要攻克的难关。

其二，VR 直播成本高。VR 直播的成本远高于传统的网络直播，不仅是 VR 直播平台的成本高，用户本身的成本也高。若是想直播出最优的内容，在带宽的所需条件上比游戏直播的还要高出数倍。前网心科技董事长陈磊说过，以 1080p、20 兆左右推算，现在传输 360 度 VR 直播，用户所需成本是电视的 10 倍、手机的 100 倍。爱奇艺手机 VIP 会员，每月 15 元至 30 元左右，若要维持差不多的利润率，VIP 会员需要每月花 3000 元左右来体验 VR 直播[①]。 高成本是 VR 直播的大阻碍之一。目下 VR 无法走向 C 端市场还由于昂贵的带宽成本。陈磊还说过，当下 VR 直播的一个核心成本即是带宽成本，很多大的视频网站的带宽成本都 10 亿多，即使这样仍有很多用户的需求无法达到，也因此有的视频网站会选择在播放的高峰期间降低画质。 可若是通过降低画质进行 VR 直播，这会使用户无法很好地体验到沉浸这一区别于传统直播的特点。拍摄 VR 视频的成本也十分高，从开始的人力成本到后面的制作、传输，这些过程中产生的成本大概是每十分钟一万元[②]。

其三，VR 直播应用生态环境还不成熟。目前 VR 直播的应用场景和用户都还十分有限，VR 直播的应用生态环境还不成熟，这也是制约 VR 直播发展的重要因素。吸引用户的不仅是技术，还有高品质的内容。没有技术的进步，就很难有内容的产生，没有内容的产生就没有优质的内容来吸引用户形成用户黏性、扩大用户群数量，这也就无法进一步促进产业的投入，带动优质内容的产出，形成良性的循环。VR 直播目前这种高投入、低产出的状态，影响了其商业价值的发挥，绝大多数的 VR 直播都还停驻在娱乐影视和

---

① 第一财经：《VR 直播"拦路虎"：带宽成本》，[EB/OL].https://www.yicai.com/news/5020079.html。

② 最极客：《VR 直播前景广阔，但技术与生态的不成熟成为发展瓶颈》，[EB/OL].https://www.tmtpost.com/1742389.html。

体育直播中。目前用户对于 VR 直播没有很大的需求，平台也无法让用户在体验之前就产生需求，这也是 VR 直播应用生态还不成熟的原因所在。

三、NextVR 直播平台的运营策略分析

美国 VR 直播平台 NextVR 成立于 2009 年，持有从前期到后期的多项专利技术，包括了拍摄、压缩、传输和 VR 内容显示等，主要播放体育赛事活动、总统辩论竞选、演出等多种 VR 直播内容。从 2012 年转型制作 VR 内容到现在，NextVR 已经成了 VR 直播界的领先者，成功地从开始的 3D 内容制作公司（Next3D）蜕变成如今的 VR 直播平台[①]。

现在只有 NextVR 达到高清品质的 VR 直播，在全球排名前列，凭借其技术和内容实现了实时深度信息的 VR 直播。今年 5 月，苹果公司收购了 NextVR，未来 NextVR 可能会以更多样化的直播形式延续下去。

内容和技术两者相得益彰，优良的技术支持了优质的内容，而优质的内容补充了优良的技术，NextVR 能够在 VR 直播领域中一马当先，靠的就是在技术和内容上的成功运营策略。用技术优势吸引资本、吸引内容提供商，依靠内容优势再吸引资本优化技术，以此形成自己发展态势的良性循环。当然，优秀的团队成员也是不可缺少的一部分。

1. 推动技术和质量的极限

（1）专利技术支持运作

国内 VR 直播平台的 360 度全景 VR 视频仅停留在表面，而 NextVR 可以做到带有实时深度信息的 VR 直播，满足用户的深度沉浸体验，让观众真

[①] CNMO 宅秘：《苹果收购虚拟现实公司 NextVR 为开发 VR 设备做准备》，[EB/OL].https://baijiahao.baidu.com/s?id=1666727493448720395&wfr=spider&for=pc。

确体会到如现实般的高品质直播，而这依靠于 NextVR 两个重要的技术支持：一是数据压缩技术。其原理是尽量消除多余的数据，保证每个内容只传输一次，4M 到 6M 的网速能支持传输每秒 60 帧的图像，使在 4G 的室外环境下可以达成实时流畅直播；另一个是拥有一款特意用来实时转播 360 度 VR 直播节目的全景直播卡车，由三个部分构成——制作 VR 3D 音效的音频混合装置、计算资源、监测 VR 实况转播的空间场合，其特点是在无论到哪里都可以立即传送多台相机拍摄的实时 VR 3D 影像，可以迅速安排在舞台或体育场中，随时随地即插即用，以满足日渐膨胀的 VR 直播需求。

NextVR 还研制了一套红龙摄像机系统，选用了 6 台 Red Epic Dragon（红龙相机）6K 摄像机，定制的双目相机可以拍摄立体 360 度视频，目前由于带宽一般直播立体 180 度视频。当完成观众周围环境的拍摄后，系统会自动调整大小并投射到三维网格面上，从而省去了拼接需要的人力及时间。另外，NextVR 在加州总部还拥有世界上第一个 VR 直播传输运营中心。所有的专利技术从时间、空间上确保了 VR 直播内容实时观看。

NextVR 在光场捕捉和立体视图生成上有持有很多专利，运用于光场技术中，为沉浸环境的拍摄和呈现供应相对的位置追踪技术。NextVR 的 VR 直播内容可用头显设备观看，而且目下只有 NextVR 可以给所有 VR/AR 头显设备供应实时实景内容，涵盖了 Oculus Go、PlayStation VR、HTC Vive Pro、HTC Vive、Windows MR 头显、三星 Gear VR 和谷歌 Daydream 等。NextVR 在拍摄、压缩、传输和 VR 内容显示方面获批和待批的专利超过 40 项。从硬件到软件，NextVR 拥有了整套成熟的直播系统。

（2）高质量的画面保证

在拍摄 VR 中的动作时，质量也是最需要的考虑要素之一。用户在体验 VR 直播时，需要使用户能感觉自己坐在现场般一样，质量好就意味着直播内容能让用户产生更加可信和舒服的心理，这样才能尽所能地把现场的情感氛围传递给用户。在较长时间的 VR 直播体验过程中，更高质量的 VR 直播内容可以在一定程度上减轻用户的视觉疲劳和眩晕感，这样才能够让用户在整个比赛或音乐会的直播过程中有较舒适的体验感受。

NextVR 之所以能够保持高质量的实时直播，在于经过技术手段捕捉相机四周环境（比如跑道或篮球场）的几何形状，而后把拍摄视频映射到生成的线框图里，这可以重现更加逼真的显示效果，而且不需要做任何拼接就能把 NextVR 的用户体验与其他同行区分开来。NextVR 打破了电视、手机的"屏"，把用户带到了比赛现场，还是坐在最好的位置观看比赛。NextVR 不仅在传统直播中无法覆盖的地方放置了相机，还把比赛最精彩的地方与传统直播的优点相结合，创造出不一样的实际体验。让用户处于一个虚拟环境中，坐在贵宾席上任意切换不同视角的画面，体验即时的重放，还能体验其他各种实时功能，带给用户在传统直播中所缺乏的临场感和沉浸感。NextVR 在技术上就拉开了与其余公司间的差距，在 VR 直播中，技术就是核心，是给用户带来实时流畅高清优质内容的关键要素。

2. 用大 IP 内容抓住用户

（1）与大 IP 建立良好的合作关系

谈到 NextVR，很多人就会想到与 NBA 合作的科比职涯的最后一场赛事的 VR 直播，让许多球迷在场外就能体验到现场才有的氛围，一同目睹了科比退役的最后瞬间，这可以说是内容传播的成功点所在。吸引用户的点就在于 VR 直播平台合作的对象是否是一个大 IP。NextVR 和体育、娱乐行业巨头 NBA、NFL（美式橄榄球联盟）、FOX 体育、Live Nation 等一流的 IP 资源合作并建立了良好的合作伙伴关系，使 NextVR 的直播内容质量上升到了一个更高的水准。在体育赛事方面，与 NBA 长期合作，与 FOX 体育签署 5 年合约，包括世界职业棒球大赛，2017 年超级碗等；在演出方面，与 Live Nation 合作，Live Nation 是全球顶级演出公司；在其他方面，与 CNN 合作直播美国总统电视辩论。

（2）明星属性吸引特定用户群体

从 NextVR 合作的大 IP 本身来看，涉足了体育界、娱乐界甚至是政治界，而这些无一没有明星属性。NBA 是所有内容中获取用户的重中之重。NBA 与 NextVR 合作，在内容上就具有独创性并且本身就拥有特定的用户群体，再加上 NBA 本身就带有的话题性和讨论性，更好地满足了用户的需要。这些合作 IP，都是在世界闻名并有一定的用户量，这就确保了会有用户愿意去接受用 VR 直播观看。依靠这些大 IP 的影响力，NextVR 大幅度提升了自身的影响力。这些大流量 IP，保证了 NextVR 在内容上的独有和热点，将用户与平台黏连在一起。

NextVR 认为，任何优质的内容都可以做 VR 直播，只要有消费者希望能沉浸式体验到。优质的体育赛事和娱乐活动数量是十分多的，所以值得用 VR 来直播的内容并不存在短缺问题。VR 直播可以进一步拓展品牌和消费者之间互动的模式，这也为未来 VR 直播的发展提供了巨大的空间。

3. 优秀团队的统筹协作

成功的企业自然离开不了优秀团队的统筹协作，NextVR 也是如此。NextVR 的创始人之一 DJ Roller 在 3D 影视、数字影院型电影和特效等有出彩的经历，参与过著名导演 James Cameron 执导的《深渊幽灵》以及首部用 3D 技术制作的电影《地心历险记》。此外，研制了世界上首个 3D 水下分光镜摄像系统，可以在水陆微距拍摄 3D4K 影像，还与 Vince Pace 做出了第一个 3D 高清摄像机。另一位创始人 David Cole 对于数字图像、电子教育技术和立体技术的研究已经有数十年的履历，拥有 VR 3D 技术方面及计算机自适应学习技术的多项专利。软件工程执行副总裁 Alan Moss 联合发明了 Compound Entropy 立体压缩技术以及 NextStream360 度沉浸视频技术。执行主席 Brad Allen 在投资银行和证券行业有三十多年的经验，完成的交易总额超过 150 亿美元。这些优秀的人才都是 NextVR 成为业界内领先者的重要因素所在。

4. 积极探索新营收模式

NextVR 的营收模式主要分为四个部分：一是赞助，赞助商通过赞助提高自身影响力；二是广告，在 VR 直播的过程中植入虚拟广告；三是订阅，为用户提供订阅服务，按照每年、月等方式收费；四是直播观看费，用户按观看次数收费。NextVR 目前的主要收入以直播观看费为主，收费价格约每次 10 到 20 美元，比传统在现场观看的门票便宜一半以上[①]。NextVR 依靠大 IP 吸引特定用户群体，保证了一定的用户基数，随着 VR 直播的常态化、高频化以及内容的不断扩展，除了直播观看费，订阅费也逐步成为重要的收入来源。NextVR 还在积极探索更多的不同于传统直播的营收模式。

四、NextVR 直播平台的发展困境

1. 缺乏社交互动性

VR 本身的社交交互十分复杂，更不用说 VR 直播了，即使是 NextVR 也还没有做到实时的社交交互，这也是还没突破的一大难关，用户在观看 VR 直播时只是自己沉浸在观看的场景里，无法与周围的人进行实时交互，这与在现场观看还是存在很大的差别，也是无法吸引部分用户的原因所在。比如在观看总统竞选辩论后，只能用眼睛看，不能和周围的人讨论，这就少了沟通的乐趣，大大降低了用户的体验感受。

[①] Valenlein：《NextVR 公司情况分析 v2》，[EB/OL].https://www.docin.com/p-1674591765. html, 2016 年 7 月 12 日。

2. 未达到营收平衡

尽管 NextVR 凭借自身在技术上的优势吸引了大批资本青睐，双方以互利为基础使得 NextVR 能够以较低的成本获得 VR 直播的版权，但是由于营收的不平衡，NextVR 迎来了裁员的危机。2019 年初，NextVR 大规模裁员，裁撤了约 40% 左右的员工[①]。由于 VR 头显设备的销量低于市场预期，以及 NextVR 难以从合作伙伴协议中实现营收平衡，使得 NextVR 没能说服投资者并完成 C 轮融资，所以陷入了财务危机。高昂的成本和不必要的开销给公司的损益表带来了沉重的打击。例如，NextVR 至少拥有两台 VR 制作卡车以部署在体育馆等区域，预计总成本在 200 万美元到 500 万美元不等，保守推测，制作一场 NBA 赛事 VR 直播成本也要约 7.5 万美元[②]。

3. 潜在的广播权挑战

尽管 NextVR 试图与所有的大 IP 合作，但目前大部分的内容版权都在传统公司，NextVR 只能通过与其他版权拥有方合作的形式获得 VR 广播权，而这就存在了很多局限性和不确定性，而且版权拥有方在获得版权时所签订的协议是否有包含 VR 版权也是未知，这也存在一定的法律风险。可以说广播权就是潜在的核心挑战，如果公司没有雄厚的实力，大 IP 公司是不会轻易合作的，且合作费用也不是一笔小数目，等到其他巨头企业比如 Facebook、谷歌、微软等 VR 直播技术提升上来，NextVR 会面临巨大的广播权挑战。

[①] 黄颜：《消息人士谈 NextVR 裁员风波：融资受阻，开销过度》，[EB/OL].https://yivian.com/news/55614.html,2019 年 1 月 22 日。

[②] 同上。

五、对国内 VR 直播平台的发展建议

1. 持续加大对技术的研发投入

从 20 世纪 80 年代末 VR 概念的正式提出到现在，VR 技术得到了很大的发展，但现阶段的 VR 技术还存在很多问题，这就导致 VR 直播也存在很多问题。VR 直播制作的流程十分复杂，包括视频的采集、拼接、编码、推流、传输、转码、存储、分发、解码、播放，简单说就是用全景相机拍摄视频内容后通过网络将视频文件拼接合成传输至服务器，服务器再对视频内容进行编码上传和分发，最终观众就可以使用 VR 传感设备进行观看体验。这个过程需要一定质量的技术水准，尤其是在全景相机和拼接环节，要有好的成像技术和信息转码技术，但目前 VR 直播还不是很成熟，容易产生分辨率低、眩晕感等问题，导致用户使用体验不理想。

VR 直播对承载的电子设备的要求也比较高。VR 技术及相关电子设备的研发尚未成熟，普及度也很低。从流程、拍摄端、传输到云端分发，再到播放端、头盔、端到端，还有视频的拼接，整个过程中的每一个环节都需要有高的技术标准。VR 直播需要选取 360 度全景拍摄设备，不仅要有多个广角镜头，还要有传感器同步、色彩及白平衡参数一致，才能抓到完整的直播画面，而且每帧画面都是 360 度全景，普通的手机摄像头和 PC 摄像头无法达到拍摄条件。

随着科技的进步，VR 直播在全景摄像机的问题上已经不存在什么难题，重心还是在于 VR 直播的画质和实时拼接问题。5G 网络是下一代移动通信技术，其高速率、低延迟的传输特点可以很好处理 VR 直播在全景画面拼接上的问题，给 VR 直播的移动化和高清流畅带来了希望。5G 极大程度上可以提高 VR 直播的沉浸感、交互感、体验感等。因此随着 5G 网络的建设，VR 直播的普遍化指日可待，在这个过程中就需要有相关领域的企业持续加

深对技术研发的投入与创新，加快将技术变成生产力，推动国内 VR 直播平台的建设发展。

2. 扩展多元化优质内容以吸引用户

VR 直播平台不能只是生产单一的直播内容，不仅无法产生流量吸引用户，还会直接影响着用户对于平台的忠诚度。与此同时，若只是用噱头的方式来吸引用户，会造成给平台过早定位而不利于平台的长远发展。只有优质丰富的内容才能吸引用户并产生用户黏性。所以在 VR 直播内容的选取上，应选择用户群体大的、广的以及制作精良有一定粉丝量的为主，要保证有一定量的用户群体，内容不能过于简单，选择要多元化，同时防止内容过于娱乐化或过于肤浅，重视挑选有价值、有意义、有故事、可以引发用户思索的内容。

除了现有的体育赛事、演唱会、热点新闻等 VR 直播内容外，VR 直播平台可以向电竞、教育、医疗等多方位领域迈进，扩展 VR 直播应用领域的可能性，找到平台自己的独特性以吸引特定的用户群体。

3. 加强设计 VR 直播的互动性

在 VR 直播中，用户可以自主抉择观看角度，除了个人的喜好外，也需要 VR 直播平台对直播拍摄内容提前选择视角并进行引导，不能让用户在直播中迷失方向或是得到错误的信息。因此，在 VR 直播内容互动设计上，要重视叙事内部逻辑的严谨与信息的指引，不能太容易减少挑战的乐趣，也不能太烦琐造成信息迷失。提升用户的融入感，需要设计者理解用户，理解内容。这会成为 VR 直播平台间的竞争所在。

传统的直播中，用户通过弹幕、送礼物、聊天等方式实现实时社交互动，在 VR 直播中互动方式可以视具体内容而定。在特定的 VR 直播场景中可以设立专门的"房间"，使用户之间可以进行沟通交流，增强现实体验的趣味性。

4. 增大商业价值达到营收平衡

VR 直播产业链包含了内容提供商、电信运营商、云网方案商、VR 直播平台、广告赞助商和终端提供商。只有各部分协调合作，才能构建良性循环的产业链。其中，VR 直播平台承担了 VR 直播现场的直播方案搭建、灯光调节、内容拍摄、后期制作等重要工作，这对于 VR 直播的内容品质起着决定性作用，需要 VR 直播平台去提高 VR 直播内容的拍摄技巧、分辨率、社交元素的融合等等。通过丰富稳定的直播内容吸引用户以扩大用户规模、增加观看次数和订阅数量。只有做好这些基本的工作，才能够增大 VR 直播的商业价值带来收益。广告商作为 VR 直播产业链中不可缺少的一部分，在互惠互利的基础上，广告商可为自己的产品进行推广，广告植入形式多种，既可在线上直播中也可在线下宣传里，平台通过收取广告商的赞助费用，获得额外的收益。

5. 规范监控管理 VR 直播平台

从近来的传统网络直播来看，直播主体行为越矩、伦理失格的情况还是存在的，当然国家也在不断颁布条例加以管控。现在很多平台都有前端的风控体系在直播中进行技术检测，后续采取处理措施。除了一些使用规范等，VR 直播平台可以建立 24 小时的内容巡管部门，通过监管系统对每个直播场景每分钟自动抓取截图，然后由 AI 技术结合人工审核进行监管。

传统直播中很大一部分问题在于荷尔蒙经济，而 VR 直播所面对的是更加复杂的挑战。在 VR 直播中，用户是全方位沉浸式观看体验直播内容，比传统网络直播的投入度要深，如果直播主体存在行为越轨、伦理失范等问题，对于用户的影响也是更深的，这就需要从根本上即内容的选择上设置门槛，相关部门也要加强对 VR 直播平台及其直播内容主体行为的规范。VR 直播平台选择的人才要有基本的专业知识和道德素养，各 VR 直播平台间可以协定一个行业规范准则，注重平台人员行为规范的管理。

结　语

就目前现有的 VR 直播而言，要想真正达到全息沉浸式虚拟直播还存在许多技术上的障碍，无法做到真正意义上的全感官体验。NextVR 凭借自身在技术上和内容上的优势吸引资本，在 VR 直播领域占据一定位置，虽然也存在许多不足，但仍值得国内 VR 直播平台借鉴。当然，只有国内 VR 直播平台能够解决自身在软件及硬件上的技术性问题，并着眼于用户的个人习惯深度学习，打造独特的内容资源，才能更好地服务于用户并长远地发展下去。随着云计算、5G 等技术的进步，VR 直播可以给用户带来最大限度上的沉浸式交互体验，促进 VR 直播应用多领域发展，带来新的生产空间以及消费渠道，可以说 VR 直播的发展前景广阔。

附录 2——5G+ 云游戏平台 Project xCloud 的案例分析

随着第五代移动通信技术的发展，2019 年被喻为 5G 元年，同时也是云游戏元年。自 5G 正式商用以来，通信运营商们加速建设基础设施，大力推动 5G 网络的普及。随着 5G 用户不断增加，发展陷入一定停滞状态的云游戏也有了新的发力点，有望成为 5G "杀手级" 应用。在这一较新的游戏模式下，5G 技术和云游戏的特点都能被更充分地挖掘。目前，除了传统游戏厂商外，各大通信运营商、科技巨头等纷纷布局云游戏产业，希望在这片蓝海抢占先机。而从另一个角度看，由于移动端云游戏正处于发展初期，尚未产生比较成熟的产业链及商业模式。云游戏是云计算技术在游戏领域的应用，云游戏主体在云端服务器内运行，再以视频的形式传输到用户的终端设备上，能有效地降低玩家准入门槛[①]。5G+ 云游戏意味着将 5G 技术与云游戏产业结合，而 5G 语境下的云游戏基本都属于移动端云游戏的范畴。本文排除电视端云游戏，主要研究云游戏中的移动端云游戏。

纵观云游戏发展史，可以发现 2009 年、2017 年、2020 年是云游戏发展的三个重要节点，2019 年后移动端云游戏开始稳步发展。未来云游戏的目标用户主要分为两种，其一为被高度自由的游戏模式所吸引的玩家，其二为有优质游戏需求但自身硬件达不到要求的玩家。

本书选择微软云游戏服务 Project xCloud 作为案例进行分析，主要是考虑到微软拥有顶级云服务平台 Azure，同时在游戏行业有着丰富的经验。文章基于微软与韩国最大移动通信运营商 SK 电讯围绕 5G 技术赋能云游戏平台 Project xCloud 后的发展现状进行研究，分析韩国 5G+ 云游戏的实践创新发展现状，寻找 Project xCloud 存在的问题，延伸至云游戏平台的整体性问题，最后面向我国 5G+ 云游戏的发展提出更有针对性的解决对策，更好地推动我国 5G+ 云游戏的融合发展。

[①] 胡雅静，杨海涛，王英智：《手机游戏平台运营与发展分析》，《电信技术》，2012 年第 8 期。

一、5G+ 云游戏平台的发展概况

1. 产生背景

5G 技术与云计算技术相结合将为移动端云游戏带来突破性进展，前者低时延、大带宽、广连接的属性可以很好地支持云游戏无须下载、即点即玩的特点。无论是从玩家的角度还是云游戏产业链的角度来看，5G+ 云游戏的融合发展都会打破传统游戏生态，释放双方长久以来存在的痛点。

对玩家来说，云游戏有如下优势：无须下载占用大量手机内存的游戏客户端，且每次登陆都可以直接打开最新版本；对本地硬件的需求变小，低配置移动设备也能流畅运行大型游戏，甚至能在手机上运行主机游戏；减轻终端设备的计算量后，还能降低游戏运行期间手机的功耗，达到增加续航的效果；由于云游戏的服务器设置在云端，玩家跨终端（电视、电脑、移动设备等）和跨平台（PS4、Xbox、Switch 等）游戏时更加便捷，打破了平台壁垒，大大增强互动性及社交属性；同样是因为服务器设置在云端的原因，不法分子很难盗取游戏数据，游戏外挂的存在会被极大地遏制，能更好地保护玩家的游戏体验。

云游戏有别于传统游戏产业的优势：游戏客户端免下载更新的优势使游戏厂商可以不被数据安装包的大小所限制，开发更多有创意的游戏内容；游戏在云端服务器运行的特点使不法分子的复制难度成倍增加，有助于游戏运营商防盗版、反外挂。除此之外，云游戏模式有助于减轻政府监管压力，利于未成年人防沉迷系统的建设和运行。

根据现有背景来看，5G 技术为云游戏赋能，主打移动端云游戏更贴近我国的实际游戏市场。随着 5G 技术不断普及，其与云游戏的结合能引起玩家们的期待，这就更需要有人深入研究产业链的发展情况，加速产业发展

2. 产业链及应用场景

云游戏产业链主要包括游戏研发商、游戏发行商、云游戏平台、云计算技术服务商、通信运营商这几个环节[①]。目前国内外均未出现原生云游戏，云游戏平台上的游戏内容主要移植于现有主机游戏、PC 游戏以及手机游戏。云游戏平台的两大发展方向分别是以渠道属性为主做内容分发，和以自研内容为主利用多端口特性扩大自身影响力。云计算技术服务商拥有提供解决方案的能力，资本雄厚的大型厂商们将云服务器设置于世界各地。通信运营商在 5G 技术上有得天独厚的优势，凭借 5G 技术强势进入云游戏产业，进一步扩大自己的业务板块[②]。

云游戏有以下几个应用场景：第一，云游戏平台。云游戏平台是云游戏最基本的应用场景，可分为电视端云游戏、PC 端云游戏、移动端云游戏三大板块，移动端云游戏未来可期。第二，云体验广告。根据腾讯、爱奇艺财报显示，2020 年二者订阅会员人数分别达到 1.23 亿和 1.017 亿。无论是付费用户还是非付费用户，不可避免地会在视频平台上看到广告。云游戏模式广告能令无趣的视频广告焕发新的活力，赋予广告高度互动性。以游戏广告为例，玩家不需要下载即可直接上手体验，比纯粹的视听体验来得真实，利于转化率的提高，不过也对游戏内容有了更高的要求。

第三，直播 + 云游戏。直播和云游戏都属于新兴产业，二者相加有望达到 1+1>2 的效果。云游戏有能力支持大量玩家同时接入，主播进行游戏直播时，观看者可以直接加入主播正在运行的游戏环境与其互动。第四，全新的分发渠道。大多数游戏研发商开发出新游戏后，需要寻找游戏发行商代理、分发、运营。从手机系统来看，iOS 版软件只需要在苹果商店上架，安卓手

[①] 艾瑞咨询：《2020 年中国移动应用趋势洞察白皮书——游戏篇》，艾瑞咨询系列研究报告，2020 年，第 29 页。

[②] 张婧，丁丽婷：《电信运营商拓展云游戏领域的发展策略研究》，《中国电信业》，2021 年第 3 期。

机则根据品牌的不同，内置对应手机厂商的应用商店。除了专业的综合类第三方应用商店外，各个类别的头部 APP 也能够提供软件下载服务。国内游戏厂商与主流安卓分发渠道 3∶7 的分成比例一直为业内人士诟病，但为了游戏产品的宣发推广不得不向分发渠道妥协，大热游戏原神在发布初期因分成问题拒绝上架渠道服的魄力并不是每个游戏都能做到的。在这种背景下，云游戏平台作为一个全新的渠道，如果能好好把握分成比例，取得比较成功的分发效果，很可能为渠道服之争画上句号。

2. 基本特征

（1）关键技术与硬件设备

5G 技术可以为云游戏现存的带宽不足及高时延问题提供解决办法。云游戏带宽不足将影响画面渲染后的传输速度，导致用户端游戏画面卡顿、音画不同步等问题，过长的设备接入时间同样影响玩家端到端的游戏体验。5G 的实验室理论峰值速率超出 4G 峰值的 10 倍，5G 终端接入时长也远小于 4G，稳定且高速的网络传输速度能大幅提升玩家的游戏体验①。

算力不足会导致云游戏画面丢帧，而边缘节点计算能够节约算力与带宽资源。在实际状况中，边缘计算能做到实时管理数据并且按照最佳的分配方案进行算力资源的分配。通过恰当的资源调度后，闲置算力将被迅速调度到需求密集的位置，更有利于带宽资源的利用。加速音视频的编解码能令云游戏在数据传输过程中兼顾高画质与低带宽的需求，GPU 服务器及 GPU 虚拟化技术应用于云游戏中同样可以起到降低延迟、提升效率的作用。

云游戏区别于传统游戏的优势是云游戏主体运行于云端服务器，可增强反盗版、反外挂的能力，无论对玩家还是对相关厂商都有一定益处。据腾讯《2020 移动游戏质量白皮书》中的数据显示，2020 年国内外定制外挂较

---

① 曾晨曦：《云游戏：5G 时代的王牌应用》，人民邮电报,2020-07-21，第 5 版。

2019 年分别增长了 6.5 倍和 3 倍，安全漏洞数量激增，全球范围内外挂问题严峻。与当前游戏数据缓存在本地安装包的存在形式不同，真正的原生云游戏运行于云端服务器内，玩家设备上几乎不保存游戏的基本数据。从这个角度来看，为盗版而复制游戏数据、为制作外挂和脚本而修改游戏数据、为提前得知更新内容而解析游戏数据以及盗取玩家游戏账号这四种行为都很难在云游戏模式下进行。

（2）用户体验

云游戏模式既能提供近似主机和电脑的游戏品质，又不需要玩家拥有较高的配置，在满足玩家游戏需求的情况下削弱硬件对玩家的限制。我国中低端机型用户数量庞大，是移动端云游戏的潜在客户群体，需求与供给互相匹配。

云游戏将为移动游戏市场带来大量优质内容，优质游戏对玩家的吸引力也有助于云游戏扩大用户规模。从腾讯《天涯明月刀》、米哈游《原神》等近几年火爆的游戏来看，玩家对优质游戏内容需求不减。去年发布的《黑神话：悟空》预告片更是点燃了整个游戏市场，期望早日看到这个国产 3A 大作的诞生。手游市场蓬勃发展，但不可否认的是其整体品质参差不齐。移动端云游戏介入后，可将国内外高质量的主机游戏、PC 游戏带入移动游戏市场，让玩家体验到 3A 大作与原生手机游戏间的差距。同时，还能消除某些玩家对移动端游戏品质差的刻板成见，成为新的移动游戏玩家。

随着游戏产业的发展，移动游戏所占内存愈发庞大，云游戏模式能很好地改善这一痛点。TestBird 的调研数据指出，2020 年上半年有 35.5% 的移动游戏安装包大于 300MB。与几年前相比，手游安装包所占内存空间呈现增长趋势，热门大型游戏的大小往往从 GB 起步，移动用户购置新手机时不得不考虑该问题，购买具有更大内存的手机。以知名游戏《王者荣耀》为例，游戏本体客户端仅有 1.99G，但是由于游戏更新频繁且更新包数据体积较大的原因，很多手机内存较小的玩家不得不定期删除游戏客户端来释放内存。官方在 2020 年 6 月意识到数据包体积过大的问题，宣称优化后大版本更新包的平均大小将从 1G 减少到 0.3G，日常版本更新包的平均大小将从 60M 减少到 10M。然而在 2021 年 4 月 8 日发布的 S23 大版本更新中，更新安装包大小仍然达到了 2.13G。玩家下载云游戏平台后能即点即玩，无须额外下载游戏客户端，在不占用自己手机内存的情况下运行任意大型游戏，真正做到了释放手机内存的效果，为手机减负。

（3）知识产权与监管

云游戏模式有利于政府审查及监管。传统游戏申请版号时有复杂的审批流程，游戏厂商应提交最完整的游戏客户端及游戏内容，大批量的申请内容对监管部门来说是沉重的负担，影响审核效率。原生云游戏申请版号时只需提交游戏链接，监管部门就能直接在云端审查，后续跟进内容复查也无须额外下载最新版本的游戏客户端。

当监管部门发现云游戏具有某些需要整改的问题时，游戏厂商可以迅速响应，在云端更新后强制玩家运行最新版本，避免不良内容的长时间曝光。有些玩家会故意下载旧版本游戏用作非法用途，云游戏在云端运行将直接避免这一现象。另外，用户无法接触游戏客户端意味着不法分子修改客户端数据的行为将被有效遏制，能减少游戏外挂、游戏脚本的数量，还能防止某些人通过技术手段避开防沉迷系统，减轻了监管压力。对游戏厂商来说，云游戏模式能精简更新的人力和物力，在云端更新后所有端口都会同步更新。

二、国内外云游戏发展现状

1. 国外发展现状

国外云游戏发展起步早于国内，现阶段头部科技公司几乎都已经涉足云游戏产业。2001 年来自芬兰的 G-Cluster 将云游戏概念带入大众视野，主要为业内人士提供云游戏解决方案。最早实现 B2C 商用的云游戏平台是 2009 年公布的 OnLive，于 2010 年在美国正式开启商业化进程[1]。B2B2C 属性的 Gaikai 晚于前者发布，但获得了大量因 OnLive 定价问题流失的玩家。索尼看好云游戏的发展前景，为开启自己的云游戏探索之路直接收购了这两家公司，并于 2014 年起对自己的云游戏平台 Playstation Now 进行测试。经过一段观望期，其他公司也意识到云游戏前景广阔，英伟达在 2017 年正式发布 GeForce Now，2018 年微软和谷歌分别宣布了自己的云游戏项目 Project xCloud 和 Stadia。

与国内游戏产业不同的是，国外的主机游戏和 PC 游戏仍处于主流地位。另外，国外玩家的跨平台属性更强，电视、电脑、移动设备等端口都有一定热度。由于现阶段云游戏的游戏内容不够丰富，云计算技术也不够成熟，很多公司在云游戏赛道相互竞争的同时也保持合作，如微软与 EA 合作后将 EA Play 游戏内容加入自身订阅服务中，索尼为了增强自身的云计算能力也与微软进行合作。

由于各个公司推出的云游戏服务测试时长相差较大，在下表附 2-1 中以商业化进程作为时间标准整理出部分云游戏平台的信息。

---

[1] 艾依：《2020 云游戏企业排行榜》，《互联网周刊》，2020 年第 4 版。

附 2-1 部分已商用云游戏平台

云游戏项目	正式商用时间	付费模式	支持端口	属性
索尼 Playstation Now	2015.01.13	由租赁制转变为订阅制	电脑端、移动端	内容＋渠道
谷歌 Stadia	2019.11.19	买断制＋订阅制	电视端、电脑端、移动端	渠道
英伟达 GeForce NOW	2020.02.04	订阅制	电视端、电脑端、移动端	渠道
微软 Project xCloud	2020.09.15	订阅制	移动端 （安卓系统）	内容＋渠道
亚马逊 Luna	2020.10.20	订阅制	电视端、电脑端、移动端	渠道

数据来源：根据以下公开资料整理：《2019—2020 年云游戏产业发展与趋势研究报告》《2019 年 5G 时代云游戏发展分析报告》《5G 高新视频——云游戏技术白皮书 (2020)》

微软的 xCloud 是目前大型正式版云游戏平台中唯一一个仅支持移动端云游戏服务的项目，其 PC 及电视端口的云游戏服务仍处于测试阶段。微软跨电视、PC、移动端的打法主要是为了将玩家引入自身生态中，无论玩家最终停留在哪一个端口，对微软来说都是有益的。玩家订阅一次后就能在不同设备上运行游戏，相比单一渠道更具有吸引力。而像英伟达这类本身并没有游戏资源，单纯将自己作为发行渠道的云游戏平台又带有另一种目的，主要为游戏厂商们提供云游戏解决方案，展示自己的云计算水平，还能为其他云计算合作奠定基础

2. 国内发展现状

5G＋云游戏融合发展的前提是 5G 与云游戏的发展速度相匹配。尽管新冠疫情减缓了全球范围内 5G 大规模普及的步伐，我国 5G 建设情况还是比较乐观的。根据工信部的数据显示，截至 2021 年 2 月底，中国 5G 用户数量

已达 3.5 亿 [1]。目前 5G 用户的统计口径暂无统一标准，但将各项公开数据与国外数据对比，我们能看出中国 5G 商业化进程还是比较迅速的。在硬件方面，国产手机厂商们也为 5G 的普及提供有力支持，推出各种支持 5G 的千元机。业界公认云游戏是 5G 落地的一个重要应用场景，二者具有相辅相成、互相促进的作用。根据中国音数协游戏工委《2020 年中国游戏产业报告》中的数据显示，2020 年移动端游戏占据中国游戏市场收入的 75.24%，实际销售收入为 2096.76 亿元，移动游戏玩家高达 6.241 亿人，如此庞大的用户群体为移动端云游戏的发展提供有利条件。

玩家可以使用移动设备通过云游戏平台运行手机游戏和主机游戏。我国手游发展迅速，游戏品质越来越高，对硬件的要求也与日俱增。大型手机游戏的客户端占据庞大的手机内存，低端手机开启最低特效运行大型手机游戏时仍然会有卡顿现象，云游戏可以轻松解决这些问题。在主机游戏方面，我国主机游戏市场份额较小有着诸多因素。2000 年 6 月，文化部、公安部等七部委联合下发《关于开展电子游戏经营场所专项治理的意见》，禁止游戏主机进口，直到 2014 年 1 月才正式解禁。在这 13 年间，微软、索尼、任天堂迅速瓜分全球主机游戏市场。主机禁令不仅影响主机游戏的发展，也使中国家长们将游戏与"电子毒品"画上等号，中国游戏文化发展缓慢。同时，由于无法在官方渠道购买游戏和主机，游戏机走私及游戏盗版现象层出不穷，间接导致了中国玩家"免费"游戏的不良习惯。云游戏平台移植主机游戏后，有望从内容体验的角度增加我国主机游戏玩家的数量。即使玩家不愿意购买游戏主机，也能在自己的移动设备上体验更多优质内容。云游戏平台将优质主机游戏和 PC 游戏引入移动端后，还能起到鲶鱼效应，激励手游厂商研发更优质的游戏内容。

---

[1] 邓聪：《国务院新闻办发布会实录：5G 与工业互联网发展势头良好》[EB/OL].http://www.cnii.com.cn/rmydb/202104/t20210422_271641.html, 2021-04-22/2021-04-28。

受网络条件的影响，我国早期云游戏发展缓慢，2012 年视博云打响了中国云游戏第一枪。华为、阿里、小米在这一阶段均已开始尝试云游戏的研发，但并没有很好的游戏效果，2018 年后，华为、网易才正式推出自己的云游戏平台。拥有庞大游戏资源的腾讯从 2019 年起陆续推出 4 大云游戏服务，分别向电视、PC、移动设备以及云计算解决方案的方向发展，与微软的战略较为一致。截止到 2021 年 4 月，我国三大运营商均已正式开放云游戏服务，字节跳动、阿里巴巴、虎牙直播等各行业头部企业都对云游戏产业有所涉猎。

三、5G+ 云游戏 Project xCloud 的实践研究

微软提出了两种游戏串流服务来丰富 Xbox 的使用场景，分别是从用户主机串流的 Xbox Console Streaming 和从云端服务器串流而不需要主机的 Project xCloud。Project xCloud 是微软在云游戏领域的一大尝试，玩家可以在移动设备上运行微软游戏主机 Xbox 内的游戏，降低时间、空间、硬件等方面对玩家的限制，随时随地畅玩不再是困难的事。微软为 Project xCloud 提出的发展愿景是希望玩家们在任何时间、地点都能不受约束地享受游戏。基于微软多元游戏场景的设想，Project xCloud 在移动端的实现应为重中之重。

2019 年微软在美、英、韩三国提供 Project xCloud 预览版作为内测，经过多次迭代优化，于 2020 年公布了首批公测的 22 个国家，支持超过 150 款游戏运行，并将随时间推移逐步增加游戏数量。微软为确保玩家的游戏体验，在全球 54 个区域设置了可以覆盖 140 个国家地区的云服务器和数据服务中心，希望通过缩短物理距离的手段提升云游戏服务品质，为玩家提供更好的游戏体验。

微软与韩国运营商 SKT 就 5G 技术支持 Project xCloud 达成深入合作，SKT 作为移动通讯运营商掌握了 5G "杀手级"应用，微软也能顺利地提升自己在云游戏领域的市场占有率。

1. Project xCloud 在韩发展概况

2019 年 4 月 3 日，韩国三大通信运营商 SKT、KT、LG U+ 宣布向个人用户提供 5G 服务，韩国成为全球首个正式启动 5G 商用的国家。在 5G 推广前期，三大运营商均采用了高额购机补贴的手段促使用户换购 5G 手机，迅速积累 5G 用户。根据韩国文化内容振兴院（KOCCA）发布的《2020 韩国游戏白皮书》来看，2019 年韩国手机游戏的市场份额占游戏市场规模的 49.7%，PC 游戏、主机游戏分别占据 30.9% 和 4.5% 的市场份额。作为全球第四大游戏市场，韩国与中国情况类似，主机游戏的市场占有率都不太高。当前云游戏内容主要移植于主机游戏，发展云游戏也许能够更加轻松地激发主机游戏潜在玩家的兴趣。

在这样的大背景下，韩国移动端云游戏具有广阔的发展前景，三大运营商纷纷利用自己的 5G 技术跨界布局云游戏产业，5G+ 云游戏的实现成为可能。LG U+ 与布局云游戏较早的英伟达合作，推动其云游戏服务 GeForce NOW 在韩国的落地，成为 RTX 服务器的首批合作伙伴，为韩国本地数据中心提供云游戏渲染服务，在一定程度上减少 LG U+ 用户使用 5G 或 Wi-Fi 运行云游戏时的延迟问题[①]。LG U+ 还在其直营店内开设云游戏体验区，并向部分 5G 套餐用户提供免费云游戏体验服务。运营商 KT 紧随其后，与拥有顶尖 GPU 虚拟化及云端串流技术的云游戏技术服务商优必达（Ubitus）合作，推出仅向 KT 用户提供的订阅制云游戏服务 5G Streaming Game。

作为首批开放云游戏体验国家的运营商，SKT 与微软分别在 2019 年 5

---

① 伍珺，卜晶磊，王钐杉，李念宣：《韩国运营商 5G 创新应用典型案例》，《通信企业管理》，2020 年第 6 期。

月和 6 月签署了一份谅解备忘录，确定双方将在 5G 云游戏、AI 等方面密切合作，优化 Project xCloud 在韩国 5G 网络条件下的服务品质，提供更有针对性的云游戏网络优化和降低延迟效果。预览版测试结束后，SKT 将这项云游戏服务在韩名称更改为 5GX Cloud Game。尽管微软与 SKT 在韩国达成独家合作协议，但与 KT 和 LG U+ 不同的是，SKT 并没有限制用户属性，所有运营商的用户都可以使用这项云游戏服务。SKT 表示将在 2023 年内达到百万级的用户量，最终在整个韩国游戏市场内获取三百万用户。玩家们必须订阅微软 Xbox Game Pass Ultimate 服务才能运行云游戏，而对于那些本来就已经处于订阅状态的主机玩家来说，相当于额外获赠了一项权益。

据微软公布的数据显示，Project xCloud 预览期间韩国玩家的云游戏时长为美国玩家的 1.75 倍及英国玩家的 3 倍。而根据 SKT 提供的数据来看，预览版发布期间有 55% 的玩家使用 WI-FI 运行云游戏，45% 的玩家在移动数据环境运行游戏，处于移动场景的云游戏体验占比不低。对玩家来说，虽然 WI-FI 和 4G 网络同样支持云游戏运行，但经过 SKT 应用预调度等相关技术的特别优化后，5G 网络能给玩家带来更加优质的云游戏体验。5G 给予玩家随时随地畅玩云游戏的可能，但资费问题仍然是限制玩家在 5G 环境运行云游戏的重要因素。

2. Project xCloud 在韩运营推广

在正式商业化前，微软推出的 Project xCloud 预览版将会进行更为广泛的机型、网络环境等方面的测试。韩国是首批开放预览版国家内唯一的亚洲国家，为了顺利在韩提供云游戏服务，微软选择技术实力过硬的移动通讯运营商 SKT 作为韩国独家合作伙伴。微软希望 SKT 的 5G 技术为移动端云游戏提供有力支持，SKT 也对微软在韩国本地建设的 Azure 数据中心有了更深入的应用。在韩国，使用三星部分机型的 SKT 用户能享受到最优质的云游戏体验，这是从硬件和网络传输两个方面同时对云游戏进行优化产生的影响。

在游戏内容方面，目前 Project xCloud 可向玩家提供微软旗下 Xbox 内的部分主机游戏，后期项目成熟时有望适配 Xbox 内的全部游戏。Xbox 包含的游戏由第一方工作室和第三方工作室共同提供，前者指主机游戏公司内部的游戏研发团队及全资游戏工作室，后者指各大游戏厂商。2020 年微软宣布将有超过 140 家游戏厂商即第三方工作室为其新一代游戏主机开发游戏，从这个角度看 Project xCloud 在游戏内容方面资本雄厚，有数千款游戏作为支撑。另外，在微软希望提升自身社交属性的大背景下，Xbox 内新增游戏类型同步做出调整，慢慢从传统单机游戏过渡到主打联机游戏。当技术人员对 Xbox 上的游戏进行维护优化时，不需要单独针对云游戏平台更新。玩家从自己的移动设备打开云游戏时也能直接进入最新版本的游戏界面，不需要为等待更新花费时间。Project xCloud 韩国服务器开放后的发展态势良好，测试数据超过微软预期，于是额外向韩国用户开放了几款此前从未登陆 Xbox 韩服的游戏。除了提供技术支持外，SKT 也计划与韩国国内游戏厂商合作，从云游戏模式切入 Xbox 游戏体系，助力韩国游戏出海。

预览期间，已订阅微软 Xbox Game Pass Ultimate 服务的韩国玩家需要先在微软官网上申请云游戏资格，收到正式邀请后，经 ONE store 或 Galaxy Store 下载 Xbox Game Pass 应用程序，即可在移动设备上体验云游戏。移动端玩家需要连接游戏手柄运行云游戏，平板用户也可以选择直接在屏幕上进行操作。结束预览版测试后，微软将 Project xCloud 直接加入 XGPU 权益而非另外设置新的订阅服务，这也意味着云游戏不会代替游戏主机的地位。云游戏的特性使其能对某些不适用主机的游戏场景做出补充，在用户体验上与主机并不冲突。又因触达人群更为广泛，有望将全新的流量反哺于主机，为微软构建更完整的游戏生态。

SKT 延续自身 5G 服务命名规则，以 5GX Cloud Game 为名推广 Project xCloud 韩国正式版，分为线上和线下两个渠道。SKT 在全韩境内开放了 28

个"SKT 5GX Boost Park",在这些线下 5G 体验快闪场地内设置云游戏体验专区,体验者可以在体验区内接入 5G 网络,使用游戏手柄流畅地运行云游戏。

同时,SKT 还举办了全国赛车挑战赛,在 Boost Park 云游戏体验区内运行赛车云游戏并取得相应名次的玩家有机会获得 Xbox 游戏手柄、三星 Galaxy Note 20 等大奖。由于三星部分机型针对云游戏的适配做出硬件优化,SKT 为三星 Galaxy Note 20 新购机用户提供了为期三个月的免费云游戏体验资格。

在线上推广方面,SKT 联合三星及微软,邀请韩国著名球星孙兴慜和英雄联盟职业选手 Faker 李相赫拍摄宣传广告,希望借由他们的影响力同步推广这款云游戏平台以及三星 Galaxy Note 20 手机。

3. Project xCloud 在韩盈利模式

云游戏平台按渠道主要分为电视端、PC 端和移动端三大类,又因为近年移动游戏发展势头迅猛,移动端云游戏的发展前景更加广阔。微软云游戏 Project xCloud 在韩国主打移动端的推广,云游戏内容源于 Xbox,但移动端云游戏的目标用户并非以主机玩家为主,而是更贴近没有主机游戏经历的轻度玩家。

这一点可以从云游戏商业化运作后设置的付费方式体现:微软并未将云游戏作为独立订阅服务,而是将其加入到 Xbox Game Pass Ultimate(下称 XGPU)中作为附加服务。玩家以每月 16700 韩元(约人民币 96 元)的价格订阅 XGPU 服务后可畅玩主机、PC、云游戏三个端口的全部游戏,并可以折扣价购买游戏。XGPU 过期后,玩家已购买的游戏不会被回收,仍然可以在主机上运行,但只能使用主机串流功能而无法使用云游戏功能。针对那些没有主机的玩家来说,购买支持跨平台的游戏后才能独立在 PC 端运行。

SKT 针对没有游戏手柄的用户特别开放了 Game Pass Ultimate Controller Pack 订阅套餐，在 XGPU 的基础上提供为期 12 个月的游戏手柄分期付款购买项目，首年每月 22000 韩元（约人民币 127 元），次年起恢复到 XGPU 每月 16700 韩元的常规价格。

值得注意的是，韩国 SKT 用户还可以订阅微软的 Xbox All Access（下称 XAA）服务，这是该订阅模式首次在亚洲开放。XAA 模式在 XGPU 的基础上提供为期 24 个月的游戏主机分期付款购买项目，还额外附赠了 EA Play 会员资格，让玩家体验到更多游戏。购买 Xbox Series S 型号每月需支付 29900 韩元（约人民币 171 元），Xbox Series X 型号每月需支付 39900 韩元（约人民币 228 元）。根据韩国媒体的报道，XAA 首次开放预售时 Xbox Series X 在 5 分钟内售罄，Xbox Series S 也在 3 个小时内售罄。这与微软上个世代主机 Xbox one 在韩首发遇冷形成鲜明对比。

订阅制的游戏付费方式要求游戏平台拥有足够数量或质量的游戏内容以支撑其不断更新的速度，换言之云游戏平台若要保持健康长远发展必须根植于优质内容。

微软主打电脑软件服务，凭借 Xbox 在游戏领域占据一席之地，既有庞大的第一方游戏工作室团队为自己开发平台独占游戏，又积极与众多优秀第三方游戏工作室合作，手握大量可向云游戏移植的优质内容。在 3A 大作成本飙升的今天，主机游戏市场日趋饱和，而云游戏作为一个开发程度较低的蓝海，对微软有着极强的吸引力。与索尼等传统硬件供应商不同，微软拥有 Windows 系统以及强大的云计算技术，可以将软件服务作为发展的关键因素。微软利用自身多元发展的优势，从 Xbox 这样的传统主机游戏领域延伸到 PC 端游戏和移动端游戏上，计划未来能直接在 PC 端运行 Xbox。

Project xCloud 在韩国运营时仍然采用订阅制的游戏收费模式，在前期获得小范围成功的同时，也应该思考发掘更贴近 5G 时代和移动玩家的创新商业模式，认识 5G 技术给云游戏带来的革命性突破。在可以预见的将来，平台边界逐渐模糊，云游戏平台的本地优化、网络质量、服务价格等因素都将影响玩家的选择。针对全新的用户群体，需要刺激移动用户的新需求，建立更完善的云游戏商业模式。如果游戏本身足够优秀，玩家体验云游戏后有一定概率因想获得更好的游戏体验而被转化为主机用户，增加主机销量。

微软将 Xbox 从游戏主机的定位改为综合娱乐平台，希望向使用者提供游戏、影音等多方面的娱乐服务，为微软新增盈利点。曾经平台独占游戏是带动主机销量的点金石，随着整体游戏产业的发展以及微软亲身经历显示，独占游戏仍具有核心竞争力，但成为救命稻草的作用越来越小，跨平台大作将逐渐成为主流。微软希望将重心从卖设备转移到卖服务，提高自身游戏体系的普及率和市场占有率，打通不同平台的限制，搭建基于云的游戏平台，扩大游戏受众面，从而达到增加营收的目标。

4. Project xCloud 现存问题与对策

（1）竞争加剧

根据 Newzoo《2020 全球游戏市场报告》中的数据显示，2020 年包括智能手机、平板电脑在内的移动端游戏占据全球游戏市场 49% 的份额。与 PC 端游戏及手机游戏相比，主机游戏在市场份额并不突出的情况下竞争尤为激烈，微软、任天堂、索尼被合称为主机游戏"御三家"。5G 时代他们的战场又向移动端云游戏延伸，微软、索尼的云游戏平台均已开始运营。任天堂虽看好云游戏的未来，但由于技术、成本原因暂未开放正式的独立云游戏平台，而是实验性地将 3 款游戏以云游戏形式加入其游戏机 switch 中。考虑到移动端游戏低成本、易操作、多场景，能充分利用碎片化时间等特点，手游市场持续扩张是大势所趋。移动端云游戏在手游基础上额外吸引了需要社交属性的科技巨头、需要推广 5G 技术的通信运营商等众多非传统游戏厂商的加入。

在特朗普政府提出要对中国产品加征关税时，御三家因自身成本问题提出联合抗议声明，指出 2018 年美国 96% 的进口游戏机都是来自中国，无论是加征关税或迁移生产线均会造成成本大幅上涨，阻碍游戏产业发展。御三家还预测，加征关税可能造成当前主机价格提升 25% 的后果，导致相关设备及游戏销量下降为现有的一半。同时，为了对抗谷歌进军游戏领域的野心，微软史无前例地与索尼就云计算技术展开合作。

无游戏经验的科技公司们应当把谷歌的云游戏经历作为前车之鉴。谷歌认为凭借自身遍布全球的数据中心以及较强的云计算实力就能顺利切入游戏生态，并没有采用微软先收购再自研的成功经验，而是直接组建自己的第一方游戏工作室开发游戏。由于谷歌对游戏业务较为陌生，无论是在人员招聘、绩效考核、整体架构甚至是游戏内容创作的发展方向和开发周期上都存在一定问题，没有能力将自研独占游戏与云游戏平台 Stadia 同步推出，在内容方面降低了平台竞争力。出于成本及开发周期的考虑，谷歌在 2021 年 2 月 1 日宣布关闭第一方游戏工作室，退出了自研游戏赛道。由于 Stadia 版本与其他平台并不互通，关停游戏工作室还导致部分云游戏出现 BUG 后无人修复的情况。

（2）ios 版本受限

云游戏平台在可以预见的将来有望成为游戏厂商们除应用商店外的重要分发渠道，但当下仍有许多亟待解决的问题。其中一个影响较大的问题是苹果公司对云游戏 APP 的限制，各大云游戏平台无法顺利进入 iOS 生态。根据国际数据公司 IDC 的报告显示，2020 年全年苹果手机在全球的市场份额达到 15.9%。如果苹果公司仍拒绝放宽云游戏相关上架规则，云游戏平台将会损失庞大的 iOS 用户群体。

尽管苹果公司将云游戏软件归于流媒体大类，但与流媒体视频相比，对流媒体游戏的限制更为苛刻。2021 年最新 App Store 审核指南 3.1.2 订阅规则中明确规定，流媒体游戏服务提供的游戏必须能够直接从 App Store 下载，且设计避免订阅用户重复支付的机制。当前云游戏平台内的游戏均为其他平台移植内容，很大一部分游戏暂时无法在移动端上架。而避免用户重复支付的规则，也对游戏跨平台分发做出了限制。另外根据 4.9 流媒体游戏订阅规则，云游戏内的购买行为必须通过苹果账号支付费用，这又涉及云游戏平台、游戏厂商等多方的分账问题，游戏厂商需要支付双重渠道费用。2020 年版 App Store 审核指南还规定云游戏平台提供的游戏必须是平台独占游戏或自有游戏，直接将 GeForce Now 这类纯粹提供云服务而不生产游戏内容的平台拒之门外，微软这类拥有开发游戏能力的综合型平台也会受到一定影响。这一规定在现有规则中被取消，但仍然无法改变云游戏的上架问题。在苹果公司的规则下，云游戏软件成为"目录型"软件，只为玩家提供跳转 App Store 下载页面的能力，需要玩家额外在 App Store 逐个下载所需游戏，这显然违背了云游戏即点即玩的初衷。

微软并未通过削减内容的方式换取苹果商店上架许可，转而开始研发 Project xCloud 网页版来绕过苹果公司的限制，为 iOS 和 iPadOS 用户提供云游戏服务。网页版云游戏主要为苹果生态圈打造，PC 端用户还是推荐通过客户端运行游戏。Project xCloud 网页版已经在 2021 年 2 月进入内部测试阶段，有望于 2021 年开放预览版测试，对分辨率等方面进行深度优化。暂定玩家可通过基于 Chromium 内核的浏览器如 Google Chrome 和 Microsoft Edge 等在电脑、平板电脑及手机上运行云游戏。目前苹果公司暂未对开发网页版云游戏避开 App Store 审核的行为做出任何限制，未来是否会采取措施则不得而知。

四、当前 5G+ 云游戏融合发展中存在的问题

从云游戏的发展现状来看，十多年的发展历程并没有给产业整体带来大

幅进步。原生云游戏是玩家们最大的期待点，但在现阶段暂时无法实现。技术瓶颈是影响玩家游戏体验的重要因素，边缘计算技术、GPU 虚拟化技术等与云游戏的结合还在调试。受制于网络条件，强交互性游戏体验感不佳，游戏使用场景也受到了限制，没有达到理论上的自由度。玩家体验需要从多个角度分析，移植主机游戏或 PC 游戏到移动端时，部分游戏对适配性的优化不够重视，移动端实际体验不佳。另外，5G 资费问题与移动状态下的连接情况都会抑制玩家对云游戏的热情。相较国外云游戏平台，我国玩家可以用更低的费用获取云游戏服务，这有付费习惯的影响，也有平台方在前期为了获客进行优惠活动的因素。玩家的付费意愿相对较低，大多数移动端云游戏平台又会提供免费游戏时长，再加上发展前期较难降低的成本，云游戏产业在商业模式上的困境仍然需要重视。由于监管细则尚未完善，防沉迷体系有待加强。部分平台为了节约成本，在未经许可的情况下直接复制海外游戏，存在一定的版权问题[①]。

1. 游戏内容及使用场景受限

云游戏发展初期主要依靠现有游戏的云化来丰富游戏内容，特别依赖于主机、PC 游戏中的 3A 大作。目前这类游戏在国内是比较缺乏的，我国文化软实力的工业化进程相对缓慢，独立制作 3A 游戏难度较大，尚未出现真正意义上的 3A 游戏。由于游戏版号的限制和审核标准的不同，引进国外 3A 大作难度较大。游戏版号是一款游戏在中国市场上架不可缺少的关键因素，在现有政策的规定下，为了保护本土游戏市场，国外游戏进入中国时必须寻求国内代理商的帮助以获取游戏版号。2018 年 3 月至 12 月这段游戏版号颁布冻结期结束后，大量游戏版号申请积压，即使是国内游戏也很难申请到版号，部分游戏公司无法商业化，因资金周转原因面临倒闭的困境。

---

① 吕洋:《云游戏:产业爆发正当时》,《上海信息化》, 2020 年第 9 期。

受制于当前的网络条件，对延迟不敏感的休闲、益智类游戏在云游戏平台表现优异，对延迟极为敏感的即时对战、多人竞技类游戏的展现效果与理想状态仍有差距。重度游戏玩家可能早已通过游戏主机拥有极致的游戏体验，移动端云游戏的实际运行效果不足以吸引他们付费。移动端云游戏将轻、中度玩家作为目标用户，相对重度玩家来说可以略微降低技术需求，让此类玩家拥有区别于以往游戏经历的新体验。从实际运行效果来看，休闲益智类游戏的运行效果较好，但由于游戏本身对设备的要求就不高，玩家无须使用云服务也能在本机轻松运行。

云游戏理应拥有打破现有游戏使用场景的能力，但当前 5G 网络还没有达到 4G 网络的覆盖程度，玩家并不能在移动场景下稳定运行云游戏，削弱了移动端云游戏的社交属性和碎片化使用效果。如果玩家没有感受到 5G 环境运行云游戏的优势，那么无论是为了降低游戏成本还是寻求稳定性，他们更愿意使用 Wi-Fi 来运行云游戏。

2. 玩家体验仍未达到预期

（1）游戏习惯及付费习惯不同

受长达 13 年的"游戏机禁令"余波影响，我国游戏文化发展缓慢，社会大众往往使用有色眼光看待游戏。官方渠道无法购买游戏主机和游戏光盘，玩家的娱乐需求又是真实存在的，于是催生出庞大的盗版游戏灰色产业链。与国外成熟的买断制、订阅制游戏付费习惯不同，在盗版游戏猖獗的情况下，我国玩家长期以来都没有为正版游戏付费的习惯。国内游戏厂商不得不另辟蹊径，先以免费体验保证玩家活跃度，再通过游戏内购获取自己的游戏收入。这一商业模式已经得到了中国游戏市场的验证，云游戏如果要走国外付费订阅的路线，需要用较长的时间培养玩家付费习惯。

国内云游戏厂商并没有完全借鉴国外已有的云游戏付费模式，部分云游戏平台仍然采用了免费体验的模式，暂时将广告作为收入来源。免费运行＋

游戏内购的模式能在手游领域成功，不代表一定能在移动端云游戏环境成功，原因在于云游戏除了游戏内容的研发之外还额外需要云技术和平台运营等方面的投入，如果游戏不是平台自研的，就无法获得全部的游戏内购收入。得益于视频行业近年培养起来的会员订阅习惯，云游戏也有向订阅制发展的趋势。但云游戏不能照搬订阅制或免费＋内购的模式，而应该再深入研究用户行为，寻找更符合云游戏特性的商业模式。

（2）游戏体验不佳

目前国内外云游戏体验尚未达到最佳效果，存在排队时间长、加载时间长、画质不够清晰、延迟高、卡顿频繁等问题，很大一部分原因是被网速所限制。5G 网络的理论速度可以轻松达到云游戏运行要求，但当前 5G 的普及进度仍不足以满足玩家连续运行云游戏的体验需求。当云游戏平台检测到玩家网速不佳时会直接降低游戏画质来确保流畅度，甚至因整体的网速限制，连 PC 端云游戏的游戏体验都不是特别理想。除了网速问题，云计算技术与边缘计算技术等辅助技术的结合也不够成熟，高峰期大流量同时接入时，玩家需要排队等候进入游戏，五月一日菜鸡云游戏平台部分热门游戏的同时排队人数甚至破万。

在原生云游戏研发成功前，云游戏平台还是以移植游戏为主，存在游戏的适配问题。移动设备再怎么发展都很难达到 PC、电视屏幕的大小，所以更需要重视主机游戏、PC 游戏移植后的屏幕适配，重新设计游戏 UI 效果、交互效果等。近期的反例就是红极一时的在线网页游戏《摩尔庄园》开放手游端测试，然而从 UI 设计与画质到交互与流畅度均被玩家们提出质疑。

云游戏平台出于盈利需求植入广告并无不妥，但不应该影响玩家的游戏体验。某些移动端云游戏平台会在游戏进行中频繁跳出弹窗广告，这势必影响玩家的游戏体验，迫使玩家选择其他广告较少的平台，甚至直接放弃移动端云游戏。

（3）游戏购买成本较高

移动端云游戏与手机游戏的一大区别就是是否需要外设。部分移动端云游戏由于游戏内容、操作的原因需要接入外部设备作为辅助，原生手机游戏则很少需要外设，部分手游为了保证竞技游戏的公平性，会将外设玩家统一拉入指定服务器中。游戏鼠标、游戏键盘等都属于外设的范畴，移动端云游戏的外设主要指游戏手柄。另外，并不是所有游戏手柄都能支持云游戏的连接，大多数云游戏平台对游戏手柄的品牌型号有一定要求，能跨平台、跨终端的游戏手柄需求激增。

部分云游戏平台没有自研游戏的能力，而是与第三方游戏工作室合作，成为提供云计算服务的分发渠道。这类云游戏平台要求玩家自身拥有相应的游戏账户，且已购买游戏后才能享受云服务。也就是说，玩家既需要支付买断游戏的费用，又需要为云服务付费。

现阶段 5G+ 云游戏商业化最大的阻碍是流量资费问题。2019 年谷歌在 E3 大会上以自己的云游戏服务 Stadia 为例，指出在 720P 分辨率的最低画质标准下云游戏每小时的数据交换量达 4.5GB，4K 标准下更是达到惊人的 15.75GB。经过测试，我国网易云游戏客户端使用 5G 网络运行 720P 分辨率的云游戏时，一个小时也需要 1GB 左右的流量。目前中国移动公布的流量资费标准是 5GB 的 5G 流量套餐每月需支付 30 元，而按照平均数十小时的单个主机游戏时长来看，玩家长期使用高品质云游戏服务带来的流量资费远超硬件费用。

3. 技术瓶颈与高昂成本困境

（1）相关技术不成熟

有人将云游戏相关技术与流媒体视频技术等同，但其与视频流的不同之处在于更强的实时交互性，很难用缓存手段减少算力的压力。时延是当前云游戏领域比较棘手的问题，玩家对云游戏的延迟较为敏感，延迟高时游戏体验很差。当云游戏时延超过 30ms，普通玩家的游戏体验就会受到影响，出现画面卡顿、操作不流畅等现象。云游戏延迟达不到理论水平，是受画面渲染、视频编解码和网速等因素的共同影响，用户的操作数据无法实时传输到云端服务器。视频编解码将影响云游戏的带宽成本，用户端只能靠更换高速网络来解决网速问题，这又与云游戏降低硬件需求的本意相悖。

5G 与边缘计算技术的结合能有效缓解云游戏玩家面对的延迟问题，但需要从拉近物理距离的角度建设足够多的服务器，将计算与渲染迁移到边缘云上。目前 5G 普及尚未实现，边缘云服务器的数量仍有不足，对不同游戏的资源分配也还需进一步优化。现有技术无法支持国内玩家使用国外的云游戏服务，这是物理距离上的限制，游戏数据从国内传输到国外服务器再回传的过程较为漫长，洲际网络延迟往往超过 100ms，无法达到云游戏的基础运行条件。

有些云游戏平台为了保证用户的游戏体验，限制单台服务器服务玩家数量，造成了算力资源的浪费。由于 GPU 虚拟化技术还不够成熟，不是所有云游戏平台都能借其共享资源的能力来节约资源、降低成本，以至于依靠降低 GPU 利用率来提升用户体验。

当前云游戏对网速的依赖程度较高，一旦网络传输出现问题，例如被恶意流量攻击时，玩家就无法正常运行游戏，相对其他领域受到的威胁更大。云游戏的云服务器、数据中心、边缘节点服务器都有被流量攻击的可能性，一旦这些服务器同时被攻击，云游戏厂商很难迅速反应。

（2）各方成本高居不下

云游戏领域最主要的两项支出是流量成本与硬件成本，相比传统移动游戏，云游戏还有很多额外支出项目。华为鲲鹏云工程师表示，当前环境下的流量成本占据云游戏总成本的 80%。金山云游戏相关负责人表示云游戏的前期研发投入成本是现有手机游戏的 10 倍以上，学习新技术及建设基础设施的沉没成本较高。云游戏技术服务提供商蔚领时代也推测，现有游戏云化模式的算力成本将是原生云游戏的3.3倍。受玩家数量以及付费习惯的影响，当前云游戏收支比仍不够理想。

云游戏搭建的云服务器需要强大的GPU服务器来满足相关渲染需求，同时还需要高性能云主机、云引擎等共同支持云游戏的运行。边缘计算是目前云游戏发展的一大助力，可以根据实际使用情况将算力在多个边缘节点之间相互转移。强化边缘计算有利于云游戏节约带宽、降低延迟，而这需要依靠增加服务器数量，拉近服务器与玩家的物理距离来保证游戏效果。假如云游戏平台想要打通全球市场，需要付出比传统游戏更高的服务器成本。

某些云游戏平台没有好好利用CPU、GPU虚拟化技术，向不同类型的游戏提供同样的算力，无形中又增加了自己的成本。事实上，休闲游戏与对抗游戏所需算力并不相同，按类别给出差异化的云计算解决方案能大大降低云游戏运营成本。

4. 游戏云化的知识产权纠纷

因政策原因，国外游戏很难获得国内版号，再加上外挂泛滥、营销策略不同等因素，很多游戏对中国区域进行了锁区处理。国服锁区后，可能出现不能购买游戏、不能运行游戏、不能下载游戏这三种情况。部分国内玩家为了体验外国游戏，使用加速器或非法VPN翻墙，更有甚者会在网络上搜索盗版游戏资源。

将视野放到云游戏领域，早期建立的云游戏平台几乎都有使用盗版资源的现象，甚至包括咪咕、腾讯在内的大型厂商均有过侵犯版权的行为。2020年8月，热门游戏《人类：一败涂地》的国内独家移动端代理公司心动网络发出公告，玩家们才意识到各个云游戏平台上架的《人类一败涂地》均为盗版。截至2021年4月，仍有许多移动云游戏平台同时提供需要账号登录的Steam版云游戏及免账号登录的单机版（盗版）云游戏。

云游戏反盗版的特性是针对原生云游戏来说的，并不包括当前游戏云化的形式，盗版云游戏的一个显著特征就是只能支持单机模式。某些云游戏平台购买海外正版游戏资格后，直接将游戏数据复制到自己的平台上，还宣称自己拥有正版版权。从官方游戏平台的说明中我们可以了解到，玩家购买的是游戏的使用权，并没有将其二次销售的权利。某些云游戏平台的行为显然违反了游戏厂商的规定，如果放任其侵权行为，损害游戏厂商的利益，很有可能造成国人正版意识再度退化的严重后果。

5. 未成年人沉迷云游戏

未成年人沉迷游戏是游戏产业最被人诟病之处，按照相关部门对网络游戏防沉迷体系的规定，目前正在运营的网络游戏均应上线防沉迷系统。首次登陆网络游戏时，需先进行实名认证，用以区分成年玩家与未成年玩家。当然，防沉迷系统并没有完全杜绝未成年人沉迷游戏，很多未成年人会哄骗家长刷脸验证，或利用其他成年人的身份信息认证自己的游戏账号。在过去人脸识别还未普及的阶段，未成年人可以轻松地在网络上搜索到大量成年人的姓名和身份证号，用于防沉迷系统的身份认证。而在韩国，游戏公司根据政府规定执行严格的"宵禁"政策，16 岁以下的青少年不得在深夜 12 点至第二天 6 点这段时间内运行游戏。

除了防沉迷系统本身的漏洞外，由于我国云游戏的发展刚刚起步，监管细则尚不明确，部分云游戏平台暂时不需要实名认证，也没有上线防沉迷系统，未成年玩家可以交替使用不同云游戏平台的每日免费体验时长或付费时长，长时间地运行游戏。特别是移动端云游戏平台内由主机游戏移植过来的云游戏，在主机游戏没有防沉迷机制的情况下，云游戏平台更不会特地为其加上限制。

五、我国 5G+ 云游戏融合发展对策与建议

我国游戏产业的市场规模居于世界前列，主要源于庞大的用户群体以及特有的盈利模式。随着云游戏平台数量的增加，各平台应正确认识自身优势，做到差异化发展，突出展现自身算力、游戏内容、价格等优势以供玩家选择。加强产业链各环节的合作有助于各方挖掘自身优势，进一步推动云游戏发展。在面对需求不同的各式玩家时，云游戏平台可以推出不同梯度的付费服务供玩家自行选择，这也丰富了平台自身的盈利手段。合适的云游戏商业模式需要适应我国游戏市场的特殊情况，可以在确保内容品质后探索更多元化的商业模式，与其他产业相结合，如将云游戏作为一种展现手段提供广告服务。在云游戏发展初期，上级主管部门必须把控好知识产权保护关卡，增强大众版权意识，为云游戏产业的健康发展打下良好基础，避免我国游戏产业再次因为游戏盗版问题陷入不良发展状态。而从行业发展的角度看，云游戏产业必须形成未成年人防沉迷体系。

1. 加强产业链各环节合作创新

游戏运营是我国游戏产业的优势环节，而在硬件设施、终端设备、内容创作等方面还有待加强。在全球范围内，微软、索尼、任天堂等传统游戏巨头还有很多值得我们学习的地方，积极对外合作交流能加快我们自身发展的脚步。

"内容为王"在任何行业都不应该被忽视。云游戏发展起步阶段也许能靠游戏数量吸引玩家，但随着平台不断竞争发展，拥有优质内容的云游戏平台才能站稳脚跟，云游戏发展到一定阶段后必须推出原生云游戏。真正的原生云游戏将会立足于云端环境进行开发，利用好云游戏本身的特性，在游戏研发的各个环节融入云的概念，开发全新的玩法、内容，与直播、电影、广告等领域相结合，迸发出新的活力。

国外云游戏产业链间的联系较为密切，除了少量平台独占游戏外，不会将游戏内容局限于某个平台。相反，国内云游戏平台对待正版云游戏的内容分发局限性强，例如此前某一段时间内腾讯经常将网易云游戏渠道运行的王者荣耀账号封号。韩国通信运营商们更愿意利用 5G 技术同已有云游戏平台合作，而我国三大通信运营商均选择独立创建云游戏平台。三大运营商应牵头加强产业链上下游的联系，与终端设备商、游戏运营商、游戏研发商合作优化 5G+ 云游戏在软硬件方面的协同性，提升云游戏品质，降低各方成本，实现互利互惠、合作共赢。

在原生云游戏出现前，直播 + 云游戏是一个可行的发力点，能采用游戏接力、多人同步等各式特殊玩法吸引玩家。以云游戏直播接力为例，主播将直播画面切换到某个观众时，观众可以同步主播的现有进度延续游戏的运行。创新性的游戏模式对云游戏平台和直播平台的拉新、促活都能起到一定作用，云游戏能深入挖掘直播产业的潜力，直播也能为这一新模式引流[①]。

2. 为不同群体提供客制化服务

目前云游戏的实际体验效果还无法达到理想状态，云游戏平台最好提炼出自身核心优势，针对用户属性的不同来设置不同梯度的云游戏服务。面向重度玩家，云游戏平台应提供最高配置的运行效果，向他们提供可实现范围内最优质的画质、流畅度及稳定性，缩小重度玩家的落差感。假如云游戏能给他们满意的游戏体验，他们也愿意为游戏品质付费。此类玩家几乎都拥有游戏主机，极致的游戏效果才是他们的诉求，移动端云游戏只是他们退而求其次的选择。很多海外优质游戏使用买断制的付费模式，所以出现部分玩家将云游戏平台作为试玩主机游戏或 PC 游戏的工具，先用较低的价格在云游戏平台体验游戏品质，确定购买意向后再购入游戏。

---

① 曹祎遐，张昀天：《5G 助推云游戏发展》，《上海信息化》，2021 年第 2 期。

轻、中度玩家是移动端云游戏的重要目标用户，其中又分为两个大类。第一类玩家平常就有游戏习惯，对优质游戏内容有需求，但无法承受主机等硬件设备的价格，或自身移动设备无法支持大型游戏的流畅运行。这类玩家更看重云游戏的性价比，不需要极致的游戏效果，习惯于传统游戏免费＋内购的付费习惯。另一类玩家日常没有游戏习惯，但会在同学、朋友等的推荐下偶尔尝试热门游戏。云游戏平台乐于上架其他端口的热门游戏进行引流，这类玩家可以在有游戏需求的时候随时打开云游戏平台运行游戏，免去下载过程。另外，原生云游戏将与现有游戏大不相同，这同样是吸引此类玩家停留在云游戏平台的关键点。

3. 探索多方共赢的商业模式

成熟的商业模式需要成熟的产品作为支撑，建设标准化云游戏体系有助于我国云游戏产业的发展。5G＋云游戏语境下，云游戏必须做好移动设备的屏幕适配工作，重新进行 UI、互动性设计，满足用户在移动端的云游戏使用需求。云游戏产业链中的云计算服务提供商应通过云计算技术满足玩家免下载更新、跨终端跨平台的需求，结合边缘计算等技术缓解云游戏的延迟和连接压力；移动通信运营商需要从技术角度解决玩家需求，保证玩家能够持续、稳定地在自己的移动设备上运行云游戏，并尽快实现 5G 普及，降低流量资费。另外，云游戏客户端还需重视游戏对玩家设备的资源消耗，针对不同网络环境进行优化，提供更为稳定的云游戏性能[①]。随着云游戏的不断发展，还需同步发展云安全相关技术，减少网络安全问题。

伴随人均可支配收入的提升，用户对娱乐内容的消费意向不断增长。展望未来云游戏的商业化进程，菜鸡游戏这一云游戏平台的现有付费模式可供参考。目前菜鸡游戏按体验效果向玩家收取不同费用，共有会员费、加时卡、

---

① 腾讯：《2020 中国移动游戏质量白皮书》，[EB/OL].https://www.sohu.com/a/444566872_120855974. 2021-04-05

秒进卡、好友位四大项。会员费的收取方式类似订阅制，按享受权益的不同又分为会员和大会员，相关权益均只支持移动端用户使用。开通会员后玩家只能享受部分基础权益，要想进入高配置运行通道或免排队进入游戏还需额外购买加时卡或秒进卡。菜鸡游戏的收费方式似乎较为烦琐，但细细想来是符合移动端云游戏玩家需求的，不同玩家在运行不同游戏的时候对画质、延迟等方面的需求可能并不相同。玩家可以在每天一小时的免费游戏时长基础上购买秒进、高配置等附加项目，拆分游戏效果的混合型付费方式其实对轻、中度玩家更为友好①。云游戏厂商要想平衡好自身成本与玩家的付费意愿，还需要在实践中慢慢优化。

云游戏＋广告是一种双赢的变现手段。对于广告发布者来说，有趣的强互动性广告可以降低广告在用户心中的负面形象。无论广告投放在何种渠道，无须下载直接体验的强互动性游戏广告更能刺激玩家需求，提升广告效果转化率。当云游戏广告模式发展成熟时，不必将广告主局限于游戏产业，各行各业都能将云游戏广告视为一种新的广告投放形式。

作为一种全新的分发渠道，云游戏平台有望重新定义游戏厂商与分发渠道之间的关系，通过合理的分成方式使双方合作共赢。现有安卓游戏的分发渠道数量较多且分成比例不合理，游戏厂商自身没有宣发能力，为了游戏销量不得不向渠道妥协。假如云游戏平台能提供比较合理的分成比例，游戏厂商们上云的积极性将大大增强。

由于成本及技术因素，云服务提供商的发展将存在马太效应。头部云服务提供商遍布全国的服务器保障云游戏所需计算能力，初期的大量投入能换来一定的市场份额，形成规模后再压缩自身成本，以较低的价格吸引更多顾客。随着客户数量的增加，他们的经验也变得丰富，拥有更多的解决方案，

---

① 谭雁峰：《5G 云游戏时代 游戏行业面临三大升级》，《国际出版周报》，2020-09-07，第 8 版。

能以较低的价格为云游戏平台提供高速稳定的优质云计算服务。

4.完善发行及运营监管机制

新修改的《中华人民共和国著作权法》将于 2021 年 6 月 1 日起施行，规范游戏行业的版权标准，为云游戏版权保护提供有力指引。主管部门完善监管机制后，游戏的上线及运营都需要监管部门的介入。前期的游戏版号申请审核机制还需优化，当前审核机制存在审核标准不透明、审核时间较漫长等情况，体量较小的游戏公司制作精品独立游戏的成本高、难度大。最近一份审核标准参考文件是 2016 年公布的《移动游戏内容规范（2016 年版）》，其中也没有明确列出审核标准，游戏公司只能依赖出版机构的既往经验进行修改，普遍需要多次优化，动辄半年、一年的审核周期很容易让小型游戏公司被游戏无法商业化所拖垮。

要想保持云游戏产业的良好发展态势，必须符合当前移动游戏制作周期短、迭代快的行业发展规律，在保证游戏质量的前提下明确审核标准，简化审核流程，缩短审核时间，防止不完善的审核机制导致劣币驱逐良币的情况发生。游戏成功上线后，主管部门也不能放松监控，应定期对处于正常运营状态的游戏进行内容复核，避免游戏通过版号审核后"挂羊头卖狗肉"的行为。

5.各界共同打造防沉迷体系

我国暂无明确的游戏分级制度，未成年人很有可能无法控制自己的游戏行为，沉迷网络荒废学业。在新版《未成年人保护法》中明确规定，网络游戏应当保护未成年人的心身健康。云游戏平台具有天然的监管优势，更应当如同现有 PC 游戏、手机游戏一样，通过实名认证等手段强制执行未成年人防沉迷保护，复核可疑身份认证账号的真实性，确保云游戏产业的健康发展。对此，云游戏平台必须增强社会责任感，提高自我要求，建立健全的防沉迷机制，落实防沉迷标准，严格把控未成年人运行游戏的时长、时段以及游戏内消费金额等方面的限制。

当然，防沉迷体系不应只依赖游戏厂商的技术手段，还需要社会各界的共同监督。通过家长、老师的正确引导，促使未成年人拥有良好的游戏习惯，不只为了娱乐而游戏，还能从游戏中学到课本以外的知识。

结　语

随着移动设备的迅速发展，手游在游戏产业占据重要地位。移动端云游戏的使用场景与当前我国移动用户的碎片化使用习惯相匹配，5G+ 云游戏的融合发展能很好地推动移动端游戏市场的良性竞争，促进游戏产业的整体发展。

在云游戏发展初期，国内相关厂商可加强与国外对应成熟平台的合作。到发展中后期，游戏研发商必须自研原生云游戏，并为有不同需求的玩家提供客制化服务。当云游戏发展到一定阶段，可以尝试原生云游戏与 AR、VR 等技术的结合，不断激活云游戏的创新驱动力。展望未来，折叠屏手机有可能成为最适合云游戏运行的移动设备。

游戏出海是游戏产业的新热点，要想成功出海必须以优质游戏内容作为基础。如果国内游戏厂商能够基于成熟的手游经验，抢先研发出优质原生云游戏并推广至全球范围，就有机会通过游戏出海实现文化出海，潜移默化地向全世界输出中国文化。

当前云游戏发展挑战众多，玩家体验未达预期，优质游戏内容稀缺，行业内仍未出现成熟的商业模式。随着技术发展，云游戏平台的竞争必将更加激烈。类比新媒体与传统媒体的关系，移动端云游戏不必试图取代现有手游模式，而应取长补短、互相促进。云游戏产业链上下游必须尽快适应这一新模式，积极应对新技术、新内容、新商业模式带来的挑战，关注优质游戏内容，将玩家的云游戏体验作为检验标准。除了娱乐属性，云游戏还可以与教育、军事等方面结合，挖掘强互动性的价值，让云游戏不止于游戏。

附录 3——Steemit 和币乎区块链内容平台对比研究

纵观全球，在新一轮的科技争夺战中，各国都在加大对区块链产业的布局，产业发展较为迅速。通过区块链技术搭建的内容生态服务平台可为各方提供安全、稳定、可靠的内容发布和获取环境。

目前关于区块链内容平台的研究尚处于初期阶段，对于"区块链内容平台"这一概念的界定十分模糊。目前大多数文献，在称谓上，称其为："区块链新闻内容平台""区块链媒体平台""区块链社交平台"等。而在定义上，有些文献绕过了"区块链内容平台"的准确定义，直接以"区块链＋"的形式，即引用区块链的相关定义，加上"媒体平台"或者"新闻平台"来探讨其定义，缺乏对区块链内容平台这一区块链应用类型的明确认知。

如同新媒体与媒体之间虽然只有一字之差，但在具体内涵，外在表现，以及影响效果方面有着天壤之别，应进行区别认识和研究。因此，对于"区块链内容平台"亟急一个准确定义。此外，本文认为，区块链内容平台也将与传统的互联网内容平台有着较大的区别。对于具体的区块链内容平台的案例分析以及比较研究均较为缺乏，相关研究还有着巨大空间。

本书旨在厘清区块链内容平台整体认知的基础上，以具体区块链内容平台作为研究案例进行分析与对比研究。从宏观到微观，以期对区块链内容平台这一研究领域能够做出一定补充和完善。

本书对案例的挑选着重于大众型的区块链内容平台。立足全球视野，在现有众多区块链内容平台中，Steemit 是最早创建的区块链内容平台，且发展状态良好，有着较好的代表性，在整个行业中有着标杆作用，因此选取其作为案例之一。币乎作为国内最早的区块链内容平台，正处在发展上升期，在国内相关行业内起着标杆作用，与 Steemit 同样是面向大众提供数字内容产品的区块链内容平台。因此，本书选取其作为另一具体案例，与 Steemit 进行分析对比。

一、研究背景

1. 政策背景

从我国的区块链政策趋势来看，2016 年，区块链技术被纳入《"十三五"国家信息化规划》，区块链技术正式成为国家战略发展点。规划指出："十三五"时期是构筑我国竞争新优势的重要战略机遇期，规划明确提出了加强区块链等新技术的创新和发展。至此，我国对于区块链产业的相关政策，根据区块链技术的发展情况不断地推进与完善，体现出了对区块链产业发展的重视程度。具体情况见表 附 3–1：

表附 3–1 中国区块链产业政策一览

中国区块链产业政策一览			
政策发布时间	发布机构	文件名称 / 讲话人	主要内容
2016 年 10 月	工业和信息化部	《中国区块链技术和应用发展白皮书》	区块链技术将引发新一轮的科学技术发展、创新和更深层次的产业改革水平。鼓励社会各界充分积极主动地探索和推动我国区块链技术和产业的发展
2017 年 10 月	国务院	《关于积极推进供应链创新与应用的指导意见》	钻研利用区块链、人工智能等新兴技术，创立基于供应链的信用评价机制
2018 年 5 月 28 日	中国工程院第十四次院士大会	习近平总书记	总书记指出："以人工智能、量子信息、移动通信、物联网、区块链为代表的新一代信息技术加快突破应用……全球正在进入以信息产业为主导的经济发展时期。"
2019 年 1 月 10 日	国家互联网信息办公室	《区块链信息服务管理规定》	规定旨在明确区块链信息服务提供者的信息安全管理责任，规范和推进了技术及相关服务的康健发展
2019 年 10 月 24 日	中共中央政治局第十八次集体学习	习近平总书记	总书记在主持学习时强调：我们要把区块链作为核心技术自主创新的重要突破口。

2. 技术背景

从区块链技术的发展来看，从中本聪在 2008 年 11 月发表了著名的论文《比特币：点对点的电子现金系统》后，区块链这一概念第一次进入了大众的视野。比特币这一新生事物在之后也被称为区块链技术 1.0 阶段的初级应用——数字加密币。所谓的区块链技术 1.0，其核心技术是实现了点对点交易。各种加密数字币都建立在这种技术之上。[①]

随后，在 2013 年年末，ETH（Ethereum），也就是现在所称的以太坊，其创始人 VitalikButerin 发布了以太坊初版白皮书，启动了以太坊项目，引入了"智能合约"功能，可以将一些应用采用自动化和智能化的方式执行。由此带来了区块链技术的 2.0 阶段，以此大大拓宽了数字资产流通的种类和流通速度。

3. 产业背景

传统的互联网内容平台在发展中逐渐显露出许多问题：虚假新闻、不实信息、版权保护缺失、优质内容创作难以突显、内容创作者收入不足等。这给区块链与内容产业的结合发展提供了契机。以版权保护为例：抄袭、盗用作品是当下互联网内容平台普遍存在的问题。有直接将内容复制到其他内容平台的直接盗用行为，也有将视频内容转变成文字内容，或进行其他媒体形式转换的间接盗用行为。这不仅打击了内容创作者的创作热情，还扰乱了平台用户接收信息的途径。虽然现有内容平台进行了一定的规制，但是正由于抄袭的形式多样，加之互联网信息更新频率快，内容平台对于新信息没有办法及时有效的跟进，导致了内容审核出现力不从心的现象。在这种产业情况下，急需新的方式来引导内容平台的发展。

---

① 郑磊，蒋榕烽等：《区块链＋时代——从区块链 1.0 到 3.0》，北京：化学工业出版社，2018 年，第 2 章，第 39 页。

二、区块链内容平台概念分析

（一）区块链定义

新生事物的定义常常是需要一个过程的，针对区块链的定义也是如此。区块链起源于比特币，比特币是在 2008 年由中本聪（Nakamoto）提出的一种点对点的电子交易系统，但中本聪并未明确提出"blockchain"这个说法并给出相应定义。他仅提出了一种分布式的公有账本，即通过将交易信息记录到"块"（block）上，再按照时间顺序形成"链"（chain）。之后，对于区块链的定义也主要根据比特币这一具体事物进行总结阐述。例如，Jaume Barcelo（2014）认为："像比特币一样将所有历史交易存储起来，并可由任一网络节点保存的数据库称为区块链。"[①]

随后，中美德等国于 2016 年开始重视区块链产业的发展，并对应用区块链技术的加密数字代币进行监管。中国工业和信息化部（2016）将区块链定义为："区块链是分布式数据存储、点对点传输、共识机制、加密算法等计算机技术在互联网时代的创新应用模式。"[②]同年，美国区块链行业专家 Melanie Swan（2016）称区块链技术为"具有多层次和多类型应用的综合信息技术，并且是任何事物中展示和交付的全新组织范例"。中国信息通信研究院（2018、2019）发布的《区块链白皮书》中，都将区块链一致定义为："是一种由多方共同维护，使用密码学保证传输和访问安全，能够实现数据一致存储、难以篡改、防止抵赖的记账技术，也称为分布式账本技术

---

① Barcelo J. "User privacy in the public bitcoin blockchain", [EB/OL]. http://www.dtic.upf.edu/jbarcelo/papers/20140704 User Privacy in the Public Bitcoin Blockc hain/paper. pdf (Accessed 09/05/2016), 2014.

② 工业和信息化部：《中国区块链技术和应用发展白皮书》，2016 年，第 1 章，第 1 页。

（Distributed Ledger Technology）。典型的区块链以块—链结构存储数据。"
美国国家档案和记录部门在 2019 年 2 月发布的《区块链白皮书》中定义为：
"区块链，又称分布式账本，是一种可自愿分享，可复制，具有一致性的数据库。"

（二）内容平台定义

本书提到的内容平台是从信息内容产业中延伸出来的相对概念。信息内容产业作为一个概念首次出现在 1995 年 "西方七国信息会议"，作为产业统计的一个正式门类于 1997 年首次出现在《北美产业分类系统》（NAICS）内，取名 "Information"。之后，各国根据其产业背景不同，对信息内容产业的具体形式进行了不同的划分和定义。

2005 年，澳大利亚在《澳大利亚数字内容行动章程》中定义数字内容产业为信息技术和传统影视以及文化的产业。2006 年，日本经济省在《新经济成长战略》中定义内容产业为通过媒介将文字、音乐、游戏、映像等信息素材和信息商品传递到用户的产业。[1]

基于信息内容产业这一概念背景，学者周滢（2012）认为内容平台这一概念更倾向在描述 "系统平台"，也就是指电脑里让软件运行的系统环境，包括硬件和软件环境。同时他也认同《数字化生存》中提到的数字化平台是内容平台的近似概念：数字化平台是生存和活动于现实社会的人进行信息传播和交流的平台，不过，这个平台是借助于 "数字化" 构造的，虽是虚拟的，但却是真实的而非想象的，是一种真实的虚拟空间。[2]

---

[1] 平安：《黑龙江省数字内容产业发展研究》，《哈尔滨商业大学学报》，2015 年第 2 期。

[2] 周滢：《内容平台：重构媒体运营的新力量》，北京：中国传媒大学出版社，2012 年，第123—124 页。

（三）区块链内容平台定义

综上所述，本书在分析了区块链定义及内容平台定义的基础上，尝试将区块链内容平台定义为：以分布式记账技术为核心，以密码学保证其传输和访问的安全，并辅以其他技术为基础，用于现实社会的人进行信息传播与交流的虚拟空间。

三、币乎运营现状

（一）发展背景和平台宗旨

1. 发展背景

由于比特币具有匿名性、低手续费的特点，被一些不法分子当作了洗钱和非法交易的工具，也因此催生出了加密代币市场。而在 ICO[①] 这一概念被提出并使用后，又进一步扩大了加密代币市场，吸引了众多投资、投机者的关注。在这种情况下，投资者需要获得相关的行业信息，而项目发行方也需要传播消息的渠道。急需一批带有信息整合性质的平台，币乎团队看到了市场的痛点，并结合了区块链技术，率先出击，成了中国的第一个区块链内容平台。

2. 平台宗旨

币乎主要围绕加密代币的各方主体的信息需求而建立，并结合区块链技术，从而提出了"好文有好报"的平台宗旨。

---

① ICO（是 Initial Coin Offering 缩写），首次币发行，源自股票市场的首次公开发行（IPO）概念，是区块链项目首次发行代币，募集比特币、以太坊等通用数字货币的行为. 百度百科，[EB/OL].https://baike.baidu.com/item/ICO/21498451.

（二）内容生产机制

1. 内容类型

币乎目前主要由长文、微文、评论、链接以及直播五种类型的内容构成。长文、微文、评论以及链接都由平台用户自行编辑发布。其一，长文可在一篇文章中同时发布文字、图片、超链接以及视频四种类型的内容。长文必须编辑文章标题以及上传一张封面图片，并在发布前对文章类型（原创 / 翻译）和利益相关进行选择确认。长文的字符限制为：除去标题，字符下限 1 个字符，上限不限。其二，微文可编辑文字和图片。微文发布前不需要对文章类型以及利益相关进行确认。微文的字数下限为 1 个字符，上限为 218 个字符。其三，评论可编辑文字。发布前不需要对文章类型以及利益相关进行确认。字符下限 1 个字符，上限为 218 个字符。其四，链接需要提供一份网站超链接，并且编辑一个题目。链接发布前可以对关联币种进行选择。其五，直播由币乎团队进行组织举办，直播方可编辑文字，发送图片和语音。普通用户可以在直播中编辑文字进行参与。

此外，币乎将各种类型的内容放置于关注、热门、微文、快讯四个板块中。关注是查看用户"关注"的其他用户发布的内容的板块。需要对其他用户进行关注后该板块才会显示信息，板块按照内容发布时间进行排序。热门是显示热门长文的板块，根据长文的"热门排序"这一指标进行排序。微文是显示平台所有用户发布的微文的板块，按照微文发布时间进行排序。快讯是在 2020 年 3 月底新上线的板块，由币乎团队以简讯的形式实时发布行业相关资讯。[1]

2. 发布收益

长文通证收益占通证激励池的 70%。长文文章底部所显示的收益为预估

---

[1] 币乎公告:《每周项目简报》，第 084 期。(2020 年 3 月 30 日至 4 月 5 日，币乎,2020.3.30。

值，该预估值的 50% 为作者奖励，另 50% 为点赞奖励。此预估值与这篇文章获得的 KEY（锁定 KEY+ 实名待领取 KEY）的累计点赞数相关。

长文的创作收益在发布后 72 小时结算并发放。当其他用户对已结算的长文点赞时，该文章可以继续获得收益，结算时间为点赞后 10 分钟，与作者的结算收益分配比例与"结算前最后一位点赞者"相同。[1]

评论和微文共享一个子激励池，占总激励池的 30%。[2] 评论是在长文和微文，以及评论下方平台用户进行文字互动的内容。评论可以看作独立的文章。[3] 对于评论和微文的创作者来说，粉丝的有效赞（实名认证过的用户，对非本账号发表的评论或微文，使用对应能量进行点赞）会获得 KEY 奖励。对于点赞者来说，有效赞即可获得 KEY 奖励。评论和微文的创作者的获取收益的时间采用 T+2[4] 的方式进行结算，点赞者采用 T+1 的方式进行结算。

在 2019 年 10 月 15 日凌晨 1 时前，币乎的长文、微文、评论的通证收益分配是相同的，即：内容创作者与改文章所有内容发现者均分收益。但在此之后，币乎运营团队对微文做出改革：微文和评论除内容发布者的粉丝点赞所形成的收益会与作者均分外，其余收益只相应分发给内容发现者而不再分发给内容创作者。[5]

直播为币乎团队组织的不定期活动，平台用户均可参与。直播通常持续 1—2 个小时，直播结束后有直播回顾。直播没有直接的通证收益。

（三）内容监管机制

币乎的内容监管机制是中心化的，主要由币乎团队这个中心化组织进行

---

① 币乎功能说明：《长文创作收益说明》币乎，2019.3.15。
② 币乎功能说明：《评论 & 微文收益说明》币乎，2019.3.15。
③ 币乎公告：《再次！完整大揭露，币乎的奖励规则、具体公式 & 参数，速度了解！》，币乎,2018.3.25
④ 这里的 T 指的是发布当天的日期，即在内容发布后第二天的零点发放收益。
⑤ 币乎功能说明：《评论 & 微文收益说明》，币乎，2019.10.14。

平台内容的监管。已经记入区块链的数据将极难删除，但是，币乎作为搭建在以太坊上的应用，并不是所有数据都在生产出来后第一时间就会记入区块，在币乎中只有交易数据会记入区块。因此，当长文的收益在 72 小时后结算完成时，微文和评论收益在 24 小时后结算完成时，该内容才是无法进行删除的。

因此，在 2018 年 3 月 6 日的币乎公告提到：公测开放后，各内容版块的版主、管理员有权删除与版块无关、违法违规、未经授权的抄袭、广告垃圾等内容；发布内容严重违规的用户，各内容版块的版主、管理员有权短期或永久禁言处理。

（四）平台运营机制

运营就是对运营过程的计划、组织、实施和控制，是与产品生产和服务创造密切相关的各项管理工作的总称。从另一个角度来讲，运营管理也可以指为对生产和提供公司主要的产品和服务的系统进行设计、运行、评价和改进的管理工作。由于币乎和 Steemit 都是带有社区属性的区块链内容平台，因此本书将其运营机制分为技术运营以及社群运营两部分进行阐述。

1. 技术运营

从 2018 年 2 月 28 日币乎上线公测以来，"好文算法"就一直是币乎团队不断优化、从而保证平台更好运行的技术核心。算法（Algorithm）是指解题方案的准确而完整的描述，是一系列解决问题的清晰指令，算法代表着用系统的方法描述解决问题的策略机制。而"好文算法"指的是币乎团队为了更好地实现挖掘优质内容而设定的一套技术规则。通过代入与内容相关的多个指标，来对内容的平台权重、首页排序、激励预算等方面进行规定。

2. 社群运营

（1）用户激励

对用户创作内容、发现内容的行为使用币乎通证——KEY 进行激励是币乎作为区块链内容平台最为重要的运营手段。KEY 的总量为 1000 亿，永不增发。KEY 的分配由 4 部分组成：激励池、推广运营池、币乎基金会、团队期权。

激励池的 KEY 用于激励用户发布优秀内容和发现优秀内容，数量为 450 亿 KEY，占总量的 45%。激励池中的 KEY 初始由智能合约锁定，每年释放激励池余额的 10%，永续进行。激励池中的每天释放的 KEY 被分为 3 部分进行分配：45% 作者奖励，45% 点赞奖励，10% 锁币奖励。目前，锁币奖励功能尚未启动，所以奖励的分配是 50% 作者奖励和 50% 点赞奖励。

推广运营池的代币数量为 250 亿 KEY，占代币总量的 25%，用于快速开拓新用户、吸引和激励意见领袖。币乎基金会持有 250 亿 KEY，占总量的 25%。50 亿 KEY 将作为期权授予给币乎的开发和运营团队，占总量的 5%，期权分 5 年行权，每年行权 1%。[1]

而币乎目前的激励对象主要面向三个群体，一是内容创作者群体，二是内容发现者群体，新人以及邀请人群体。在每个群体中，还可细分为：长文内容创作者、微文内容创作者、链接发布者；长文内容点赞者、微文内容认同者、链接点赞者；实名认证新人、邀请人。因此对应使用的是平台通证分配中的激励池以及推广运营池。

对于内容创作者群体的来说，收益的变化取决于：该内容（长文、链接、微文）获得的 KEY（锁定 KEY + 实名待领取 KEY）的累计点赞数；以及文章在平台的得分，也就是热门排序情况。由此计算出作者的通证收益。对于内容发现者群体来说，收益的变化取决于：点赞者的平台权重（锁定 KEY + 实名待领取 KEY）以及在点赞用户中的时间次序。

最后是新人以及邀请人群体。对于这部分群体来说，收益是相对固

---

① 币乎：《币乎白皮书 v0.1 版》，2018 年，第三章，第 38 页。

定的。目前来说，实名制奖励为 12000KEY，分为两年发放。邀请奖励为 2400KEY/ 人，每个用户的邀请奖励人数上限为 5000 人。[①]

（2）币乎直播

币乎团队通过与币圈、链圈大咖或者 ICO 的项目负责人主动或者被动地进行沟通，从而邀请其进入币乎举办直播活动，分享其自我经历、个人观点，介绍项目详情等。直播通常在晚上八时左右开始，持续一到两个小时不等。直播采用文字、图片、语音结合的方式进行，每次直播都会有一位主持人以及若干币乎工作人员对直播间观众进行引导以及秩序的维护。币乎所有用户都可通过直播板块在直播期间进入直播间。平台用户可在直播活动的提问环节，通过发送文字进行提问，直播嘉宾将会选择问题进行回答。在直播结束后，用户可以自行在直播板块进行直播回顾。

总的来说，币乎的直播内容切合平台受众，也符合受邀嘉宾的信息传播需求。体现了币乎团队对平台运营的引导作用，保持了社区的活跃度。币乎直播体现出了在币乎运营中的关键作用。

（3）意见反馈处理

币乎在 APP "我"的选项下，提供有意见反馈功能。点击进入后，需要选取问题类型（用户体验、功能故障、意见与建议、申诉、注销账号），并在"详细描述"文本框内编辑意见内容，同时可以选择提交一份图片附件用于辅助描述。最后点击"反馈问题"按钮即可提交

由于币乎同时有着较为浓厚的社区氛围。因此，除了通过 APP 功能进行反馈外，较为常见的还有通过在平台中发布长文或微文，甚至在热门文章下评论，对平台提出意见。

---

① 币乎功能说明:《币乎赚 KEY 说明》, https://m.bihu.com/article/1120480442?i=1FOUVW&c=1&s=1dPq9c

（4）信息公示

常见的信息公示方式有：发布系统公告、群发邮件至用户邮箱等。而币乎目前的信息公示方式是通过官方账号"币乎公告"进行发布。币乎公告（币乎 ID：145217）的启用是为了暂时性替代官方消息推送功能。[①]

币乎公告中发布的内容最重要的是币乎团队的"每周项目简报"。"每周项目简报"以文章的形式，将内容分为上周重点、本周执行、近期规划三部分来对平台的发展情况进行总结公示。

信息公示体现了平台运营的透明化。币乎作为一个新平台，对每周运营情况以及平台今后发展规划进行详细公示，结合意见反馈功能，营造出了一种共建社区的氛围，有效提升了社群凝聚力。

四、Steemit 运营现状

（一）发展背景和平台宗旨

1. 发展背景

Steemit 是一个去中心化的，基于区块链的公众内容平台。[②] Steemit 是基于 Steem 区块链搭建的一个应用，Steem 的拓展空间更向偏公链方向。[③] facebook，Reddit，Twitter 这样的社交媒体的用户为这些平台创造了价值数十亿美元的内容，但这些用户却没有得到相应的奖励。[④] 基于这样的情景，Daniel Larimer 及其团队在 2016 年创建了 steemit。

---

① 币乎公告：《2018 年 2 月 28 日 20:00 币乎公测开放后的重要通知！用户必读！》币乎，2018.3.6。

② Steemit：《Steemit whitepaper》2018.6.

③ 链捕手：《区块链内容社区之争：Steemit 向左，Pivot 向右》链得得,2019.6.12.

④ Steemit：《Steemit whitepaper》2018.6.

2. 平台宗旨

Steemit 旨在提供一个将用户发布、分享内容而产生大量的经济价值，以数字加密币的形式返还给用户的包含多个在线社区的社交媒体。同时，在这一过程中，创造出一种能够到达进入通用金融市场以及加入加密币金融市场的数字加密币。[21]

（二）内容生产机制

1. 内容类型

Steemit 的内容形式分为帖子和评论。帖子在现代汉语中的原意是邀请客人的纸片，也称请帖。但在网络论坛（BBS）发展过程中，逐渐成了论坛或者内容平台中集中承载内容的载体。在 Steemit 的帖子中可以编辑文字、插入图片、视频以及超链接。评论指的是帖子下方进行回复的内容，可以是文字、图片以及超链接。

Steemit 将平台内容分为主页、最新、热门、趋势、晋升五个板块。主页是用户关注的其他账号（包括用户本身）发布的帖子，按照发布时间进行排序。最新板块是 Steemit 上最新发布的帖子的展示处，按帖子发布时间进行排序。热门板块对当前时刻最热门的帖子进行展出，按照时间进行排序。趋势板块展出最近获得大量收益的帖子，按照收益多少进行排序。晋升是用户通过用 Steem Power（SP）进行推广，从而提升热门排序的帖子的展示板块，按照时间进行排序。①

2. 发布收益

帖子由用户自行编辑，可在一篇帖子中同时发布文字、图片、超链接以及视频四种类型的内容。帖子必须编辑文章标题以及上传一张封面图片，并

---

① Steemit.What do the Home, New, Hot, Trending, and Promoted links show?. [EB/OL].https://steemit.com/faq.html#Table_of_Contents_Site_Navigation.

在发布前对文章添加标签。在发布前，可以选择使用 Steem Powder（SP）对帖子进行推广。

评论通过平台用户自行编辑发布，无发布限制，字符下限 1 个字，上限不限。

Steemit 发布的帖子或者评论的收益在发布七天后进行结算。默认的结算收益由 50% 的 STEEM 和 50% 的 Steem Powder（SP）构成。此外，用户也可以更改结算设置，将其改为收取 100% 的 Steem Powder（SP）作为内容发布收益。或者，可以选择不领取收益。

（三）内容监管机制

因为 Steemit 是秉持"去中心化"理念的平台，所以 Steemit 的内容监管也是去中心化的。Steemit 虽然有着内容板块管理员，但实际上管理员并不能对帖子内容做出限制和改动，这里的板块管理员更多是一种意见领袖的角色。

Steemit 中核心的内容监管机制是 21 人证人团。21 人证人团指的是 Steemit 用户通过"证人选举"选出的 21 名用户组成的证人团。证人不仅是平台的民意代表，也是 Steemit 的算力支撑节点。如果内容涉及抄袭、水文或其他不当行为，发布的帖子将被视为滥用行为，被社区成员否决。在具体实践中，表现为 21 人证人团对新内容进行共识后，再决定是否将内容写入 STEEM 公链中。

除了证人团之外，Steemit 在内容监管方面，还有平台成员的自发组织"steemcleaners"以及"cheetah"机器人两种去中心化的内容监管机制。

steemcleaners 是由一群致力于维护社区纯净，也就是防止 Steemit 出现抄袭、水文以及其他滥用情况的 Steemit 用户组成的。Steemit 用户在网站 Steem.chat 的"steemitabuse"频道中发布相关的举报帖。而 steemcleaners

则负责通过 Steemit 上的账号 steemcleaners 将举报的内容进行每日梳理后按天发布，形成每日报告。steemitcleaners 将允许 Steemit 中有信誉的成员审核每日报告的私有版本。在做出决定时，steemitcleaners 的成员将经过同行评审和相互审查，重要的决定将通过共识投票做出。不遵守共识准则的成员可能会被从小组中清除。每日报告将不包含发现者和调查者的私人信息，以防止出现报复行为。

"cheetah" 是 Steemit 用户 anyx 研发一种机器人程序。它可以搜索 Steemit 中进行过复制、粘贴的内容。并提醒其他 Steemit 用户进行进一步的调查。

（四）平台运营机制

1. 技术运营

（1）账号安全

Steemit 设置了多重密码来对账户安全进行保障：发布密钥——发布密钥允许账号发布、评论、编辑、投票、恢复信誉以及关注或屏蔽其他账号。大多数用户应该每天使用发布密钥登录 Steemit。使用密码或密钥的次数越多，越有可能遭到破坏，因此存在一个有限的发布密钥来限制泄露账号密钥可能造成的损害。

活动密钥——活动密钥用于执行更敏感的任务，例如转移资金、加电 / 断电交易、转换 SBD（Steem Dollars）、为证人投票、更新个人资料详细信息和头像以及下达市场订单等。

备忘密钥——当前未使用备忘键。

所有者密钥——所有者密钥仅在必要时使用。它是最高权限密钥，它可以更改账号的任何密钥，包括所有者密钥。理想情况下，它应脱机存储，并且仅用于恢复受盗用的账号。[①]

（2）收益算法

Steemit 通过一系列的后台算法来调整帖子的收益。帖子旁边显示的金额是"预计支出"。这是到目前为止产生的点赞、该文章在平台的排序位置将赚多少钱的估计值。根据帖子收到的踩、赞情况以及 STEEM 当前价格的变动，该值可以上升或下降，直到支付窗口关闭为止。

2. 社群运营

（1）用户激励

对用户创作内容、发现内容的行为使用 Steemit 通证——STEEM 进行激励，对长期支持平台的行为使用 Steempowder（SP）进行激励。

在目前的 Steemit 中，65% 的 STEEM 放入激励池用于奖励内容创作者和内容发现者；15% 的 STEEM 用于奖励 Steempower（SP）的持有者，即平台的长期支持者；10% 的 STEMM 用于奖励 STEMM 的投标系统；剩余的 10% 的 STEEM 用于支付为区块链提供算力支持的 21 人证人团。

Steemit 目前的奖励主要面向两个群体：一个是内容创作者和内容发现者群体，使用 STEEM 进行激励；二是平台长期支持者群体；对于内容创作者群体的来说，影响收益变动主要取决于：该帖子获得的累计点赞数；以及文章在平台的热门排序情况；还有通证奖励发放时通证的市场价格。

而对于内容发现者群体来说，影响收益变动取决于：点赞的时间点和拥有的锁定通证（SP）的权重。

（2）意见反馈

在 Steemit，可以选择到 Steemchat 网站的 steemitabuse 板块发帖反馈抄袭或者水文的情况。

[①] Steemit 常见问题——安全 . [EB/OL].https://steemit.com/faq.html#How_can_I_keep_my_Steem_account_secure

五、币乎和 Steemit 的对比分析

（一）易用性对比

1. 用户认知对比

作为区块链内容平台，涉及了许多如"区块链""通证""共识机制"等相关概念。作为一般的民众如果在不了解平台背景的情况下使用了此类平台，那么其对平台的认知程度、认知速度都将影响平台接纳用户，进而影响平台的发展。

在币乎中，用户可以通过设置—帮助中心，获取对于币乎的使用帮助。例如："什么是 KEY""KEY 的状态"等。但是对于区块链等相关概念在这里没有进行说明。在 2019 年 3 月，币乎团队上线了币乎账号"币乎功能说明"，进一步对币乎的各项功能进行说明。并在随后的 2019 年 11 月 1 日上线了一篇《区块链新手指南》的文章。文章分为两部分：加密货币篇和币乎篇。在加密货币篇中，推荐了《区块链小白书》，以及平台用户 Ancy 发布的文章《Ancy 话你知 | 小白话题：区块链是什么》对区块链的概念进行讲解，以及对常见的疑惑进行讲解，例如："比特币是什么""以太坊是什么"等。在币乎篇对"币乎生态共识公约"等概念进行了讲解。

而在 Steemit 中，通过"常见问题"功能可以获得针对 Steemit 以及相关概念的详细讲解。在该功能中，将问题划分为了多个部分，按次序分别为：常见问题、账号、社区、网站导航、发帖、评论、通证系统、点赞和发现内容、抄袭、水文和滥用、名誉系统、关注、收藏和分享、区块链、Steemit 公司概况、安全性、发展者、证人、其他、免责声明。以"发帖"为例：其

中详尽说明了在 Steemit 中发布帖子时的各种常见问题和注意事项。甚至包括推荐的封面图片、推荐的长宽比这样的信息。除此之外，如果以上回答无法帮助到用户，Steemit 还对用户推荐了解决途径：将问题发布在网站——steem.chat 的 help 板块中，等待网站用户提供帮助，进行解答；或者在 steemit 上创建带有标签 #help 的帖子，期待等待社区用户进行回答。

对比来说，Steemit 对于用户认知的引导会更为详尽，问题分类较为齐全，大部分采用网页排版，点击问题后只需要一次跳转就可以看到同部分问题的所有解答，只有极少数的问题需要跳转到第三方页面进行查看。甚至对于无法帮助到用户的部分也提供了解决方法。而币乎对于这方面的准备显然不够充分，还处于发展阶段。且在问题解答中，有些问题采用币乎用户发布的文章进行解释，虽然更体现了社区性，但是需要不断进行链接跳转，在权威性上也存在缺陷。加之无法在币乎功能说明中得到大部分的相关问题解答，在使用方面相较 Steemit 较为不便。

2. 平台载体对比

币乎有着 Web 端和 APP 端两个入口，也就是有着包含手机、电脑等多种形式的载体。但是 Web 端目前是一个辅助推广入口，主要的运营在 APP 端上。而 Steemit 仅有 Web 端一种入口。

虽然目前 Web 端也可以通过手机等较为便捷的设备进行接入，但是相对于针对载体进行量身定制的 APP 端来说，使用体验上还是存在巨大差异，在使用 Web 端时更多人将会选择电脑进行内容的编辑和浏览。而 APP 端将引导用户更多地使用便捷的设备进行平台使用。这也就导致了使用情景的不同，币乎的 APP 端有着及时便捷的特点，对使用场景没有过于严格的要求，使得用户更频繁、随意地使用平台。而 Steemit 的 Web 端则促使用户在使用平台时需要一个较为稳定，甚至安静的场所，使用电脑或其他屏幕尺寸可以较好匹配网页的设备进行内容的编辑与浏览。

3. 平台用户信息

个人的平台账号无疑是用户最重要的信息。在账号注册方面。在币乎，可以用手机号码和关联平台账号进行注册及登入。而在 Steemit 中，注册账号将与用户昵称一致，在注册过程中需提供个人邮箱以及手机号码。在 Steemit 的账号注册完成后需要进行时间长短不一的申请审批流程，审批通过后即可使用账号。需要注意的是，大多数账号都会在 24 小时内获得批准。有些可能需要一两个星期才能进行审核。但还有一部分可能会一直无法得到回复。

在账号找回方面。由于成为币乎有效账号需要进行实名认证，因此币乎账号可以通过包括实名认证型和社会网络型两种方式进行找回。[①] 在 Steemit 的初步发展时，规定用户账号丢失后不可找回。但在之后，Steemit 对账号找回这一点做出了改进，在目前的 Steemit 中，在账号被盗的 30 天内，通过被盗账号恢复功能，在提供注册时使用的电子邮件地址，账号名以及最近 30 天使用的主密码后就能找回账号。[②]

总的来说，Steemit 在账号申请上的举措提高了平台的准入门槛，进而在一定程度上保证用户的优质性和对社区的忠诚。但反过来，在使用上，由于账号与用户昵称相同，当账号审核通过后，许多新用户在登入 Steemit 时却忘记了自己的账号，且在 Steemit 早期，又由于无法找回账号，很多人只能选择重新注册或者弃而不用，大大降低了平台的账号申请速度以及在一定程度上阻碍了平台用户的扩大发展。而币乎在账号申请上的方法虽然对于用户的品质无法进行较好的审核，但是在人性化与易用性方面却高出了不少，更易于用户的拓展和留存。

---

① 币乎:《币乎白皮书 v0.1 版》，2018 年，第三章，第 28 页。
② Steemit:《Steemit 被盗账号恢复功能》，[EB/OL].https://steemitwallet.com/recover_account_step_1

4. 平台对比小结

综上所述，在易用性上，在用户认知引导的角度上来看，显然两个平台都意识到了区块链内容平台的特殊性，并因此做了相应的内容来提升用户对于平台的认知水平。但在结果上，币乎的相应内容在数量以及质量上还有待完善；Steemit 的内容则较为完备，内容贴合用户的使用规律，且提供的信息质量也较为规范权威。在平台载体和用户信息的角度，Steemit 更体现出对于用户优质性的执着，币乎则更注重人性化和便利性。

（二）通证系统和激励机制对比

由于币乎和 Steemit 的激励机制都是围绕通证系统中的基础通证展开的，因此两者有着密不可分的联系。本章节将先对两个平台的通证系统进行对比，再对激励机制进行对比。

1. 通证系统对比

通证是由英文（Token）翻译而来，在区块链之前，Token 的原意是"令牌""信令"。网络中的每一个节点轮流传递一个"令牌"，只有拿到"令牌"的节点才能通信。区块链出现后，Token 一度被翻译为"代币"，但它只是 Token 的一种特殊形态，更准确的描述应为"通证"，即"流通"和"权益证明"。[①]

币乎的通证系统从一个中心化组织的角度分为了激励池、推广运营池、币乎基金会、团队期权四部分。Steemit 的通证系统主要面向平台用户、投资者以及算力提供者。

币乎与 Steemit，两个平台都基于各自的基础通证 KEY 和 STEEM 构筑了一套用于用户激励、平台运营等功用的系统。由于 Steemit 在区块链内容

---

① 金典社区.《通证经济——重构数字化实体经济新生态》，北京：中国财富出版社，2018 年，第 2 页。

平台的先发优势，币乎其实参考了Steemit的一些设计理念。因此，在通证方面，两者的通证系统结构是类似的：Steemit有市场流通性好的STEEM和流通性差的STEEM Power；币乎有流通性好的KEY以及流通性差的锁定KEY。Steemit基于STEEM公链还发行了Steem Dollars（SBD）用于锚定美元，增加通证系统的稳定性；而币乎直接对标目前加密代币市场的多种"稳定数字加密币"[①]，如USDT[②]等，也做到了与法定货币锚定的功能，增加了通证系统的稳定性。

因此，两个平台在通证系统中的主要差异在于通证总量分配方式。由于Steemit注重平台的去中心化，缺乏官方资源支付通证，保证通证系统的稳定和价格的稳定[③]。大部分通证的流通性较大，且受市场供需关系影响，这就导致通证的价值很不稳定，甚至有着较大的波动。而币乎由于有着币乎团队这样一个中心化的管理团队，币乎团队总共持有通证总量中的币乎基金会以及团队期权部分相加总共30%的通证，因此，能够在一定程度上稳定通证的价值，也就有利于稳定整个通证系统。以实际情况来看，STEEM在Steemit目前发展的整个过程中，价值最高为41.04元，最低为1.0606，差值接近39倍。而反观币乎的通证KEY的价值变动，最高时为0.079650元，最低时0.005054元，差值约为16倍。[④]因此，可以看出，通证系统中通证总量的分配方式不同，导致了所对应通证价值的稳定性，中心化的通证分配方式可能更有利于通证系统的稳定。

2. 激励机制对比

总的来看，币乎和Steemit都着重利用通证对内容创作者和内容发现者

---

① 稳定数字加密币即一种基于稳定的价值货币，如美元、英镑等的数字加密代币。

② 泰达币，全称为Tether USD.1USDT=1美元。

③ Moon Soo Kim, Jee Yong Chung.Sustainable Growth and Token Economy Design: The Case of Steemit. 2018,Vol.11 No.1,p.9.

④ 加密代币走势图，币乎

进行奖励。但由于 Steemit 和币乎的通证系统稳定性不同，从激励机制的运行环境来看。在 Steemit 中，平台用户或投资者对平台发展的信心是决定通证价格及其重要的因素。如果用户或者投资者看好平台发展，STEEM 的价格就会上涨，反之，价格就会下降。这就要求了社区不断生产优质内容，来帮助平台用户或者是投资方建立对平台的信心。

而币乎的通证系统表现较为稳定，虽然有激励池中占通证系统总量最高 45% 的通证处于快速流通中，但这部分的通证变动，相对于 Steemit 最高高达 75% 的激励池占比来说，依旧处在一个相对可控的范围。这就使币乎的用户有着较少的因为通证价格大幅波动带来的收益变化的危机感，使得平台用户可以更随心地对内容进行创作。

从平台内的实际情况可以看出，这两种激励机制都有利于优质内容的产出，没有绝对的好坏之分。但是，相对来说，在币乎通证系统基础上的激励机制会更加有利于用户的进入和留存。相对稳定的价格，可以让持有通证的各方对未来有着更稳定的预期。

除了激励机制运行环境外，激励机制最重要的功能就是试图解决内容创作者在内容平台无法得到合理收益的问题。因此，激励机制的实际执行效果是该方面对比研究的重点。根据研究，Steemit 平台没有充足的证据证明通过激励机制有效推动了用户创造有价值的内容，用户创造内容的动机可能是因为并不在意经济激励或者希望对平台进行长期投资而产生的。[①] 在 Steemit 的常见问题中也针对这个问题给出了说明：Steemit 不是"快速致富"的方案。尽管可以发布快速传播的内容并在单个帖子中获得大量的奖励，但这对于大多数用户而言并不常见。[②]

---

① Mike Thelwall. "Can social news websites pay for content and curation? The Steemit cryptocurrency model", *Journal of Information Science*, 2018, Vol. 44 No.6.p. 736–751.

② Steemit. [EB/OL].Steemit.https://steemit.com/faq.html#Why_are_people_getting_vastly_different_rewards

在币乎上，在 2019 年 2 月 18 日的币乎《每周简报》中提到：在上一周对"好文算法、微文影响因子持续优化"，并因此产生了如下变化：第一，由于加入了"有效赞踩"这一指标，使得无意义文章、抄袭文章无法通过大量机器人对文章进行点赞获得可观收益。第二，在算法改动后，头部作者的收益大幅增加。热门排序更高，平台权重更重。总的来说，头部作者进一步抢占了平台资源，而其他的内容创作者更加难以获得平台资源。

结合来看，币乎和 Steemit 的激励机制对于内容创作者的激励都存在着一定的缺陷，并不能较好地顾及大部分的内容创作者。目前来看，区块链内容平台确实在内容激励上做到了去中心化的激励：大众用户的有效认可决定了内容的收益。对以往的互联网内容平台的用户收益模式做出了一定的改变。但是还未能完全达到理想的激励效果，平台的大部分内容创作者的收益是偏低的。

这主要涉及两方面。第一，是内容创作者对平台的投资程度。在新人阶段就购买了大量通证来保证自身在平台中权重的用户，对于没有专门针对平台进行投资的用户来说，形成了一定程度上的竞争与打压。第二，是在目前的收益算法下，在用户收益上基本形成了"二八效应"，即头部的作者能够获得大部分的收益。由于内容分发的单一性，这一点在币乎的情况相较 Steemit 较为明显。总体来讲，在激励机制方面，币乎和 Steemit 需要进一步进行改进和完善。

（三）平台的内容生态及其监管对比

1. 内容生态

币乎是代币投资者交流分享信息的社区。因此，币乎的内容构成主要是数字加密代币行业的相关信息，以及与数字加密代币有关联的区块链项目信息。币乎的内容板块有关注、热门、微文、快讯四个板块。但是，除了热门板块根据"热门排序"进行文章排序外，其他板块都是基于发布时间进行排序，并没有对展示的内容进行过多的筛选。币乎在内容上设置了长文、微文、评论、链接、直播多种形式的内容。除了评论外，其余内容都可以在热门板块中使用发布功能直接发布。长文可以编辑最多种类的内容：包括文字、图片、视频、超链接。同时长文享有最丰厚的收益分配公式。在进入币乎 APP 时，用户将直接位于热门板块中。因此，热门板块也是币乎最直观的内容展示空间，但热门板块只展出热门长文，对于其他类型的热门内容并不予以展示。

Steemit 的内容是基于内容社区进行发布的，在首页上推荐了人数较多的社区，例如：中文社区、英文社区、密码学社区等。但除此以外，还有：猫咪照片、游戏等小众社区，而且用户还可以不断创建新的社区。用户必须发布于某一社区中。各社区主页默认根据帖子的"热门排序"进行排序，此外，每个社区拥有最多两个帖子的置顶位置。此外，Steemit 设置有板块的筛选功能，可在每个社区中再根据主页、最新、热门、趋势、晋升多个板块指标进一步筛选内容。Steemit 仅有帖子和评论两种形式的内容，且评论依附于帖子而存在。帖子可以编辑文字、图片、视频以及超链接。帖子的收益分配额度高于评论。

对比而言，Steemit 的内容涵盖领域相对于币乎更为丰富，包含但不只局限于"数字加密代币""区块链"这两个领域，而区分出了多种类型的内容社区，也形成了平台内多个社区在平台总体框架下的分而治之。币乎的内容虽然更为单一，但也因此更具有垂直针对性，且在内容收益的引导下，平台内发布的内容也更容易出现同质化。这也可能导致币乎团队忽视对于内容筛选功能的完善，币乎的板块功能只能根据"发布时间""热门排序"两个简易指标进行内容筛选，这使得大部分的内容是难以被用户发现并进行浏览的。而 Steemit 上内容的多样性，促使了其以社区加板块形式的多重指标，帮助用户更为准确地选择出自己想要浏览的内容。这方便了用户对于内容的筛选，更重要的是给了平台内容更多角度的曝光。

此外，由于币乎最直观的热门板块中只存在长文一种形式的内容，加之在 2019 年 10 月币乎对微文收益进行大幅减少后，平台用户对于微文的创作热情也随之骤减。因此，可以明显地看出，币乎最大力扶持、鼓励用户进行创作的内容形式是长文。Steemit 最主推的内容形式无疑是帖子。两个平台主推的内容虽然称谓不同，但共性是都拥有着丰富的可编辑性，有利于用户多形式地对内容进行表达。

2. 内容监管

币乎的内容监管机制主要由币乎团队进行中心化的内容审查，决定是否对内容进行删除。Steemit 的内容监管机制围绕着 21 人证人团展开，辅以"steemcleaners"以及"cheetah"机器人两种内容监管机制。在一定程度上辅助 Steemit 的 21 人证人团对内容做出判断，达成共识。

可以看出，从本质上来看，币乎和 Steemit 的内容监管机制与传统内容平台没有过多区别，都需要一个中心化的组织或机构来进行内容审查与监督，在币乎是币乎团队，Steemit 则是 21 人证人团。虽然 Steemit 主张去中心化的监管，但是研究表明：21 人证人团往往显示出相对较低的更新率，这些席位实际上可能由少数大股东控制。大多数顶级证人和顶级选民形成了一个价值转移网络，并具有经济互动。总之，这些结果表明，Steemit 实际的权力下放水平远低于理想水平[①]。除此之外，币乎和 Steemit 的其他内容监管手段，例如币乎用户使用以太坊查看文章的上链信息，Steemit 的 steemcleaners 组织以及"cheetah"机器人，都只是对这种中心化监管机制的辅助补充。

由于 21 人证人团实际上是少数几个中心化的组织构成的。这就导致，

---

① Chao Li, Balaji Palanisamy. *Incentivized Blockchain-based Social Media Platforms: A Case Study of Steemit.* [EB/OL].http://arxiv.org/abs/1904.07310，2019.

币乎和 Steemit 两个内容平台对于内容的审查与监管的标准其实都是基于这些组织或机构的学识、价值观、利益倾向而形成的。这对于内容平台的实时监管方面没有突出改变。但在发布后的审查方面，区块链内容平台有着重要突破。无论是币乎或是 Steemit，都会将平台中的内容，包括在发布内容时的操作记入区块。只要对应区块链的算力节点不停止工作，区块链就将长期存在，并且区块链采用的哈希算法，时间戳等技术使内容极难被篡改。这对内容发布后的监管提供了有力的保证和帮助。

六、今后区块链内容平台的发展对策

（一）降低平台进入门槛

在币乎和 Steemit 中，或多或少都对区块链内容平台的相关概念、知识对新用户进行了说明讲解。但是，对于大部分民众来说，这些依旧是难以快速理解，甚至有些深奥的知识，这对于普通民众使用这类平台形成了一个较高的门槛。正如当下的短视频时代，这不仅是因为高分辨率的个人移动终端的普及，也是由于抖音，快手等短视频产品对视频拍摄、剪辑概念的简化与优化而形成的。

因此区块链内容平台，特别是面向大众的区块链内容平台想要更好地发展。应该用更通俗的方法对相关概念进行阐述，甚至可以在平台介绍中适当隐藏"区块链""通证"等专业术语，采用"新技术""奖励"等通俗词语进行阐述。同时优化用户在平台的使用操作，例如在注册账号、账号丢失找回方面注重从人性化角度进行优化。尽量降低平台的进入门槛，平台规模的变化也能更好地检测区块链内容平台在不同情况下的发展水平，以便对行业进一步发展提供经验。

（二）改进激励模式

从币乎和 Steemit，以及 Reddit，Matters 等较为知名的区块链内容平台来看，分发通证是进行激励的唯一模式。但是，需要注意的是，通证的价值从何而来，加密代币市场与传统金融市场是互不流通的，而加密代币市场的最初源头是比特币，比特币也拥有着该市场中最高的市值。也就是说，通证的价值其实是与比特币或者是其他龙头加密代币的价值相绑定的。虽然区块链内容平台通证的价值变化与其他加密代币的价值变动没有存在绝对关系，但无疑有着一定的影响。加之目前加密代币市场价格变动幅度大，这使得区块链内容平台的通证价值也十分不稳定。

而在数字加密代币市场中的这些加密代币，有些属于金融型应用，有些属于公链平台应用。与区块链内容平台的关系并不紧密，内容平台的通证价值与之绑定，缺乏有力的联系，而且为区块链内容平台的发展带来了许多不稳定的因素。

因此，本研究提议，如果继续采用平台发行通证的模式进行用户激励、应与其他有形或者虚拟的，且有着可靠信用背书的价值物进行价值绑定。为了发行通证而发行，将有可能形成新的 ICO 陷阱。

目前而言，币乎和 Steemit 的激励机制都还不够完善。除了通证价值的不稳定之外，还有一个更为深层的原因在于：币乎和 Steemit 的激励机制都是在假定用户都是忠实且深度的内容平台使用者而制定的。忠实要求用户会通过购买或者积攒通证，并成为通证长期持有者，深度则要求用户会对平台的内容做出积极的回应。

但显然，这是一个理想化的模型，在实际情况下，有着许多复杂的情况，例如：有的用户只进行阅读却不进行点赞；有的用户为了获得通证收益，只点赞却不阅读内容；某篇文章得到的点赞数极高却收益平平，原因在于点赞者多是低权重的用户；但某篇文章点赞数一般，却有着远高于平均水平的收益，只因有少数的高权重用户进行点赞。

乍一看，内容平台的高权重等同于高权威，有着一定的合理性。但需要注意的是，这里的高权重是可以通过购买通证而实现的。而高权重的真正内涵在于该用户在某一内容领域内有着高知识水平、高认知，这些用户中最优秀的人又被称作意见领袖。持有大量的通证可以在一定程度上证明这是一个愿意深耕平台的用户，又或者是一个对平台未来发展有坚定信心的投资者。但是一个忠诚的用户或者投资者并不能被认为是一个有着较高知识水平、高认知的用户。这两者是无法互相印证的，因此，本文建议将权重系统与激励机制分开运行。权重系统根据用户在该平台的相关表现进行评判，点赞与用户权重相绑定，不再与通证进行绑定。激励机制仅在于规定通证与权重的分配比例，以及通证的分发。让平台用户的权重与内容的关系更为紧密。

（三）保持技术更新

技术对于区块链内容平台发展是有明显制约作用的。第一，目前困扰着区块链应用发展的一个核心问题就是交易速度，搭载币乎的以太坊公有链每秒可以完成 7 至 15 笔交易。[①]搭载 Steemit 的 STEEM 公有链会安排证人每 3 秒产生一个新区块。每 63 秒一轮，有 21 个见证节点产生 21 个区块。[②]以太坊是属于目前规模较大的公有链平台，但这样的交易速度在面对大规模应用时也将显得捉襟见肘。以此次新冠肺炎疫情期间为例，传统内容平台微博

---

① DeepTech 深科技：《64 岁图灵奖得主破解区块链"不可能三角"》，百度百家号 2020.3.1 [EB/OL]. https://baijiahao.baidu.com/s?id=1612389790320856482&wfr=spider&for=pc.

② Steemit：《常见问题：证人》，[EB/OL].https://steemit.com/faq.html#What_are_Steem_witnesses.

在湖北地区的微博用户规模增长 34%，发布量总计达到 4000 万。[①] 这还仅仅是湖北一地的发布量，如果作为面向全国甚至是全世界的区块链内容平台，目前的区块链交易速度显然是不足的。

第二，在应用安全性上。虽然记入区块链的信息极难被篡改，但是，当下频频出现通过智能合约漏洞而盗取通证的事件。例如 2020 年 4 月 19 日，黑客对 lendf.me 中的智能合约发起攻击，合约中的加密代币被洗劫一空，据当天统计，被盗取的代币总价值约为 2500 万美元。[②] 此外，2018 年 12 月初，由于加拿大比特币交易所 Quadriga CX 的创始人兼首席执行官意外去世，该交易所的加密代币资产钱包的私钥也随之丢失，导致该交易所几乎所有的数字代币无法取出，总价值约 1.47 亿美元。[③] 这对区块链内容平台的启示在于：要不断提升技术水平，保证区块链本身以及所对应的智能合约在技术上足够安全；对于类似币乎这样有着中心化团队进行运营的区块链内容平台，要保证对团队拥有的通证钱包私钥进行多个备份，避免将私钥集中于个人手中，谨防因个人意外导致平台通证系统的整体崩溃。

（四）增强核心竞争力

区块链内容平台之所以在近年收到关注和追捧，是由于用户对于传统互联网内容平台在内容激励、内容监管、版权保护等方面的不满。因此，当下的区块链内容平台应该应用新的技术能力来改善或者解决这些问题。并且不应该局限于区块链技术。目前，5G 技术、人工智能等高新技术也在快速发展。以人工智能为例，人工智能和区块链是加速创新步伐的两大重要技

---

① 王骐骥：《微博 2020 大考：流量继续增长，商业化面临考验》搜狐，2020.2.29 [EB/OL]. https://www.sohu.com/a/376682842_153054

② 白特幂：《亲历 53 小时候：lendf.me 黑客为何把 5.8 万枚以太、710 枚 USDT 等全都还回来？》币乎，[EB/OL].https://m.bihu.com/article/1912746533?i=1FOUVW&c=1&s=25rGKx.

③ 不锈钢：《交易所上亿资产"私钥"丢失！必备安全常识有哪些？》币乎，[EB/OL].https://m.bihu.com/article/1410542675?i=1FOUVW&c=1&s=1xsuAj.

术：一个是用封闭的数据平台培养中心化的智能，另一个是在开放数据平台中推动去中心化应用。两者结合起来使用，可以重构各个行业。[①] 从目前来看，针对文档校对 JcJc 开发出的人工智能错别字校对系统、丹麦高中目前使用 Lectio 平台的 Ghostwriter 智能机器人来检查学生是否提交了抄袭的作业，这些技术都可以加以结合运用到区块链内容平台中来，为区块链内容平台的内容审查与内容监管加上智能化的翅膀，增强区块链内容平台的核心竞争力。

（五）警惕解决方案主义

相关研究认为：应该警惕解决方案主义，虚假新闻本质是"后真相时代"，即"人们愿意相信自己相信的事物"。[②] 希望使用区块链这一新技术解决所有的内容平台痛点。技术只是手段，不可为了使用技术而滥用技术，应该以实际需要为标准，选择合适的技术在合适的场所进行应用，在不合适的场所不应该强行使用区块链技术。

不合适的场所指的是在区块链内容平台的发展中，逐渐出现了一些弊端。例如内容上链后无法删除。这虽然为事后审查提供了保证，但也为不当信息进一步传播提供了土壤。再例如专注追求理想的去中心化，将平台的发展完全交给毫无强力约束的组织或个人，拖缓了区块链内容平台的发展。在区块链内容平台进一步发展中，既要保持区块链的独有优点，也要防范区块链在某些条件下使用的弊端，存利去弊。用理性的眼光对待新技术的使用。

---

① 郑磊等编著：《区块链 + 时代——从区块链 1.0 到 3.0》，北京：化学工业出版社,2018 年，第 176 页。

② 李连杰：《区块链与虚假新闻的治理》，《视听》，2020 年，第 1 期，第 193—194 页。

结语

本文梳理出了"区块链内容平台"这一概念，通过对比分析币乎和 Steemit 两个有着代表性的区块链内容平台，分析发现当前的区块链内容平台在对传统互联网内容平台的优质内容缺乏激励、事后内容监管等痛点有着一定的改进作用。但是，区块链内容平台作为一个新兴领域，也确实还存在不少问题。在更为深入的对比研究后，本书认为区块链内容平台在平台的易用性，以及激励机制的持续发展的合理性上还存在着问题。建议进一步提升区块链内容平台的技术水平，结合人工智能、5G 等高新技术进行改进，但同时需要区块链内容平台行业警惕解决方案主义，不要过分夸大和滥用区块链技术，应做到根据需求适时适地地进行使用。

参考文献

专 著

[1] 迈克尔·波特.竞争优势 [M].中国财政经济出版社.1988 年.

[2] 尼葛洛庞帝.数字化生存 [M].海南出版社.1996 年.

[3] 迈克尔·波特.竞争战略——分析产业和竞争者的技巧 [M].华夏出版社.1997 年.

[4] 金碚.中国工业国际竞争力：理论、方法与实证研究 [M].经济管理出版社.1997 年.

[5] 邵培仁，刘强.媒介经营管理学 [M].浙江大学出版社.1998 年.

[6] 麦克卢汉.媒介通论 [M].商务印书馆.2000 年.

[7] 韩中和.企业竞争力：理论与案例分析 [M].复旦大学出版社.2000 年.

[8] 童兵.理论新闻传播学导论 [M].中国人民大学出版社.2000 年.

[9] 周鸿铎.广播电视经济学 [M].中国广播电视出版社.2000 年.

[10] 迈克尔·波特.国家竞争优势 [M].华夏出版社.2002 年.

[11] 张金昌.国际竞争力评价的理论与方法 [M].经济科学出版社.2002 年.

[12] 陆小华.整合传媒——传媒竞争趋势与对策 [M].中信出版社.2002 年

[13] 陆地.中国电视产业的危机与转机 [M].中国人民大学出版社.2002 年.

[14] 邵培仁、陈兵.媒介战略管理 [M].复旦大学出版社.2003 年.

[15] 刘平洋.中国产业国际竞争力分析 [M].经济管理出版社.2004 年.

[16] 祁述裕.中国文化产业国际竞争力报告 [M].社会科学文献出版社.2004 年.

[17] 花建. 文化产业竞争力 [M]. 广东人民出版社 .2005 年 .

[18] 喻国明. 传媒竞争力：产业价值链案例与模式 [M]. 华夏出版社 .2005年 .

[19] 丁和根. 传媒竞争力 [M]. 复旦大学出版社 .2005 年 .

[20] 吴飞. 传媒影响力 [M]. 中国传媒大学出版社 .2005 年 .

[21] 刘小铁. 产业竞争力因素分析 [M]. 江西人民出版社 .2008 年 .

[22] 芮明杰、富立友、陈晓静. 产业国际竞争力评价理论与方法 [M]. 复旦大学出版社 .2010 年 .

[23] 彭祝斌、向志强等. 电视内容产业核心竞争力研究 [M]. 新华出版社 .2010 年 .

[24] 芮明杰等. 产业国际竞争力评价理论与方法 [M]. 复旦大学出版社 .2010 年 .

[25] 陈小申、王宏. 数字技术与新媒体传播 [M]. 中国传媒大学出版社 .2010 年 .

[26] 雷吉斯·德布雷著，刘文玲等译. 媒介学引论 [M]. 中国传媒大学出版社 .2014 年 .

[27] 雷·库茨维尔著，盛杨燕译. 人工智能的未来 [M]. 浙江人民出版社 .2016 年 .

[28] 李本乾. 中国传媒国际竞争力研究报告 [M]. 社会科学文献出版社 .2017 年 .

[29] 腾讯研究院. 人工智能 [M]. 中国人民大学出版社 .2017 年 11 月 .

[30] 牟怡. 传播的进化：人工智能将如何重塑人类的交流 [M]. 清华大学出版社 2017 年 .

论 文

[1] 钱晓文 . 我国传媒打造核心竞争力的策略 [J]. 新闻记者 .2004(2).

[2] 宋昭勋 . 新闻传播中 Convergence 一词溯源及内涵 [J]. 现代传播 .2006(1).

[3] 王丽萍等 . 产业国际竞争力概念及分析模型研究 [J]. 科技和产业 .2006(2).

[4] 蔡雯 . 媒介融合前景下的新闻传播发展——试论"融合新闻"及其挑战 [J]. 国际新闻界 .2006(5).

[5] 喻国明 . 中国传媒发展指数的构建与评测 [J]. 新闻与写作 .2008(1).

[6] 罗霆 . 竞争五力模型的电视产业环境分析 [J]. 现代传播 .2009(3).

[7] 仇琼 . 试论广电产业的竞争力分析体系构架 [J]. 新闻实践 .2009(11).

[8] 丁和根 . 生产力·传播力·影响力——信息传播国际竞争力的分析框架 [J]. 新闻大学 .2010(4).

[9] 李薇、徐佳佳 . 基于国家钻石模型分析比较中美影视产业竞争力 [J]. 中国物价 .2010(9).

[10] 熊澄宇 . 对新媒体未来的思考 [J]. 现代传播 .2011(12).

[11] 伍刚 . 中美互联网国际传播力对比研究 [J]. 传媒观察 .2012(3).

[12] 彭兰 . 大数据时代：新闻业面临的新震荡 [J]. 编辑之友 .2013(1).

[13] 李沁 . 沉浸传播的形态特征研究 [J]. 现代传播 .2013(2).

[14] 黄先蓉、田常清 . 我国新闻出版业国际竞争力与影响力提升策略研究 [J]. 河南大学学报 .2014(4).

[15] 胡正荣 . 构建融合媒体产业的生态系统 [N]. 人民日报观察版 .2015-10-11.

[16] 沈阳 . 媒介的未来图景何样 .[J]. 中国记者 2016(12).

[17] 方楠 . VR 视频 "沉浸式传播" 的视觉体验与文化隐喻 [J]. 传媒 2016(10).

[18] 周晓鹏 . 关于未来媒体的定义与重构 [J]. 新闻与写作 .2016(2).

[19] 王佳航 . 数据与算法驱动下的欧美新闻生产变革 [J]. 新闻与写作 .2016(12).

[20] 邓建国 . 时空征服和感知重组——虚拟现实新闻的技术源起及伦理风险 [J]. 新闻记者 .2016(5).

[21] 彭兰 . 未来传媒生态：消失的边界与重构的版图 [J]. 现代传播 .2017(1)

[22] 殷乐 . 智能技术在新闻领域的应用展望 [J]. 中国记者 .2017(1).

[23] 喻国明、姚飞 . 试论人工智能技术下的传媒变革与发展 [J]. 新闻界 .2017(1).

[24] 李政葳 . "光明小明"，以人工智能提升媒体服务能力 [J]. 中国报业 .2017(3).

[25] 喻国明、侯伟鹏等 . 个性化新闻推送对新闻业务链的重塑 [J]. 新闻记者 .2017(3).

[26] 喻国明、兰美娜等 . 智能化：未来传播模式创新的核心逻辑——兼论 "人工智能＋媒体" 的基本运作范式 [J]. 新闻与写作 .2017(3).

[27] 张磊 . 智能媒体的现实图景与未来想象 [J]. 郑州大学学报 .2017(4).

[28] 强月新 . 未来媒体内容生产和叙事变革 [J]. 新闻与写作 .2017(4).

[29] 胡正荣 . 智能化：未来媒体的发展方向 [J]. 现代传播 .2017(6).

[30] 徐轶瑛等 . 未来媒体视域下传播变革 [J]. 现代传播 .2017(6).

[31] 黄健源 . 人工智能在媒体融合发展中的应用初探 [J]. 中国传媒科技 ,2017(07).

[32] 黄楚新、王丹 . 主动融合与转型升级 :2017 年媒体技术的突破创

新 [J]. 新闻与写作 .2017(12).

[33] 张华等 . 智媒体的创新与探索——以封面新闻为例 [J]. 新闻与写作 .2017(12).

[34] 李芸 . 人工智能在传统媒体类 APP 中的应用探索——以"浙江 24 小时"为例 [J]. 西部广播电视 .2017(22).

[35] 闫欢等 . 智能媒体时代网络安全隐患与治理策略 [J]. 新闻爱好者 .2017(11).

[36] 刘庆振 . 智能技术将如何颠覆媒体产业 [J]. 文化产业导刊 .2017(2).

[37] 徐园、李伟忠 . 数据驱动新闻,智能重构媒体 [J]. 新闻与写作 .2018(1).

[38] 范以锦 . 人工智能在媒体中的应用分析 [J]. 新闻与写作 .2018(2).

[39] 刘晓曦 . 人工智能语音技术在广电媒体的应用 [J]. 广播电视信息 .2018(03).

[40] 余婷、陈实 . 人工智能在美国新闻业的应用及影响 [J]. 新闻记者 .2018 (04).

[41] 杨妮 . 美国新闻业人工智能技术的应用现状及前景分析 [J]. 新闻知识 . 2018 (06).

[42] 刘燕南、刘双 . 国际传播效果评估指标体系构建 [J]. 现代传播 .2018(8).

[43] 吴舫、崔迪 . 智能媒体时代的传播学研究:元问题与方法论 [J]. 出版发行研究 .2018(02).

[44] 王绍轶 . 人工智能语音技术在广电媒体的应用 [J]. 传媒论坛 . 2018 (09).

[45] 张锐、许妍 . 智能媒体时代下的新屏幕生态研究 [J]. 声屏世界 .2018(10).

[46] 段鹏 . 智能媒体语境下的未来影像：概念、现状与前景 [J]. 现代传播 .2018(10).

[47] 彭兰 . 智能时代的新内容革命 [J]. 国际新闻界 .2018(06).

[48] 刘庆振 . 智能算法语境下的媒体、传播和广告再思考 [J]. 新闻知识 .2018(12).

[49] 刘建明 . 新闻的算法之谜与传统媒体的智能化 [J]. 新闻爱好者界 .2018(10).

[50] 左宁 . 试析智媒时代智能技术对媒体的重塑 [J]. 中国广播 .2018(10).

[51] 李林荣等 . 人工智能对新闻媒体浸染过程的问题分析 [J]. 新闻知识播 .2018(10).

[52] 宋建武、黄淼 . 媒体智能化应用：现状、趋势及路径构建 [J]. 新闻与写作 .2018(4).

[53] 邵国松 . 媒体智能化发展的伦理与法律问题初窥 [J]. 现代传播 .2018(11).

[54] 吕尚彬 . 媒体融合的进化：从在线化到智能化 [J]. 人民论坛·学术前沿 .2018(12).

[55] 刘滢、苏慧文国际媒体人工智能应用的技术路径与未来走向 [J]. 中国记者 .2018(3).

[56] 李彪 . 未来媒体视域下媒体融合空间转向与产业重构 [J]. 编辑之友 .2018(3).

[57] 陈红梅 . 社会与技术共构：美国新闻业的十年危机与转型 [J]. 新闻记者 .2018(4).

[58] 谭小荷 . 加密经济重构媒体生态？区块链驱动下的新闻商业模式创新——基于 PressCoin 的案例 [J]. 新闻界 .2018(06).

[59] 喻国明、韩婷 . 算法型信息分发：技术原理、机制创新与未来发

展 [J]. 新闻爱好者 .2018(4).

[60] 顾洁 . 媒介研究的实践范式：框架、路径与启示 [J]. 新闻与传播研究 .2018(06).

[61] 张超 . 新闻生产中的算法风险：成因、类型与对策 [J]. 中国出版 .2018(13).

[62] 陆晔、周睿鸣 . 新闻创新中的"协作式新闻布展"——媒介融合的视角 [J]. 新闻记者 .2018(09).

[63] 王斌、李宛真 . 算法推送新闻中的认知窄化及其规避 [J]. 新闻与写作 .2018(09).

[64] 蒋忠波 . 受众的感知、识记和态度改变：数据新闻的传播效果研究 [J]. 中国出版 .2018(9).

[65] 晏齐宏、张志安 . 大数据背景下意识形态研究的方法论、机遇与路径 [J]. 新闻界 .2018(11).

[66] 钟智锦 / 王童辰大数据文本挖掘技术在新闻传播学科的应用 [J]. 当地传播 .2018(5).

[67] 郭小平、李晓 . 计算社会科学视角：媒体传播效果的计算机模拟研究 [J]. 现代传播 .2018(10).

[68] 郭小平 . 流动社会的智能新媒介、移动连接与个人隐私 [J]. 中国出版 .2018(13).

[69] 汤天甜、温曼露 . 智能媒体技术驱动下人机生产的链状聚合及媒体社会的网状散播 [J]. 声屏世界 .2018(7).

[70] 段鹏 . 智能媒体语境下的未来影像发展初探 .[J]. 当代电视 .2018(9).

[71] 赵云泽、赵国宁 . "理想"和"技术"哪个更让新闻业负责任？——兼论中国新闻实践中对美国"社会责任论"的批判借鉴 [J]. 新闻界 .2018(9).

[72] 方师师 / 郑亚楠 . 计算知识：人工智能参与知识生产的逻辑与反

思 [J]. 新闻与写作 .2018(12).

[73] 师文、陈昌凤 . 社交分发与算法分发融合：信息传播新规则及其价值挑战 [J]. 当代传播 .2018(6).

[74] 曾静平 . 智能传播的实践发展与理论体系初构 [J]. 人民论坛•学术前沿 .2018(12).

[75] 李戈、郑旭军 . 智能媒体特征分析与设计思维重构 [J]. 中国出版 .2018(2).

[76] 沈浩、杨莹莹 . 人工智能为媒体赋能 [J]. 新闻战线 .2019(01):61-63.

[77] 陆小华 . 增强体系竞争力：新华社全球视频智媒体平台的探索与思考 [J]. 新闻记者 .2019(3).

[78] 许新芝、唐红禄 . 智能媒体语境下媒介伦理问题的思考 [J]. 陕西广播电视大学学报 .2019 (04).

[79] 郭全中 .5G 时代传媒业的可能蓝图 [J]. 新闻与传播 .2019(12).

[80] 赵一玮 . 人工智能在新媒体中的应用及其发展特征 [J]. 科技传播 .2019 (17).

[81] 韩晓宁 . 智能传媒产业特征及国际竞争力提升对策 [J]. 当代传播 .2019 (2).

[82] 李凌 . 智能时代媒介伦理原则的嬗变与不变 [J]. 新闻与传播 .2019 (10).

[83] 赵瑜 . 人工智能时代新闻伦理研究重点及其趋向 [J]. 新闻与传播 .2019 (10).

[84] 孔少华 . 从 Immersion 到 Flow experience："沉浸式传播"的再认识 [J]. 新闻与传播 .2019 (11).

[85] 黄楚新、王丹 . 智能互联与数字中国：中国新媒体发展现状与趋势分析 [J]. 出版发行研究 .2019(09).

[86] 王思 . 智能化时代新闻媒体特点与生产模式创新 [J]. 学习与实践 .2019(1).

[87] 高悦 . 智能媒体时代的机遇与策略 [J]. 中国广播电视学刊 .2019(01).

[88] 郭小平、汪亚纯 . 智能媒体：传媒业态、形态与生态的重构及其反思 [J]. 视听界 .2019(05).

[89] 钟书平等 . 智能媒体语境中的信息囚徒、算法悖论及其突围路径 [J]. 教育传媒研究 .2019(03).

[90] 殷乐、朱豆豆声音媒体的智能化发展——新终端，新应用，新关系 [J]. 中国广播 .2019(4).

[91] 李燕临、马宁宇人工智能浪潮下的传播变革与媒体转型研究 [J]. 中国广播电视学刊 .2019(01).

[92] 殷东、高慧敏 2019 媒体发展与智能化技术应用前瞻 [J]. 青年记者 .2019(1).

[93] 唐绪军、黄楚新、王丹 . “智能 +” 与全媒体：中国新媒体发展的新布局 [J]. 新闻与写作 .2019(6).

[94] 黄鸿业 . “媒介即意识”：人工智能 + 媒体的媒介环境学理论想象 [J]. 编辑之友 .2019(5).

[95] 周艳、吴凤颖 . 数据工具在媒体内容运营中的应用研究 [J]. 现代传播 .2019(2).

[96] 孟建、胡学峰 . 数字人文：媒介驱动的学术生产方式变革 [J]. 现代传播 .2019(04).

[97] 王哲 . 人工智能时代媒体行业的新发展和新机遇 [J]. 人工智能 .2020(02).

[98] 新华社 “人工智能时代媒体变革与发展” 课题组 . 人工智能在新闻传播全链条中的具体应用 [J]. 中国记者 ,2020(02).

[99] 巢立明 . 中国广播电视业核心竞争力研究 [D]. 复旦大学博士论文 .2004 年 .

[100] 胡昊 . 中国产业竞争力及影响因素研究 [D]. 重庆大学博士论文 .2004 年 .

[101] 朱小娟 . 产业竞争力研究的理论、方法和应用 [D]. 首都经济贸易大学博士论文 .2004 年 .

[102] 吴昊 . 中国产业竞争力及影响因素研究 [D]. 重庆大学博士论文 .2007 年 .

[103] 王申 . 中国文化产业国际竞争力研究 [D]. 南开大学硕士论文 .2010 年 .

[104] 欧阳乐华 . 中国电视产业国际竞争力研究 [D]. 江西财经大学硕士论文 .2010 年 .

[105] 李亚玲 . 我国智能手机媒体内容规制探究：变革、继承与实践 . 武汉大学博士学位 .2015 年 .

[106] 贾军 . 媒体智能化背景下的新闻生产研究 . 武汉大学博士学位 .2017 年 .

[107] 齐珊珊 . 新闻生产智能化对传统新闻业的再塑造及其伦理评价 . 中南财经政法大学硕士论文 .2018 年

[108] 赵塈 . 风险的稀释：传统主流媒体如何建构人工智能议题——以《人民日报》为例 . 天津外国语大学硕士学位 .2019 年 .

[109] 张晓梦 . 智能新闻的发展传播 . 武汉理工大学硕士学位 .2019 年 .

[110] 陈晴 . 人工智能在新闻生产中的应用与影响研究 . 暨南大学硕士论文 .2019 年

[111] 360 智能摄像机基于整合营销传播策略的全媒体设计 . 北京印刷学院硕士论文 .2020 年 .

[112] 黎宁.评价理论视角下中美媒体对人工智能报道的态度研究——以《人民日报》和《纽约时报》为例 [D].上海师范大学硕士论文.2020 年.

外 文

[1] Pool, Ithiel ed Sola. Technologies of Freedom [M]. Cambridge, MA: Harvard University Press, 1983.

[2] Michael E. Porter. The Competitive Advantage of Nation [M]. Macmillan Press , 1990.

[3] Doyle, G. Media Ownership: The Economics and Politics of Convergence and Concentration in the UK and European Media [M]. Sage Publications, 2002.

[4] Giddens A. Runaway World: How Globalization is Reshaping Our Lives[M]. London: Profile Books Ltd, 2002.

[5] Dwyer, Tim. Media Convergence[M].Berkshire: Open University Press, 2010.

[6] Doyle, G. Understanding Media Economics[M]. London: Sage, 2nd Ed 2013.

[7] Floridi L.The 4th Revolution: How the infosphere is Reshaping Human Reality[M]. Oxford University Press,2014.

[8] Brejcha J.Cross-Cultural Human-Computer Internation and User Experience Design: A Semiotic Perspective [M].Boca Raton, CRC Press, 2014.

[9] Meyer, Philip.Precision Journalism: A Reporter's Introductions to Social Science Methods[M]. Oxford: Rowman & Littlefield, 4th Ed, 2002.

[10] Nakamura J, Csikszentmihalyi M. The concept of flow. Oxford handbook of positive psychology[M]. Oxford University Press,2009: 89-105.

[11] Krugman, R.Scale Economies, product Differentiation and the pattern of Trade[J].American Economic Review,1980,70(5):950-959.

[12] Grant.R.M.Porter's competitive advantage of nations: An Assessment[J]. Strategic Management Journal,1991,12(7):535-548.

[13] Cartwright, W.R. Multiple linked diamonds: New Zealand's experience[J]. Management International Review ,1993,33(2):55-70.

[14] Dunning, John H.Internationalizing porter's Diamond[J].Management International Review,1993(33):7-15.

[15] Rugman, Alan M. & Joseph R. D'cruz.The Double Diamond Model of International Competitiveness: The Canadian Experience[J]. Management International Review, 1993(33):17-39.

[16] Moon. H.Chang, Rugman, Alan M., Alain Vevbeke.The Generalized Double Diamond Approach to International Competitiveness[J].Research in global strategic managements ,1995(5):97-114.

[17] Moon. H.Chang, Rugman, Alan M., Alain Vevbeke.A The Generalized Double Diamond Approach to The Global Competitiveness of Korea & Singapore[J].International Business Review ,1998(7):135-150.

[18] Samiee, S. The internationalization of services: trends,obstacles and issues[J].Journal of Service Marketing,1999,13(4):319-328.

[19] Bostrom N. Ethical Issues in Advanced Artificial Intelligence[J]. Humans & in Artificial Intelligence, 2003:12-17.

[20] Enright.M.J.Determinants of Tourism Destination Competitiveness in Asia Pacific: Comprehensiveness and Universality[J].Journal of Travel

Research , 2005,43(4):339-350.

[21] Erdal, Ivar John.Researching Media Convergence and Crossmedia News Production[J]. Nordicom Review, 2007, 28(2): 51-61.

[22] Yampolskiy R V. Artificial Intelligence Safety Engineering: Why Machine Ethics Is a Wrong Approach[J]. Springer Berlin Heidelberg, 2013(5):389-396.

[23] Chad Edwards, Autumn Edwards.Testing the differences in perceptions of communication quality for a human agent and a bot agent on Twitter [J].Computers in Human Behavior, 2014(33):372-376.

[24] Jones S. People, Things, Memory and Human-Machine Communication [J].International Journal of Media and Cultural Politics, 2014(3):245-258.

[25] Katherine Frink. Data Journalism in the United State[J]. Journalism Studies, 2015(4): 467-481.

[26] Mark Burdon. Defining the Sensor Society[J].Television & New Media, 2015(16): 19-36.

[27] Katherine Frink and C.W.Anderson. Data Journalism in the United State [J]. Journalism Studies, 2015(4): 467-481.

[28] Lewis, Seth C. & Oscar Westlund. Big Data and Journalism [J]. Digital Journalism, 2015(3):447-466.

[29] Mark Andrejevic and Mark Burdon. Defining the Sensor Society [J]. Television & New Media, 2015(16):19-36.

[30] Chi-ung Song, Mi-young Park. The analysis of the media convergence ecosystem value chain Based on Broadcast and Communications Media Convergence Technology[J].International Journal of Multimedia and Ubiquitous Engineering,2015(2):269-278.

[31] Picard R. Twilight or New Dawn of Journalism? [J].Journalism Studies, 2016, 15(1):500-510.

[32] Dörr, Konstantin and Hollnbuchner, Katharina. Ethical Challenges of Algorithmic Journalism [J]. Digital Journalism, 2017,5(4):404-419.

[33] ParnasDL.Inside Risks:The Real Risks of Artificial Intelligence[J]. Communications of the Acm, 2017, 60(10):27-31.

[34] Kim,Min-sun.Robot as the "mechanical other" :transcending karmic dilemma[J]. AI & Society, 2018, 28(2): 51-61.

[35] Bronwyn Jones & Rhianne Jones. Public Service Chatbots: Automating Conversation with BBC News[J]. Digital Journalism, 2019,7(4):378-385.

[36] Joseph Kahne & Benjamin Bowyer.Can media literacy education increase digital engagement in politics? [J]. Media and Technology, 2019,44(2):211-224.

[37] IMD(2019), *World Competitiveness Yearbook*, p.320.

[38] INSEAD(2019), *Global Information Technology Report*, pp.135-142.

[39] INSEAD(2019), *Global Innovation Index Report*, pp.121-178.

[40] UN CTAD（2019）, *Development and Globalization Facts and Figures*, p.177

[41] United Nations Development Programme(2019), *Human Development Report*, pp.127.

[42] Ofcom(2019), *Media Nations*, pp.21-47.

[43] Ofcom(2019), *Communications Market Report*, pp.141-178.

[44] Statista(2019), *3D animation market size in the U.S. 2014-2025*, pp.24-80.

[45] Statista(2019), *Global Consumer Survey*,pp.12-40.

[46] World Economic Forum(2019),*The Global Risks Report*, pp.120-134.

[47] World Economic Forum(2019),*The Human Capital Report*,p.23.

[48] World Economic Forum(2019),*The Global Competitiveness Report*,p32.

[49] World Economic Forum(2019),*The Inclusivie Growth and Development Report*，pp31-48.

[50] World Economic Forum(2017),*Digital Media and Society Report*,pp.23-48.

[51] INSEAD(2020),*The Global Talent Competitiveness Index Report*, pp.3-13.

[52] ITU(2019), *Global Cybersecurity Index Report*,pp.34-20.

网　站

[1] 中国国家统计局 http://www.stats.gov.cn/

[2] 中国国家新闻出版广电总局 http://www.sapprft.gov.cn/

[3] 中国互联网信息中心 http://www.cnnic.cn/

[4] 韩国放送产业振兴院 http://www.kbi.re.kr

[5] 韩国统计厅 http://kostat.go.kr/portal/korea/index.action

[6] 韩国放送通信委员会 http://www.kcc.go.kr/

[7] 韩国科学技术委员会 http://www.nstc.go.kr/

[8] 韩国文化政策开发院 http://www.kcpi.or.kr/

[9] 韩国知识经济部 http://www.mke.go.kr/

[10] 日本总务省 http://www.soumu.go.jp/

[11] UN CTAD http://unctadstat.unctad.org

[12] UN Comtrade http://comtrade.un.org/

[13] UNESCO http://en.unesco.org/

[14] Word Bank http://data.worldbank.org/

[15] CSABAA http://www.casbaa.com/

[16] Informa Telecoms & Media http://www.informatandm.com/section/home-page/

[17] PWC http://www.pwc.com/

[18] The Economist Intelligence Unit Research http://research.eiu.com/Home.aspx

后　记

　　本书受福建省社科研究基地文化产业研究中心资助以及厦门理工学院学术专著出版专项基金资助、是福建省社会科学基地重大项目"中美媒体人工智能应用发展的国际竞争力研究"（项目批准号：FJ2018JDZ052）的研究成果。课题主持人为贺莹，课题主要参与人有：胡丹、陈莹盈、何鹏、缪琪、雷茗妍、陈睿等人。

　　课题组成员积极努力、认真配合、集思广益、各司其职，经过两年半的努力工作，完成 20 余万字的结题报告，正常申请结项。作为课题负责人，我在此对课题参与人员表示衷心的感谢！本书是团队合作的成果，各章的主要贡献者分别是：第一、二、三、七、八、九章为贺莹；第四章为何鹏；第五章为胡丹；第六章为陈莹盈；附录为缪琪、雷茗妍、陈睿。本书的出版还得到林小勇教授、孙璐教授、欧荔副教授、潘秋月副教授、陈胜发老师的大力支持，在这里表示深深的谢意！本书的出版还得到了厦门理工学院文化产业与旅游学院的支持和帮助，在此表示诚挚的谢意！本书参考和引用了众多前辈和国内外同行的研究成果和文献资料，在此向他们表示诚挚的谢意！

由于作者水平有限，加上时间较紧，本书必定有较多疏漏，敬请学界、业界同仁和广大读者批评指正。如能起到抛砖引玉的效果，那将是作者莫大的荣幸！

贺莹

2021 年于厦门东坪山